V&R unipress

DIAGONAL
Zeitschrift der Universität Siegen

Jahrgang 2018

Herausgegeben vom Rektor der Universität Siegen

Gero Hoch / Hildegard Schröteler-von Brandt /
Angela Schwarz / Volker Stein (Hg.)

Provokation

Mit 23 Abbildungen und einer CD

V&R unipress

Inhalt

Volker Stein / Gero Hoch / Hildegard Schröteler-von Brandt /
Angela Schwarz*

Provokation. Eine Einführung

1.   Provokation als Betrachtungsobjekt

Herkunft, Formen, Sinn und Bedeutung von Provokation sowie ihre Dynamiken
und der Umgang mit ihr: ein breites und spannendes Themenfeld. Man denke an
die psychologischen und soziologischen Gründe von Provokation (Realitäts-
konstruktion, Machtdelegitimation, ...), ihre politischen Formen (Streiks, Demonstrationen, Populismus, Instrumentalisierung im Wahlkampf, ...), ihre
soziale Bedeutung (öffentliche Provokation der »68er« als Motor gesellschaftlicher Entwicklung, ...), ihre juristische Bewertung, man denke an Provokation in
Kunst und Architektur und Musik, theologische Provokation, provokante Wissenschaft, Provokation als Kreativitätstechnik, Provokation in der medizini-
schen Diagnostik (Provokationstest, ...) und im Ingenieurwesen (simulations-
basiertes Engineering, Störsituationstest, ...), man denke an Provokation und
Zensur oder an interkulturelle Provokation: Provokation durchzieht alle Le-
bensbereiche und weist Bezüge zu allen wissenschaftlichen Feldern auf.

Umso interessanter ist es, dass sich grundlagenwissenschaftliche Literatur zur
Provokation an sich nur sehr spärlich findet. Die zentrale Referenzquelle heißt
nicht einmal explizit »Provokation«, sondern »Stachel und Speer. Machtstudien«
(Paris 1998). Immerhin: Vom fein pieksenden Stachel bis zum brutal verlet-
zenden Speer scheint hier bereits die Bandbreite von Provokation auf. In ihr wird
Provokation wie folgt definiert:

* Univ.-Prof. Dr. Volker Stein, Universität Siegen, Fakultät III (Wirtschaftswissenschaften –
  Wirtschaftsinformatik – Wirtschaftsrecht), Lehrstuhl für Betriebswirtschaftslehre, insb.
  Personalmanagement und Organisation.
  Univ.-Prof. Dr. Gero Hoch, Universität Siegen, Fakultät III (Wirtschaftswissenschaften –
  Wirtschaftsinformatik – Wirtschaftsrecht), vormals Lehrstuhl für Unternehmensrechnung.
  Univ.-Prof. Dr.-Ing. Hildegard Schröteler-von Brandt, Universität Siegen, Fakultät II (Bildung
  – Architektur – Künste), Department Architektur, Stadtplanung und Planungsgeschichte.
  Univ.-Prof. Dr. Angela Schwarz, Universität Siegen, Fakultät I (Philosophische Fakultät),
  Geschichte – Neuere und Neueste Geschichte.

»*... einen absichtlich herbeigeführten überraschenden Normbruch, der den anderen in einen offenen Konflikt hineinziehen und zu einer Reaktion veranlassen soll, die ihn, zumal in den Augen Dritter, moralisch diskreditiert und entlarvt.*« (Paris 1998, S. 58)

Die Reaktion, die »hervorgerufen« (die deutsche Übersetzung von *provocare*) werden soll, ist zunächst eine Resonanz – nicht nur im Bewussten, sondern zudem im Unterbewussten – sowie dann gegebenenfalls ein Verhalten. Beides ist jedoch theorieseitig nicht weiter spezifiziert und kann vermutlich auch nicht weiter grundlegend spezifiziert werden. Folglich ist Provokation ein relativ vager »Umbrella-Term«, der jedoch in vielen seiner Ausprägungen beschrieben wird – was umso interessanter wird, je konkreter der Einzelfall ist. So finden sich in der Fachliteratur unter anderem:

– konkret kontextbezogene Definition von Provokation wie zum Beispiel die »Medienprovokation« (Driessens 2013);
– Charakterisierungen von als provokant wahrgenommenen Menschen, so etwa vom Schriftsteller Michel Houellebecq (Encke 2018) und von anderen Skandalautoren (Bartl 2014);
– Beschreibungen der Mittel von Provokation, zum Beispiel einer verwendeten Bildersprache in Filmen (Pöhnert 2014), einer neuen Stilrichtung in der Musik wie »Punk« (May 1986), in der Kunst (Beuys et al. 2003) oder – bereits abstrahiert – der Ästhetik (Ruf 2012);
– Darstellung spezifischer Verwendungskontexte für bewusste Provokation, beispielsweise Werbung (Vézina/Paul 1997; Eckert 2014), Unternehmerausbildung (Hjorth 2011) oder Therapie (Höfner/Schachtner 2008);
– Skalenentwicklungen zur Messung des Gefühls des Provoziertseins zwecks Vorhersage des damit verbundenen Ärgers und Wutverhaltens (Alder/Lindsay 2007);
– Nacherzählungen bekannter Provokationen, etwa dem Reichstagsbrand (Bahar/Kugel 2013), des Terrorismus (Waldmann 1998) oder der Frauenbewegung (Schulz 2002);
– abstrahierende Deutung zeitbezogener Phänomene als Provokation, wie zum Beispiel der Buchtitel »Bildung als Provokation« (Liessmann 2017) signalisiert oder wie die Beschäftigung mit Neuentwicklungen wie Computerspiele zeigt (Keitel 2003);
– exemplarische Provokationen zwecks Sensibilisierung auf ein Thema hin, so die Ethik der Menschenwürde (Wetz 1986).

Oftmals braucht es aber gar keine Literatur (mehr), um eine Herausforderung als Provokation zu erkennen: der »Playboy« als Provokation der Nachkriegs-USA, der Tod als Provokation des Lebens? Ob nun Zäsur, Obszönität oder Skandal: Provokation geschieht dann, wenn (im übertragenen Sinne) aus dem Konjunktiv ein Indikativ wird. Provokation ist mit traumatischer Erfahrung für alle Beteiligte – also sowohl den Provozierenden als auch die Provozierten – verbunden. Provokation ist subjektiv, sowohl beim Sender als auch beim Empfänger.

Hat sich DIAGONAL das Thema Provokation gesucht – oder hat sich das Thema Provokation DIAGONAL gesucht?

2. Erste Annäherungen an Provokation

2.1 Techniken der Provokation

Betrachtet man Durchführungen von Provokation, so lassen sich typische Muster herauskristallisieren, die als »Techniken der Provokation« abstrahiert werden können:

– *Das Selbstverständliche unerwartet in Frage stellen.* Als Beispiel mag der Einwurf auf einen dahergesprochenen, nicht weiter betonten Satz »Ich würde mir wünschen, dass dieses und jenes passiert« dienen: »Was – Du wünschst noch?« Es ist die *perpetuitas interrupta* des im Wesentlichen unüberlegten Sprach- und damit des Denkflusses. Plötzlich wird der Sprechende angehalten, nicht nur über die Intention seiner Aussagen nachzudenken, sondern auch gesamthaft über die Vermittlung seiner Aussagen. Denkt man über diese Form der Provokation nach, fällt auf, wie leicht sie zu realisieren ist. Denn wie häufig verwenden Studierende die Redewendung »Dann würde ich einfach [eine Strategie oder Ähnliches] anwenden« – und sind dann vollkommen aus dem Konzept gebracht, wenn der Einwurf »*Einfach* ist dabei gar nichts« kommt. Im Laufe der Zeit erfolgt dann eine Verhaltensänderung in der Richtung, das Wort »einfach« zumindest im Universitätskontext aus dem Sprachgebrauch zu streichen. Oder wie häufig spricht man im Zuge anstehender Veränderungen davon, »wir müssen dann die anderen mitnehmen« – und wäre zunächst provoziert, wenn jemand sagte »Ich bin doch kein Taxi – ich muss gar keinen mitnehmen!«. Der Provokateur stellt damit den *frappanten* Aspekt von Provokation in den Vordergrund.

– *Tabus brechen.* Hier liegt die Provokation in der bewussten Grenzüberschreitung, die darin besteht, dass etwas, das zuvor aufgrund kollektiver Normen nicht denkbar gewesen sein sollte, offen ausgesprochen wird. Der Provokateur weiß, dass sein Tabubruch Widerspruch provozieren muss, und stellt damit den *offensiven* Aspekt von Provokation in den Vordergrund.

– *Das Provokante seinerseits verdrehen.* Einige Künstlerinnen positionieren sich bewusst gegen den männlichen Blick auf Frauen in der künstlerischen Darstellung und wollen ihrem Provoziertwerden durch »feministische Kunst« begegnen. Dies soll an für sich gar keine weitere Provokation darstellen, könnte aber als eine solche aufgefasst werden und dazu führen, dass die Programmatik einer »maskulinistischen Kunst« entstünde – dann als offensichtliche Gegenposition zur feministischen Kunst eine gezielte Provokation. Der Provokateur stellt also den *kreativen* Aspekt von Provokation in den Vordergrund.

– *Zur gewünschten Handlung ermutigen oder aufrufen.* »Tu's doch!« oder »Du traust dich sowieso nicht...!« – das sind explizite Provokationen, die auf das Hervorrufen von Handlungen abzielen, die der Provokateur selbst nicht durchführen kann oder will, deren Resultate er sich aber herbeiwünscht. Der Provokateur stellt hier den *manipulativen* Aspekt von Provokation in den Vordergrund.

Diese Techniken der Provokation sind kommunikative Ausdrücke von Sendern; sie können mehr oder weniger subtil daherkommen. Sie erfordern immer Adressaten und damit Empfänger. Provokation benötigt unabhängig von der gewählten Form einen Resonanzraum: Der oder die Adressaten werden mit der Provokation konfrontiert, wobei der Sender bereits antizipiert, wo genau der Adressat »verletzbar« ist und reagieren wird. Überwiegend werden die Provozierten dann tatsächlich reagieren; hinzu kommt vielfach noch die mediale Verstärkung der Provokation, die dann weitere Resonanzkreise zieht.

2.2 Dynamiken der Provokation

Provokation scheint nicht nur vom Ergebnis her hoch emotional zu sein, also individuelle oder kollektive Betroffenheit auszulösen und gegebenenfalls Konflikt hervorzubringen (Paris 1989): Auch im Hinblick auf ihre Verlaufsmuster ist Provokation äußerst spannend. Denn die Betroffenheits- und Konflikteskalationsdynamiken sind alles andere als vorhersehbar und vielfach nur noch sehr schwer kontrollierbar.

> »Als Medium der Zuweisung von Identitäten eignen sich Provokationen besonders deshalb, weil sie Auslöser und Verstärker zirkulärer sozialer Konflikte sind. Provokationen fordern Reaktionen heraus, die ihrerseits wieder als Provokationen aufgefasst werden können... Es gibt eine Dynamik der Provokation, die, einmal in Gang gesetzt, die Akteure ›automatisch‹ in typische Zugzwänge bringt...« (Paris 1998, S. 57)

Erste Frage: Wann und wo genau beginnt Provokation? Es müsste doch eigentlich eine initiale Provokation geben, sozusagen »aus heiterem Himmel«: Jemand beginnt mit einer Provokation aus einer nicht provokationsbelasteten Situation heraus. Die Motivation zur Provokation sind Eigeninteressen des Provozierenden. Da die Provokation neben dem Adressaten aber auch noch eine Wirkung in der Öffentlichkeit als Resonanzraum erzielt (Vasquez et al. 2013), entsteht in diesem Moment gleichzeitig die Notwendigkeit für den Provozierenden, die Provokation zu legitimieren. Die Person will ja schließlich nicht als unethische Person dastehen.

Ein verbreitetes Legitimationsmuster ist, die eigene Provokation als Reaktion auf eine gefühlte Provokation seitens des nun Provozierten hinzustellen: »Ich wurde ja zuerst provoziert«. Damit erfolgt eine Exkulpierung des gegenwärtigen Handelns über die Referenzierung auf eine interpretierte Vergangenheit des eigenen Fühlens, die an sich nicht widerlegbar ist, weil sie subjektiv ist. Und ob diese Legitimation sich auf ein echtes vergangenes Gefühl oder aber auf eine gegenwärtige fiktionale Konstruktion des Vergangenen bezieht, ist vollkommen irrelevant, da es nur auf die Reziprozität an sich ankommt.

Zweite Frage: Wie geht es nach einer erfolgten Provokation weiter? Die provozierte Person/Gruppe hat grundsätzlich vier Möglichkeiten:

- Zum ersten, die initiale Provokation ins Leere laufen zu lassen, indem sie sie ignoriert.
- Zum zweiten, auf die Provokation im Sinne ihrer Intention zu reagieren, also im Verhalten einzulenken und auf die Position des Provokateurs einzuschwenken.
- Zum dritten, die Provokation in ihrer Konstruktion zu decodieren und als damit auf der Meta-Kommunikationsebene so zu charakterisieren, wie sie ist: als ungerechtfertigt, als Angriff, als Ventil einer zuvor nicht gelungenen Konfliktlösung etc.
- Zum vierten, auf die Provokation mit einer Gegenprovokation zu antworten.

Letzteres ist der Start der konfliktbezogenen Eskalationsdynamik. Diese ist nicht allein ein Wechselspiel von Provokationen, sondern zudem ein Wechselspiel von Verhaltenserwartungen: Eine Provokation denkt in der Regel mit, wie der Provozierte sich als nächstes verhalten wird, um von vornherein Gegenprovokationen auszuschließen. Also gilt es, neben der Provokation an sich auch noch Macht zu signalisieren – möglicherweise durch flankierendes Ausagieren der Bedrohung. Ein solches Verhaltensmuster, bei dem sowohl die Provozierten als auch die Provozierenden in Bezug aufeinander Schritt für Schritt agieren, findet sich beispielsweise in der Dynamik von Angriffen von Terroristen auf Staaten und ihre Gesellschaften, wie das Beispiel der »Rote Armee Fraktion« (RAF) im Deutschland der 1970er Jahre zeigte (Carter 2016). Und die Beobachtung provokanter Politiker, wie Donald J. Trump in vielen Augen einen darstellt, legt nahe: Diejenigen, die provozieren, scheinen auch leichter provozierbar zu sein.

3.   Provokation: Ein Selbstversuch

Wo die Grenzen von Provokation genau zu verorten sind, ist nicht gut fassbar, aber vielleicht durch persönliche Erfahrung anzunähern. Aus diesem Grund haben sich die Herausgeber von DIAGONAL einer Aufgabe gestellt, nämlich, aus dem Blick der eigenen Disziplin drei Fragen konkret zu beantworten:

(1) Wie und womit wird im wissenschaftlichen Diskurs meines Feldes provoziert – und wer lässt sich davon provozieren?

(2) Wie konstruktiv ist das Mittel der Provokation in meinem wissenschaftlichen Diskurs – bringt er substanziell weiter oder hinterlässt er eher Verlierer als Gewinner?

(3) Welche Dynamiken der Provokation lassen sich erkennen – insbesondere, welche Muster eines »bei mir typischen« Provokationszyklus?

Es zeigt sich, dass Wissenschaft insgesamt – also die gestellten Fragen wie auch die gefundenen Antworten – Provokationen für das jeweils Nächste sein werden: die nächste Untersuchung, die nächste Positionsbestimmung, den nächsten Diskurs. So lange das (wissenschaftliche) Erkenntnisinteresse nicht erlahmt, so lange reagieren auch Forscherinnen und Forscher auf das, was sie umtreibt, und ihre Motivation zum Bewältigen eigenen Verletzt(worden)seins wird zum Nährboden für weiteren wissenschaftlichen Fortschritt: Provokation ist der grundlegende Antreiber der Wissenschaft.

Die Antworten finden sich nachfolgend.

3.1   Hildegard Schröteler-von Brandt – Architektur

(1) Architektur als anwendungsbezogene Ingenieurwissenschaft und künstlerische Wissenschaft zugleich kann in ganz unterschiedlichem Maße provozieren – insbesondere dann, wenn sich das architektonische Werk in seiner Gestaltung vom Mainstream und von vertrauten Raumbildern absetzt. Ein Bauwerk kann in hohem Maße öffentliche Aufmerksamkeit erregen, greift störend in die Alltagswelt ein und setzt Auseinandersetzungen mit der räumlichen Wahrnehmung in Gang. Provokation zeigt sich in diesem Fall als Störung zur herkömmlichen, vertrauten Umweltwahrnehmung. Es lassen sich unterschiedliche Gewichtungen an »großen« und »kleinen« Provokationen feststellen, je nachdem, wie störend oder verstörend ein Bauwerk in seiner Umgebung wirkt. Bauwerke provozieren, wenn ihre äußere Erscheinung nicht den vertrauten Gestaltungsvorstellungen einer Mehrheit entspricht. Bezogen auf die Architektur können verschiedene Provokationsrichtungen festgestellt werden. Einerseits kann aus fachlicher

Sicht ein Gebäude als »gute« Architektur eingeschätzt werden, von dem sich gleichzeitig der »normale« Betrachter provoziert fühlt oder verunsichert wird. Andererseits kann eine von Fachleuten als »schlecht« beurteilte Architektur auf diese provozierend wirken, wenngleich das Gebäude in breiten Bevölkerungskreisen eine große Anerkennung findet. Eine solch unterschiedliche Provokationsebene trifft beispielsweise auf die Bauwerke von Friedensreich Hundertwasser zu. Nicht selten wird eine fachlich hochgelobte Einfügung einer Bebauung in die Stadtstruktur mit einer neuen architektonischen Formensprache und Gestaltungsmerkmalen von der Stadtbevölkerung als Provokation angesehen (z. B. der Neubau des Kaiserbades in Aachen 1994). Ausgehend von der jeweiligen Haltung und Erfahrung kann sich architektonische Provokation somit sehr vielschichtig zeigen, oft gegensätzliche Wahrnehmungen hervorrufen und eine Provokation den Betrachter in unterschiedlicher Weise treffen.

An dem Grad der Auseinandersetzung um Bauwerke, die in der Fachöffentlichkeit beziehungsweise in Fachzeitschriften, aber auch in der Tagespresse und teilweise im Rahmen von Bürgerentscheiden geführt werden (z. B. die Ablehnung des neuen Museums »Bauhaus Europa« in Aachen durch Bürgerentscheid 2006), zeigt sich die Skalenbreite von Provokation. Auch bei städtebaulichen Projekten sind Provokationen an der Tagesordnung. Die Debatte um die städtebauliche Lösung bei der Nachnutzung der Fläche des Technischen Rathauses in der Altstadt von Frankfurt am Main wurde in der Stadtöffentlichkeit äußerst kontrovers und provokativ geführt. Im Ergebnis wurde die Altstadtstruktur rekonstruiert. Der Stadtgrundriss wurde in seiner Vorkriegsstruktur aufgebaut, alte Baustile adaptiert und sogar Gebäude rekonstruiert. Die Positionen zur Neuinterpretation der Stadtgestaltung im 21. Jahrhundert setzten sich nicht durch und die Frankfurter erhielten ihre »Gute Stube«. Als Ergebnis der öffentlichen Diskussion und der letztendlich getroffenen Entscheidung bleibt immer ein Stück Provokation bestehen, ob man sich als »Bewahrer« oder eher als »Modernisierer« sieht.

(2) Architektur darf und sollte provozieren. Dabei sollte nicht nur eine Auseinandersetzung um die architektonische Form- und Gestaltgebung geführt werden, sondern auch um die innere Gebäude- und Nutzungsstruktur. Denn ohne die Provokation durch neue Ausstellungskonzeptionen in der Museumsarchitektur hätten sich innovative Präsentationskonzepte in der Kunst nicht ergeben (wie beispielsweise der spiralförmige Aufbau im Guggenheim Museum in New York oder im neuen Mercedes-Benz Museum in Stuttgart). Architektonische Provokation kann auch substanziell weiterführen, wenn in neuen Gebäudeformen des parametrischen Entwurfs oder mit dem Einsatz neuer Baumaterialien technologische Neuerungen zum Einsatz kommen. So

konnten mit den während ihrer Bauzeit provozierenden Bauwerken, wie dem Centre Pompidou in Paris (1977) oder dem Universitätsklinikum Aachen (1966), die moderne Gebäudetechnik auch in den Fassaden sichtbar gezeigt und die innere Technik im wahrsten Sinne des Wortes nach außen gekehrt werden. Der Einsatz industriell gefertigter Baumaterialien oder die Einführung des Flachdaches in den 1920er Jahren wurden als Provokation empfunden. So entbrannte in der Siedlung Onkel Toms Hütte in Berlin-Zehlendorf Mitte der 1920er Jahre ein »Dächerkrieg« (Huse 1987). Der Bau einer Siedlung mit Flachdächern wurde von der Öffentlichkeit vehement abgelehnt und von der örtlichen Baupolizei zeitweise ein Baustopp verhängt. Als »Gegenprovokation« wurde direkt neben der Flachdachsiedlung eine Siedlung mit Steildächern errichtet (Fehl 1995). Gebauter Provokation des »neuen« Stils wurde mit gebauter Provokation des »traditionellen« Stils begegnet. Dieses Beispiel verdeutlicht, dass verschiedene Richtungen von Provokationen möglich sind. Gewinner oder Verlierer sind im Prozess der Provokation durch Architektur somit nahezu immer gleichzeitig vorhanden.

Provokation kann auch bewusst eingesetzt werden, um Aufmerksamkeit zu erregen und nicht zuletzt eine mediale Präsenz des eigenen Werkes zu erreichen. In der Folge steigt die öffentliche Anerkennung und entsprechend die Nachfrage nach weiteren Architekturleistungen aus den jeweiligen Büros. So haben weltweit angesagte Architekturbüros mit herkömmlichen Konstruktionsweisen gebrochen und bewusste Provokationen im Sinne einer Regelverletzung und einer Neudeutung von konstruktiven Merkmalen beschritten. Bekannte Architekten sind zum Beispiel Frank Owen Gehry, Zaha Hadid und die Gruppe Coop Himmelblau.

Provokationen durch Architektur sind ein sinnvolles konstruktives Mittel bei der Auseinandersetzung mit der gebauten Umwelt. Wenn die Gestaltung des Raumes zudem nicht nur der künstlerischen Selbstverwirklichung dient, sondern auch gesellschaftlich inspiriert ist, wächst deren Bedeutung. In der Architektursprache finden die gesellschaftlichen Bedürfnisse und ihre Ausdrucksmöglichkeiten eine Spiegelung. Gesellschaftliche Neuerungen oder technologische Innovationen, die sich in gebauter Architektur umsetzen lassen, sind manifeste Zeichen von Veränderungen. Auch textlich gefasste Manifeste und Visionen, von der frühen Architekturutopie von Thomas Morus (Morus 2003) bis hin zu den urbanen Analysen von Rem Koolhaas (2006), stellen bedeutsame Provokationen dar, ohne die sich Veränderungen des architektonischen Denkens nicht ergeben hätten.

(3) Provokationszyklen der Architektur lassen sich immer dann erkennen, wenn sich neue Trends und entsprechende geänderte ökonomische, gesellschaftliche oder technologische Herausforderungen ergeben. Je größer

diese Veränderungen sind, umso mehr findet sich eine Entsprechung in der Architektur. Eine als Provokation empfundene Bauweise kann sich über einen längeren Zeitraum hinweg zum Standard entwickeln. Es tritt ein Gewöhnungsprozess ein, der damit das einstmals provokative Erleben in späteren Jahren verblassen lässt, sodass nachfolgende Generationen das Bauwerk nicht mehr als Provokation erleben. So würde es beispielsweise den Dächerkrieg in Berlin heute nicht mehr in dieser Form geben.

Die Nachkriegsarchitektur in Deutschland, die heute nahezu die Hälfte des Gebäudebestandes umfasst, wurde in ihrer Entstehungszeit trotz der großen Veränderungen gegenüber der traditionellen Bauweise nicht als provokativ empfunden. Es bestand ein weitgehender gesellschaftlicher Konsens über die Bauweise, und allem voran stand die gesellschaftliche Lösung der eklatanten Wohnungsnot. Die heute weitgehend individualisierte Gesellschaft und die Verbreiterung von architektonischen Formen in der globalisierten Vielfalt lässt vieles zu und führt weniger zu Provokationen. Debatten um neue Architektur werden vor allem in den historisch geprägten Altstädten geführt, wie beispielsweise auch in Siegen im Zuge der Neuaufstellung einer Gestaltungsatzung.

3.2   Gero Hoch – Betriebswirtschaftslehre

(1) Wirtschaftliches Handeln, ein großes Thema der Ökonomen, wird maßgeblich vom Streben nach Vorteilen für den Handelnden und/oder das jeweils agierende Unternehmen bestimmt. Im Rahmen dieser Handlungen werden auf verschiedene Weise Maßnahmen ergriffen, die andere herausfordern können. So sehen Konkurrenten nicht selten und je nach Intensität klassische Maßnahmen der Verkaufsförderung, wie Preissenkungen, Sonderkonditionen und Zugaben (Wöhe/Döring/Brösel 2016, S. 409, 445), als Provokation. Dies kann auch und unter Umständen noch stärker für Innovationen gelten, insbesondere, wenn sie bestehende Leistungen ersetzen und mehr oder weniger vom Markt verdrängen. An Beispielen diesbezüglicher Produkte, Dienstleistungen, Verfahren und Techniken besteht kein Mangel: von der Öllampe zum elektrischen Licht, von der Pferdedroschke zum Automobil, von der Einzel- zur Fließbandfertigung, von der Silbermünze zum Giralgeld, von der mechanischen Rechenmaschine zur Scannerkasse, von der Schreibmaschine zum Personalcomputer und schließlich vom Personalcomputer zur künstlichen Intelligenz.

Während Innovationen für dem »Bewahren« zugeneigten Menschen bereits Provokationen darstellen können, so finden sich insbesondere in Bezug auf die Betriebswirtschaftslehre als theoretische Wissenschaft – und dies gilt analog für alle Felder der Wissenschaft – weitere Provozierte: Die Nicht-spezialisten können die gegebene Schwierigkeit, wissenschaftliche Er-kenntnisse zu verstehen, als Provokation sehen. Man denke nur an die komplexen Zusammenhänge, die mit der Bewältigung manifester Unter-nehmenskrisen einhergehen, oder an das europäische Finanzsystem. Zum Verständnisproblem kann, übrigens ebenfalls in allen Wissenschaftszwei-gen, ein Interpretationsproblem kommen – es existieren unterschiedliche Auslegungen und Würdigungen derselben Sachverhalte. So fühlen sich einzelne Ökonomen durch die Interpretation sogenannter Target-Salden – dies sind Guthaben oder Verbindlichkeiten nationaler Notenbanken wie der Deutschen Bundesbank gegenüber der Europäischen Zentralbank – im Falle diesbezüglicher hoher Forderungen der Deutschen Bundesbank gegen das Euro-System als »eine Art ewiger, bei der Bundesbank bezogener Überzie-hungskredit« (Sinn 2018) und somit durch eine Umgehung von Restrik-tionen der Kreditfinanzierung einzelner Länder provoziert. Andere Öko-nomen werten eine solche Sichtweise als grund- und verantwortungslose Panikmache (Fratzscher 2018) und verweisen auf das Target-System als Anker für Stabilität. Wieder andere widersprechen dieser Sicht und be-nennen die aus ihrer Perspektive gefährlichen Risiken zu hoher Target-Salden, die unter anderem Maßnahmen gegen Kapitalflucht erfordern würden (Reinhart 2018).

(2) Tiefgreifende Änderungen und grundlegende Diskurse, die eher als mildere Ausprägungen provokativ verstanden werden, können je nach Sichtweise Fluch und Segen zugleich sein. Oder, wie Einstein formulierte, *mitten in den Schwierigkeiten liegen viele Möglichkeiten* (Hinterhuber 2015, S. 171). Technischer wie ökonomischer Fortschritt und ebenso wissenschaftlicher Erkenntnisgewinn kennen Verlierer und Gewinner. Besonders wer sich als Verlierer sieht, wird die fragliche Innovation, den jeweiligen Erkenntnis-gewinn, als provokativ verstehen. Andererseits ist aus der empirischen In-solvenzforschung bekannt, dass zum Verlierer zu werden droht, wer zu lange am Althergebrachten festhält: Das starre Klammern an früher erfolgreiche Konzepten wurde neben anderen Gründen als häufige Ursache für das Scheitern von Unternehmen identifiziert (EH/ZIS 2006, S. 10). Generell scheinen jedoch die Gewinner in der Mehrheit zu sein. Dafür spricht der schon angedeutete *Zwang zum Fortschritt*. Zudem hätte auf dem tendenziell bereits übervölkerten Planeten Erde ohne wirkmächtige technisch-wis-senschaftliche Entwicklungen, die nicht selten – wie bei der Genforschung – provokativen Charakter aufweisen, eine exponentiell wachsende Bevölke-rung wohl nicht bis heute überleben können.
Die Beurteilung ökonomischer Vor- und Nachteile bleibt allerdings eine Frage des Blickwinkels. Die diskutierte Abschaffung des Bargeldes (bequem,

aber ein Verlust an Gestaltungsfreiheit) und die Verdrängung von örtlichen Geschäftsbanken durch rein internetbasierte »Direktbanken« (gebühren-frei, aber ohne Beratung) sind weitere Beispiele dafür. Digitalisierung als ein dynamischer Prozess provokativ verstandener Technologieentwicklung mit teilweise problematischer Mensch-Maschine-Interaktion bei offenem Aus-gang: Disruptive Veränderungen bergen offenbar besonderes Provokati-onspotenzial. Der diesbezügliche Diskurs zu Fluch und Segen sollte kon-struktiv genutzt werden: *Man kann – mit Curt Goetz – die Dinge nehmen, wie sie kommen. Aber man sollte dafür sorgen, dass die Dinge so kommen, wie man sie nehmen möchte* (Hinterhuber 2015, S. 103).

(3) Im auf reale Sachverhalte ausgerichteten wirtschaftswissenschaftlichen Diskurs kann die Provokation nicht nur als nützlich, sondern womöglich auch als zyklisch gelten: Sie fokussiert neue Entwicklungschancen und provoziert die Konfrontation mit unrealistischen Aspekten und möglichen Denkfehlern im Entwicklungs- und nachfolgenden Umsetzungsprozess. Damit folgt sie vermutlich grundsätzlich modellhaft einem Ablauf ähnlich einem Produktlebenszyklus mit Einführung, Wachstum, Sättigung, Reife, Degeneration (Wöhe/Döring/Brösel 2016, S. 83). Intensität und exakte Abgrenzung der Phasen entziehen sich allerdings genauerer Prognose (Hoch/Heupel 2010, S. 76).

3.3   Angela Schwarz – Geschichte

(1) Geschichte liefert seit Beginn der Geschichtsschreibung Stoff für Provoka-tionen. Provoziert wird in den Geschichtswissenschaften mit einer These oder Interpretation, die anderen, bereits existenten, die meist hohe Ak-zeptanz genießen, widerspricht, ihnen die bislang so sichere Grundlage entzieht. Bestimmte Themen und mehr noch bestimmte Wendungen, die ihnen gegeben werden, verstehen andere als eine solche Herausforderung zu reagieren: die Grabungsgeschichte Trojas, in der aktuelle ebenso wie ältere Erkenntnisse, etwa eines Heinrich Schliemann, kontrovers diskutiert wer-den (Ulf 2003), die Interpretationen Karls des Großen, einmal als mythi-scher Vater Europas, dann wieder als entzauberter Herrscher; des Mittel-alters als finstere Zeit oder als Auftakt der Moderne, vielleicht sogar als erfundene Epoche (Illig 2005); zur neueren Geschichte etwa die Suche nach den Verantwortlichen für den Kriegsausbruch 1914 von der Fischer-Kon-troverse der 1960er Jahre bis zum Buch von Christopher Clark über *Die Schlafwandler* von 2013; vor allem aber zur deutschen Geschichte immer wieder der Nationalsozialismus. In der bundesrepublikanischen Geschichte haben aus dem Bereich wiederholt Thesen den Weg in die Öffentlichkeit

gefunden, die sonst nur in akademischen Kreisen für Diskussionen, vielleicht sogar Provokationen sorgten. Dazu zählten in den 1980er Jahren die Frage, ob der Nationalsozialismus nicht historisiert werden müsste (Historikerstreit), in den 1990ern, ob Hitler ein starker oder schwacher Führer gewesen sei (Monokratie- oder Polykratie-Debatte; Kershaw 1999) oder ob der Holocaust ein zwangsläufiges Resultat eines den Deutschen innewohnenden Antisemitismus sei (Goldhagen-Debatte; Goldhagen 1996). Provoziert wurden in solchen Kontroversen nicht nur Angehörige der Historikerzunft, erweitert vielleicht um einige Intellektuelle und Medienvertreter, sondern eine breite Öffentlichkeit. Verhandelt wurde dann auch nicht mehr nur eine Interpretation des NS-Regimes oder seiner Politik, sondern das Selbstverständnis der Bundesrepublik, der Demokratie, der Nation. Für alle Länder, in denen die Meinungen frei zirkulieren, gibt es ähnliche Beispiele kontroverser Geschichtsdeutungen, in Wissenschaft und oft breiter Öffentlichkeit.

(2) Während der Auslöser für die Kontroversen im wissenschaftlichen Umfeld im Großen und Ganzen nützlich sein können, indem sie neue Forschungen anregen und den Wissenschaftsdiskurs beleben, ist die Resonanz in der breiten Öffentlichkeit deutlich heterogener und unsteter. Ob etwas als eine Provokation empfunden wird, von wem, wie lange und mit welchen Reaktionen, lässt sich nicht vorhersagen. Die Debatte um die Evolutionstheorie ist dafür ein gutes Beispiel. Dass die 1859 veröffentlichten Theorie über die Entwicklung des Lebens das Denken revolutionieren und viele Menschen provozieren würde, war ihrem Verfasser Charles Darwin selbstverständlich klar, obwohl er nicht auf eine Provokation abzielte. Nicht für ihn vorherzusehen war die Tatsache, dass um die damals angestoßenen Fragen bis heute diskutiert werden würden (Schwarz 2017).

(3) Denn die Debatte um die Evolutionstheorie endete nicht zu dem Zeitpunkt, als das, was ursprünglich Provokation gewesen war, als gesichert in den Wissenskanon übernommen war. Während üblicherweise in der geschichtswissenschaftlichen Diskussion der Provokation erst die Auseinandersetzung und dann die intensivere Erforschung des Feldes erfolgt, die nicht selten eine Synthese der verschiedenen Positionen zur Folge hat, entwickelte sich die Provokation der Evolutionstheorie bis heute anders. Das liegt vor allem an der Breite an Äußerungsformen, an Thesen und Vorstellungen sowie Ebenen der Umsetzung, von der Streitschrift bis zum Spielfilm oder Marketingobjekt, von der biologischen Studie über die fundamentalistische Leugnung bis zur genetischen Forschung und der Biotechnologie des 21. Jahrhunderts. So kann das Wissen, das anfangs Provokation war, erneut, dann meist in gewandelter Form, als Provokation er-

scheinen, je nach Diskussionszusammenhang und Diskutanten mehr oder minder dezidiert.

3.4   Volker Stein – Betriebswirtschaftslehre

(1) Provokation ist in der Wissenschaft ein Mittel im Kampf um Aufmerksamkeit – und in der Betriebswirtschaftslehre aufgrund der im Vergleich zu anderen Fächern recht großen internationalen Fachcommunity offensichtlich ein gern genutztes. Wissenschaftlerinnen und Wissenschaftler wollen sich wissenschaftliche Reputation erwerben, die sie, wie Kieser (1996) in seinem immer noch höchst lesenswerten Aufsatz »Moden & Mythen des Organisierens« herausgestellt hat, in der Arena des Kampfes um Reputation – also in Verlagen, Unternehmensberatungen, Seminaren, Kongressen – in profitable Verwertung umwandeln. Die Waffen im Reputationskampf sind dann die tatsächlichen und vermeintlichen wissenschaftlichen Innovationen. Sie müssen hervorgebracht und dann vermarktet werden, wobei dies gemäß Kieser (1996) durch das Verfassen eines Management-Bestsellers mit einer typischen Rhetorik beschleunigt werden kann.
Als Provokateure werden häufig diejenigen wahrgenommen, die Erkenntnisse unter Nutzung ihrer eigenen wissenschaftlichen Reputation verwerten, obwohl die wissenschaftliche Substanz noch durch weitere Forschung gesteigert werden könnte. Provoziert fühlen sich dann häufig diejenigen Wissenschaftler, die der Erkenntnisgewinnung Priorität einräumen und dann sehen, dass von anderen selbst Erkenntnisse gewinnbringend verwertet werden können, die aus ihrer Sicht noch gar nicht »wissenschaftlich ausgegoren« sind. Hier manifestieren sich voneinander abweichende Ausprägungen von Berufsethos. Der Grat zwischen Provokation und Nicht-Provokation ist allerdings schmal: Wer kann und will schon beurteilen, ob eine Wissenschaftlerin oder ein Wissenschaftler eine Innovation überwiegend aus Erkenntnisinteresse oder aber aus Verwertungsinteresse in die Welt setzt, selbst wenn sie inhaltlich noch vorläufig ist – denn Erfolg im Wettbewerb um Reputation resultiert daraus, mit einer Idee als erster auf den wissenschaftlichen Markt zu gelangen und damit Aufmerksamkeit zu erzielen.

(2) Ob Provokation in der Betriebswirtschaftslehre konstruktiv wirkt oder polarisiert und damit (vermeintliche) Gewinner und Verlierer hervorbringt, liegt am Ausmaß, in dem (wissenschaftliche) Provokation mit Popularisierung einhergeht. Denn nur, weil etwas neu und anders als Bisheriges ist und damit öffentliche Aufmerksamkeit erregen kann, muss es noch nicht wissenschaftlich substanziell sein. So veranschaulicht Weilbacher (2016) in

seinem Aufsatz »Angriff der Buzzwords« die Invasion der Schlagworte, wie sie derzeit im Sog der Digitalisierungsdiskussion durch die Unternehmen wabert: digitale Transformation – Employer Branding – Social-Media-Kanäle – Content Marketing – New Work – Talent Management – Business Partner – Agilität – Künstliche Intelligenz. Provokant ist in diesem Kontext die »Absurdität unserer beschleunigten Welt« (Weilbacher 2016, S. 39) insofern, als die Inhaltsarmut aller dieser und weiterer Begriffe in der Regel während ihrer Verwendung verschwiegen wird. Beispiel »Agilität«: Selten wird in Definitionsversuchen (z. B. Aulinger 2017) und beim Verkauf agiler Beratungskonzepte an Unternehmen zugegeben, dass das Agile an der Agilität vielfach etwas sei, das es schon seit vielen Jahrzehnten gibt, und dass selbst agile Mindsets als Neuerung nicht viel mehr sei als bereits Bekanntes:

»Mit der Feststellung, dass agile Organisationen ganz maßgeblich auf der Säule entsprechender Mindsets beruhen, geht es uns also weniger um die kognitiven Einsichten, die bei den Mitgliedern eines Unternehmens über die Notwendigkeit von Agilität und über erforderliche agile Organisations-und Planungsprinzipien vorhanden sein sollten. Dies alles ist in den meisten Unternehmen ohnehin kognitiv längst bekannt. Woran es trotz weiter Verbreitung dieser Erkenntnisse mangelt, ist die Routine mit und die Freude daran, in Unternehmen Haltungen und Verhaltensweisen zu praktizieren, die diese Prinzipien lebendig werden lassen«. (Aulinger 2017, S. 8)

Mit altem Wein in neuen Schläuchen sowie einer »raffinierten Mischung von Einfachheit und Mehrdeutigkeit« (Kieser 1996, S. 24) werden die Nutzer in der Schein-Sicherheit der Anwendung innovativen Managements gewiegt. Und in der Tat, die Verwendung dieser Schlagworte schützt dann die Verwender zumindest auf kurze Sicht vor dem Vorwurf, sie hätten die Zukunftsherausforderungen nicht rechtzeitig im Blick gehabt. Auf längere Sicht bleibt jedoch unklar, wie nachhaltig ein Managen auf der Basis popularisierter Managementkonzepte sein kann. Denn: »Für die Organisationswissenschaft jedoch wäre eine Verwechslung von Fiktion und Fakten, von der rhetorischen Akzeptanz von Konzepten in der Praxis und der Praxis selbst, höchst fatal« (Kieser 1996, S. 34). Nichtdestotrotz trägt Provokation zur evolutionären Entwicklung von Wissenschaft sowie vom Anwendungsbereich wissenschaftlicher Erkenntnisse bei.

(3) Ein »typischer Provokationszyklus« im Sinne der gerade beschriebenen Verwertungslogik besteht darin, dass er – in einer dynamisierten Wissenschaftswelt in immer kürzeren Taktungen – nach einem Aufschwung wieder in sich zusammenfällt und von einem neuen Provokationszyklus abgelöst wird. Wer die Provokation mitmacht und damit auf der Modewelle mitschwimmt, kann davon individuell profitieren, wer hingegen nachschaut, ob nicht einige vermeintlich neue Ideen gemäß dem Motto »alles schon mal

dagewesen« bereits vorhanden sind, wer kritisiert und dekonstruiert, kommt zumindest auf dem Höhepunkt der Modewelle eher als »Spielverderber« rüber. Die nachhaltig forschenden Wissenschaftlerinnen und Wissenschaftler wird man allerdings daran erkennen, dass ihr Erkenntnisinteresse an einstmals provokanten Themen selbst dann nicht nachlässt, wenn sich die Verwertung in den Arenen des Kampfes um Reputation dem Ende nähert. Die Betriebswirtschaftslehre will hier aber bewusst einen anderen Weg gehen – nämlich, den Versuchungen der Popularisierung von vornherein gar nicht erst zu erliegen. Dies spiegelt sich auch international in dem in der Betriebswirtschaftslehre vieldiskutierten Postulat nach »rigor and relevance«, also dem Postulat nach wissenschaftlicher Qualität und wissenschaftlicher Bedeutsamkeit von Forschungsfragen, Forschungsprozessen und Forschungsergebnissen. Es betont vor allem, dass rigor und relevance kein Entweder-Oder, sondern zwingend ein Sowohl-Als auch darstellen (Bartunek 2003; Vermeulen 2005; Gulati 2007). Immerhin die wissenschaftlichen Zeitschriften mit hoher Reputation legen beide Kriterien als Maßstab der Veröffentlichbarkeit neuer Ideen an. Auf dieser Weise trennt sich zumindest in den qualitativ hochwertigen »A- und B-Journals« die provokante nicht-wissenschaftliche Spreu vom provokanten wissenschaftlichen Weizen.

4.   Gibt es heutzutage überhaupt noch Provokation?

»Ist inzwischen alles zu brav?« Auch dies eine provokante Frage! Sie übertreibt, zieht Bestehendes in Zweifel und stellt es auf den Prüfstand, beinhaltet Misstrauen und Skepsis und kombiniert Argwohn subversiv mit der impliziten Anregung zu einer nicht weiter spezifizierten Verhaltensänderung. Doch in Zeiten, in denen Tabugrenzen immer weiter hinausgeschoben werden, stellt sich die Anschlussfrage: »Gibt es heutzutage überhaupt noch Provokation?«

In unserem DIAGONAL-Heft »Provokation« wird das Thema von vielen Seiten betrachtet: grundlegend und konkret, nebenbei bemerkt und strategisch eingesetzt, statisch und dynamisch. Thematisiert werden die Felder Bildungsphilosophie (Nielsen-Sikora und Grabowski), politische Ökonomie (Gemper), Finanzwissenschaft (Wiedemann und Bouten), Mathematik (Wills), Physik (Grupen und Grupen), Musikwissenschaft (Herchenröder), Gesellschaftsethik (Bergmann), Wirtschaftsgeschichte (Groenewald), Unternehmensführung (Scholz, Feldhaus und Braun) sowie Wirtschaftsentwicklung (Hoch und Heupel).

Insbesondere der Bezug zur Musik zeigt, dass Provokation auch hörbar gemacht werden kann: Deshalb hat Martin Herchenröder exklusiv für dieses Heft

eine CD mit »provokanter« (?) Orgelmusik eingespielt – mit dem Titel »Zumutungen« am Ende dieser DIAGONAL-Ausgabe zu finden.

Eine spannende Auseinandersetzung mit dem Thema – lassen Sie sich provozieren!

Literatur

Alder, Lucy/Lindsay, William R. (2007): Exploratory Factor Analysis and Convergent
    Validity of the Dundee Provocation Inventory. Journal of Intellectual & Developmental
    Disability 32 (3), S. 190–199.
Aulinger, Andreas (2017): Die drei Säulen agiler Organisationen. IOM-Whitepaper. Berlin.
Bahar, Alexander/Kugel, Wilfried (2013): Der Reichstagsbrand: Geschichte einer Provo-
    kation. Köln.
Bartl, Andrea (Hrsg.) (2014): Skandalautoren. Zu repräsentativen Mustern literarischer
    Provokation und Aufsehen erregender Autorinszenierung. Würzburg.
Bartunek, Jean M. (2003): Presidential Address: A Dream for the Academy. Academy of
    Management Review 28 (2), S. 198–203.
Beuys, Joseph et al. (2003): Joseph Beuys, Provokation, Lebensstoff der Gesellschaft, Kunst
    und Antikunst. 67. Forumgespräch der Reihe »Meinung gegen Meinung« am 27.01.
    1970. Podium: Max Bense, Joseph Beuys, Max Bill, Arnold Gehlen, Leitung: Wieland
    Schmied. Dokumentation (Redaktion: Stöckmann, Birgit). Köln.
Carter, David B. (2016): Provocation and the Strategy of Terrorist and Guerrilla Attacks.
    International Organization 70 (1), S. 133–173.
Clark, Christopher (2013): Die Schlafwandler. Wie Europa in den Ersten Weltkrieg zog.
    München.
Driessens, Olivier (2013): ›Do (not) go to vote!‹ Media Provocation Explained. European
    Journal of Communication 28 (5), S. 556–569.
Eckert, Martin (2014): Werbung mit Behinderung. Eine umstrittene Kommunikations-
    strategie zwischen Provokation und Desensibilisierung. Bielefeld.
EH/ZIS (Euler Hermes Kreditversicherung/Zentrum für Insolvenz und Sanierung an der
    Universität Mannheim e.V.) (2006): Warum Unternehmen insolvent werden – Die
    wichtigsten Insolvenzgründe. Mannheim. http://www.zis.uni-mannheim.de/studien/
    dokumente/praesentation_pressekonferenz_27_09_06_internet_pdf/prasentation_
    pressekonferenz_27_09_06_internet.pdf (zuletzt abgerufen am 10.08.2018).
Encke, Julia (2018): Wer ist Michel Houellebecq? Porträt eines Provokateurs. Berlin.
Fehl, Gerhard (1995): Kleinstadt, Steildach, Volksgemeinschaft. Zum »reaktionären Mo-
    dernismus« in Bau- und Stadtbaukunst. Reihe Bauweltfundamente 102. Braunschweig.
Fischer, Fritz (1961): Griff nach der Weltmacht. Düsseldorf.
Fratzscher, Marcel (2018): Grundlose Panikmache. Handelsblatt vom 03./04./05.08.2018,
    S. 64.
Goldhagen, Daniel Jonah (1996): Hitlers willige Vollstrecker. Ganz gewöhnliche Deutsche
    und der Holocaust. Berlin.

Gulati, Ranjay (2007): Tent Poles, Tribalism, and Boundary Spanning: The Rigor-Relevance Debate in Management Research. Academy of Management Journal 50 (4), S. 775–782.

Hinterhuber, Hans H. (2015): Neue Zitate für Manager. 3. Aufl. Frankfurt am Main.

Hjorth, Daniel (2011): On Provocation, Education and Entrepreneurship. Entrepreneurship & Regional Development 23 (1–2), S. 49–63.

Hoch, Gero/Heupel, Thomas (2010): Zyklen in der Ökonomie. Folgen Konjunktur und Produktentwicklung zyklischen Gesetzmäßigkeiten? In: Grupen, Claus/Hoch, Gero/Riha, Karl (Hrsg.), Wellen. DIAGONAL Heft 31. Siegen, S. 63–79.

Höfner, Eleonore/Schachtner, Hans-Ulrich (2008): Das wäre doch gelacht!: Humor und Provokation in der Therapie. 6. Aufl. Reinbek bei Hamburg.

Huse, Norbert (Hrsg.) (1987): Vier Berliner Siedlungen der Weimarer Republik. Britz. Onkel Toms Hütte. Siemensstadt. Weiße Stadt. Eine Ausstellung vom 24.10.1984–7.1.1985 im Bauhaus-Archiv Museum für Gestaltung. Berlin.

Illig, Heribert (2005): Das erfundene Mittelalter. Die größte Zeitfälschung der Geschichte. Berlin.

Keitel, Evelyne (Hrsg.) (2003): Computerspiele – eine Provokation für die Kulturwissenschaften? Lengerich.

Kershaw, Ian (1999): Der NS-Staat. Geschichtsinterpretationen und Kontroversen im Überblick. Reinbek.

Kieser, Alfred (1996): Moden & Mythen des Organisierens. Die Betriebswirtschaft 56 (1), S. 21–39.

Koolhaas, Rem (2006): Delirious New York. Ein retroaktives Manifest für Manhattan. Aachen.

Liessmann, Konrad Paul (2017): Bildung als Provokation. 2. Aufl. Wien.

May, Michael (1986): Provokation Punk: Versuch einer Neufassung des Stilbegriffes in der Jugendforschung. Frankfurt am Main.

Morus, Thomas (2003): Utopia (Übersetzung der Ausgabe von 1516). Stuttgart.

Paris, Rainer (1989): Der kurze Atem der Provokation. Kölner Zeitschrift für Soziologie und Sozialpsychologie 41 (1), S. 33–52.

Paris, Rainer (1998): Stachel und Speer. Machtstudien. Frankfurt am Main.

Pöhnert, Julius (2014): Provokation in Rosa: Typen, Tunten, Charaktere in Rosa von Praunheims Filmen. Frankenthal.

Reinhart, Carmen (2018): Risiko Italien. Handelsblatt vom 08.08.2018, S. 48.

Ruf, Oliver (2012): Zur Ästhetik der Provokation. Kritik und Literatur nach Hugo Ball. Bielefeld.

Schwarz, Angela (Hrsg.) (2017): Streitfall Evolution. Eine Kulturgeschichte. Köln, Weimar, Wien.

Schulz, Kristina (2002): Der lange Atem der Provokation. Die Frauenbewegung in der Bundesrepublik und in Frankreich 1968–1976. Frankfurt am Main.

Sinn, Hans-Werner (2018): Keine Erfolgsstory. Handelsblatt vom 01.08.2018, S. 48.

Ulf, Christoph (Hrsg.) (2003): Der neue Streit um Troia. Eine Bilanz. München.

Vasquez, Eduardo A./Pedersen, William C./Bushman, Brad J./Kelley, Nicholas J./Demeestere, Philippine/Miller, Norman (2013): Lashing out After Stewing Over Public Insults: The Effects of Public Provocation, Provocation Intensity, and Rumination on Triggered Displaced Aggression. Aggressive Behavior 39 (1), S. 13–29.

Vermeulen, Freek (2005): On Rigor and Relevance: Fostering Dialectic Progress in Management Research. Academy of Management Journal 48 (6), S. 978–982.

Vézina, Richard/Paul, Olivia (1997): Provocation in Advertising: A Conceptualization and an Empirical Assessment. International Journal of Research in Marketing 14 (2), S. 177–192.

Waldmann, Peter (1998): Terrorismus: Provokation der Macht. München.

Weilbacher, Jan C. (2016): Angriff der Buzzwords. Human Resources Manager Heft 39, S. 39.

Wetz, Franz Josef (1986): Die Würde der Menschen ist antastbar. Eine Provokation. Stuttgart.

Wöhe, Günther/Döring Ulrich/Brösel, Gerrit (2016): Einführung in die allgemeine Betriebswirtschaftslehre. 26. Aufl. München.

Jürgen Nielsen-Sikora / Charlotte Grabowski*

Provokationen? Eine bildungsphilosophische Intervention

> *Es ist wieder mal Zeit für Skandale,*
> *Digga, so lange schon nix mehr passiert.*
> (Bonez MC & RAF Camora)

> *Eine umfassende Bildung ist eine gut dotierte Apotheke;*
> *Aber es besteht keine Sicherheit, daß nicht für Schnupfen*
> *Zyankali gereicht wird.*
> (Karl Kraus)

Dem lateinischen Ursprung des Wortes zufolge wird mit »Provokation« eine manipulative Strategie bezeichnet, die darauf zielt, bei einem oder mehreren anderen ein Verhalten auszulösen, das ohne die Intervention nicht gezeigt worden wäre. Wir werden dieses Phänomen begrifflich bewusst nicht näher bestimmen, sondern mit einigen Beispielen, insbesondere aus dem Bereich der modernen Kunst (seit den Zeiten Claude Monets), unterfüttern. Mit Joseph Beuys (1985) gehen wir der These nach, Provokation sei jener Sprechakt, in dem »auf einmal was lebendig wird«.

Von hier aus schlagen wir einen Bogen in das gegenwärtige Zeitalter der Hypersensibilität, wie es uns die USA seit rund drei Jahrzehnten vorleben. Es ist charakterisiert durch eine Debattenkultur, die nach Offenheit und Gleichheit strebt, zugleich jedoch mit Sprechverboten arbeitet. In einer Zeit, in der viele sich durch vieles proviziert fühlen, fällt es insofern schwer, einen Diskurs über sprachliche Angemessenheit zu führen.

Kann Bildung aus diesem Dilemma einen Ausweg weisen? Davon sind wir überzeugt. Doch wir möchten keinen umfassenden bildungstheoretischen Diskurs führen. Vielmehr konzentrieren wir uns auf die bildungsphilosophischen Betrachtungen von Peter Bieri und Konrad Paul Liessmann. Sie erübrigen unseres Erachtens die Lektüre ganzer Bibliotheken zum Thema.

* PD Dr. Jürgen Nielsen-Sikora, Universität Siegen, Fakultät II (Bildung – Architektur – Künste), Hans Jonas-Institut Siegen.
Charlotte Grabowski, Universität Siegen, Fakultät II (Bildung – Architektur – Künste), Hans Jonas-Institut Siegen.

1.   »Provokation heißt, jetzt wird auf einmal was lebendig.«

Claude Monets *L'impression soleil levant,* ein kleinformatiges, 1872 gefertigtes Ölbild, das den morgendlichen Hafen von Le Havre in der Normandie zeigt, fängt den Augenblick ein, hält das wechselnde Licht fest und treibt mit seinem pastösen Farbduktus und der Flüchtigkeit des Pinselstrichs zugleich die Auflösung überlieferter Formen voran.

In den Kunstsalons des 19. Jahrhunderts sorgten Monet und die Impressionisten für Skandale, weil sie Sehgewohnheiten konsequent infrage stellten und mit avantgardistischen Maltechniken experimentierten. Heute erzielen ihre damals als »Schmierereien« bezeichneten Werke Höchstpreise und werden in den großen Museen der Welt ausgestellt. Es gibt kaum ein Bildbearbeitungsprogramm, das den impressionistischen Malstil nicht im digitalen Repertoire hätte: »Was früher das Niemandsland außerhalb jeder Zivilisation war, ist mittlerweile ein Teil der Innenstadt«, kommentiert Arne Hoffmann in seinem »Lexikon der Tabubrüche« (2003, S. 5) diesen Umstand. Kaum jemand käme heute noch auf die Idee, die Sujets der Malerei oder die Art der Pinselführung des ausgehenden 19. Jahrhundert als Provokation zu empfinden.

Oder doch? Immerhin entfernte die Manchester Art Gallery Anfang 2018 zunächst John William Waterhouse' mehr als 120 Jahre altes Gemälde »Hylas und die Nymphen« (1896) vorübergehend aus ihrer Sammlungspräsentation, um sodann über das nicht mehr vorhandene Bild eine Diskussion über Sexismus in der Kunst führen zu wollen. Allerdings blendete das Museum in Person der Kuratorin Clare Gannaway sowohl den historischen als auch den inhaltlichen Kontext der Darstellung vollkommen aus und entzog durch die vorgenommene Zensur jeder ergebnisoffenen Diskussion bereits im Vorfeld den Boden. War das auch nur eine Provokation?

Ein anderes Beispiel: Facebook sperrte im März 2018 vorübergehend die Abbildung von Eugène Delacroix' »Die Freiheit führt das Volk« (1830), weil die Allegorie der Freiheit barbusig dargestellt ist – knapp 200 Jahre nach Schaffung des Werks haben einige Betrachter damit offensichtlich ein Problem.

Schon zu Beginn der 1990er Jahre entfernte die University of Pennsylvania eine Reproduktion von Goyas *Nackte Maya;* zuletzt entbrannte über Balthus' »Thérèse, träumend« (1938) Ende 2017 eine heftige Diskussion. Das Bild verkläre den Voyeurismus und die Sexualisierung von Kindern, heißt es in einer von der New Yorker Unternehmerin Mia Merrill initiierten Online-Petition, die das Bild zudem für »pornografisch« hält.

Solche Debatten, meint die Philosophin Juliane Rebentisch, verkürzten lediglich »das in die institutionalisierte Kunstwelt hineinreichende Problem des strukturellen Sexismus auf ein Problem des Umgangs mit der Moral einzelner Künstlerpersönlichkeiten.« (Rebentisch 2018, S. 51). Doch nicht einmal das, denn allein der Versuch, von einem Kunstwerk auf die Moral des Künstlers schließen zu wollen, ist mehr als gewagt. Problematisch ist in diesem Kontext vielmehr der Umstand, dass an historische Quellen der Maßstab individueller Moralvorstellungen der Gegenwart angelegt wird. Das wird den Zeugnissen der Vergangenheit in keiner Weise gerecht.

Gerade der Kunstbetrieb mit seinen individuellen Persönlichkeiten war im Grunde immer schon für Provokationen und Skandale gut. *Kunst* ist – strenggenommen – ein Synonym für *Provokation* (vgl. Schwerfel 2002). Im 20. Jahrhundert waren es unter anderem *Happenings* und *Fluxus*, Marcel Duchamps *Readymades* und Joseph Beuys' Idee der *sozialen Plastik*, die zu Entrüstungen Anlass boten. Auch die ehemalige Pornodarstellerin Annie Sprinkle sorgte als Performance-Künstlerin für einen Skandal, als sie sich in den 1990er Jahren während ihrer Kunstaktionen ein Spekulum einführte, damit die Besucher einen Blick auf ihren Gebärmutterhals werfen konnten. Sprinkle verstand dies als Demystifizierung des weiblichen Geschlechtsorgans.

Das Thema Sexualität in der Kunst ist für Provokationen ohnehin prädestiniert. Nehmen wir Künstler wie Valie Export, Jeff Koons und Milo Moiré oder Schriftsteller wie William Burroughs, Charles Bukowski und Anaïs Nin – kaum eine Aktion ohne Aufschrei und Entrüstung, kaum ein Buch über Sex und Drogen, das nicht für einen Skandal sorgt oder mitunter gar der Zensur an heimfällt. Nicht selten folgen Klagen vor Gericht, weil die Grenzen überschritten worden seien – als wären Grenzüberschreitungen nicht genuin die Aufgabe der Kunst.

In jüngster Vergangenheit provozierten beispielsweise Künstler wie Jonathan Meese, Theatermacher wie Christoph Schlingensief und Schriftsteller wie Michel Houellebecq ihr Publikum, indem sie Fragen nach Zugehörigkeit und Devianz, nach Einigkeit und Differenz, nach dem Verhältnis von Realität und Fiktion neu stellten und dabei die Grenzen des guten Geschmacks ein ums andere Mal verschoben. Sie kritisierten Selbstverständlichkeiten, brachen verkrustete Zustände auf, testeten Regeln und Normen und störten den falschen Frieden und die Ordnung der Dinge.

So spielen trügerische Idylle und zivilisatorischer Verfall nicht nur in Michel Houellebecqs *écriture choc* eine zentrale Rolle. Auch bei öffentlichen Auftritten übernahm er hin und wieder die Ansichten seiner Romanfiguren und rief Irritationen bei seinen Gesprächspartnern und dem Publikum hervor: »Ich will die Leute aus ihrer Komfortzone herausholen. Sie gewöhnen sich ja an alles, sogar an das Bleierne und Niederdrückende. Also verpasse ich ihnen einen Stoß, der möglichst unerwartet kommt«, begründete er sein Vorgehen in einem Spiegel-Interview mit dem vielsagenden Titel »Ein Arschloch bleiben« (Der Spiegel 2016, S. 123).

Es sei doch gar nicht schlimm, wenn die Leute aggressiv würden, glaubte auch Joseph Beuys und forderte bereits rund drei Jahrzehnte zuvor: »Lass sie doch ruhig aggressiv werden. Dann kommt man wenigstens mit ihnen ins Gespräch. Das heißt, du musst das provozieren. Provokation heißt, jetzt wird auf einmal was lebendig« (Beuys 1985, ab Min. 5:58). Beuys berichtet weiter, dass nach einigen seiner Aktionen aufgebrachte Menschen bei ihm zuhause anriefen und ihn als »Arschloch« bezeichneten. Ganz im Sinne von Michel Houellebecq kann das als Kompliment gelten, denn es bedeutet, dass Beuys Emotionen hervorruft und damit etwas lebendig werden lässt.

Etwas lebendig werden lassen. Etwas zum Leben erwecken, das zuvor tabuisiert oder totgeschwiegen wurde. Einen Diskurs eröffnen über starre Denktraditionen: Selbst die französische Schriftstellerin Yasmina Reza findet ihren Kollegen Houellebecq bisweilen unerträglich und erinnert daran, dass er nicht davor zurückgeschreckt habe, die Vagina einer alten Frau mit dem Hals eines Huhns zu vergleichen. Doch anders als andere möchte sie sich davon nicht provozieren lassen: »Ich habe gelacht und gedacht: ›Dreckskerl‹! Aber es ist seine schriftstellerische Freiheit, er muss nichts mit Handschuhen anfassen. Und ich sehe keine Provokation: Man merkt, dass es sehr viel tiefere Gefühle sind, die die Grausamkeit dieses Blicks hervorrufen« (zitiert nach Encke 2018, S. 137).

Houellebecq selbst geht es tatsächlich um die Freiheit, wie er sagt, und Freiheit sei nun einmal provozierend: »Ohne eine Dosis Provokation« sei Freiheit undenkbar (Der Tagesspiegel 2015). Keine Freiheit ohne Provokation? Auf die Frage, ob er denn nun ein Provokateur sei, antwortet er konsequent: »Ja, von Zeit zu Zeit, wenn ich mich langweile« (zitiert nach Encke 2018, S. 224).

2.   Provokationen im Zeitalter neuer Hypersensibilitäten

Überhaupt immer die größte Empörung ... Das sei jämmerlich.
(Thomas Mann, Der Zauberberg)

Die Provokationen der Kunstszene richten sich im Allgemeinen nicht gegen konkrete Personen, sie zielen vielmehr auf eine Veränderung gesellschaftlicher Zustände: Der Dadaismus stellte sich gegen Bürgerlichkeit und Krieg; der Surrealismus gegen eine falsch verstandene Wirklichkeit; die Pop-Art gegen den Konsum; Ai Weiwei gegen den chinesischen Staatsterror und die Verletzung der Menschenrechte; Pjotr Pawlenski nagelte seinen Hodensack aus Protest gegen die russische Regierung auf dem Roten Platz fest. Als Maurizio Cattelan einen Meteoriten auf eine Nachbildung von Papst Johannes Paul II. niedergehen ließ und das Werk »Die neunte Stunde« taufte, empörten sich zwar viele Katholiken, doch Cattelans Schelmenstück richtete sich weniger an die Person des Papstes als vielmehr gegen eine gottverlassene Welt.

In dem Film *The Square*, eine Gesellschaftssatire des Schweden Ruben Östlund über die Idee der Solidarität und die Realität sozialer Ungleichheit, gibt es eine herausragende Szene, in der der Schauspieler Terry Notary als menschlicher Affe ein Kunst-Bankett sprengt und die Anwesenden an die Grenzen ihrer Zivilcourage treibt: Der Kokon aus Selbstzufriedenheit und vorgetäuschtem Engagement zerplatzt und weicht dem Gefühl der Entrüstung und der Angst. Besonders beunruhigend ist, dass sich dieses Gefühl bis in den Kinosessel hinein überträgt.

Wenn sich jemand von Kunstwerken provoziert fühlt, ohne dass er unmittelbar persönlich gemeint ist, bedarf es eines konkreten Zusammenhangs zwischen dem Thema der Provokation und dem Gefühlshaushalt des sich provoziert fühlenden Individuums. So wie Kunst ohne Betrachter zu keiner Provokation fähig wäre, so wenig wäre es der Roman ohne Leser, der Film ohne Zuschauer oder die Psychoanalyse ohne Patienten. Entscheidend ist mithin, *wer* sich *von wem* beziehungsweise *von was* provozieren lässt.

Provokationen benötigen stets ein Gegenüber, das sich provoziert fühlt (lassen wir zunächst einmal beiseite, ob das Gefühl, provoziert worden zu sein, objektiv gerechtfertigt ist). Fast alles hängt von diesem Gegenüber ab. Wo niemand ist, der sich provozieren lässt, läuft jeder Versuch einer Provokation ins Leere.

Provokationen zielen mithin auf die Hervorbringung eines Gefühls, das diejenigen, die sich provoziert fühlen, eine Zeitlang beherrscht. Denn sie haben vorübergehend die Kontrolle über den Diskurs verloren, indem sie ihrer Entrüstung freien Lauf lassen. Doch wovon und warum lassen wir uns eigentlich provozieren?

Es sind vornehmlich Aussagen, Dinge, Aktionen und Handlungen, die unser eigenes Weltbild infrage stellen. Und zwar so gravierend, dass wir nicht mehr bereit sind, diese Grenzüberschreitung unkommentiert hinzunehmen. Diese Grenze ist zunächst individuell. Denn was »an einem Ort der Welt womöglich nur schwaches Kopfschütteln« auslöst, kann »an einem anderen im Extremfall als Beleidigung und Erniedrigung interpretiert« (Pörksen 2018, S. 138) werden. Vor allen Dingen aber können selbst harmlos scheinende Themen und akademische Debatten in einer global vernetzten Welt rasch eskalieren. So provozierte – um ein recht prominentes Beispiel herauszugreifen – die Schriftstellerin Ronja von Rönne im Jahr 2015 mit dem folgenden Zitat einen gewaltigen Shitstorm:

>*Der Feminismus hat das Los eines engagierten Nachhilfelehrers gezogen, der seine Arbeit so gut erledigt, dass er seine Notwendigkeit abschafft. Jetzt windet sich der Feminismus und sucht sich panisch die Probleme, für die er doch so hübsche Lösungen*

hätte. Die Alternative zum senilen Birkenstock-Feminismus findet sich im Internet, der sogenannte Netzfeminismus, die etwas gestörte Tochter des traditionellen Feminismus. Sie leidet unter der Übermutter und kämpft verstörend inhaltsleer um Klicks und Unterstriche in der deutschen Sprache.« (von Rönne 2015)

Bemerkenswert ist die Kritik an der Inhaltsleere, weil sie an einen wunden Punkt der ebenso wie die Kunst auf Veränderung gesellschaftlicher Zustände zielenden Genderdebatten rührt. Ronja von Rönne beargwöhnte ja nicht etwa die berechtigte Kritik ungleicher Geschlechterverhältnisse, sondern die Entstehung neuer und unberechenbarer Hypersensibilitäten in diesem Zusammenhang; Hypersensibilitäten, die selbst im 21. Jahrhundert noch vom Wunsch geschlossener Systeme geleitet sind und eine neue Ära subjektivistisch motivierter Vorschriften, nennen wir es eine *Hypertrophie der Moral*, einläuten (vgl. Gehlen 1969; Grau 2017).

Der Hypertrophie der Moral geht es nur vordergründig um die Beseitigung sozialer Missstände. Denn unter dem Deckmantel des moralischen Fortschritts und dem Verweis auf eine vermeintlich zu erreichende Gleichberechtigung werden vielmehr neue Formen der Exklusion ausgetestet. Anders als in den oben angeführten Beispielen aus der Kunst ist ein lebendiges Gespräch hier gar nicht erwünscht, weil man bereits in der Wahrheit lebt, die allenthalben den eigenen Opferstatus zementiert. So werden eigene Sprach- und Verhaltensregeln erlassen, Quellenkritik findet nicht mehr statt, Diskursinhalte werden tabuisiert: »Das Ich ist zur heiligen Kuh … avanciert« (Hughes 1994, S. 18).

Denken wir in diesem Zusammenhang nur an Eugen Gomringers Gedicht *Avenidas*, das die Alice Salomon-Hochschule in Berlin entfernen ließ, weil es den fragwürdigen Moralvorstellungen einiger Studentinnen des ASTA nicht Genüge leistete. Für sie darf Kunst nicht vieldeutig, sie muss ideologisch eindeutig sein, akzeptanz- und kompromissfähig; denken wir des Weiteren an Lann Hornscheidts (HU Berlin) Erfindung einer eigenen, angeblich geschlechtsneutralen, Kunstsprache (Hornscheidt 2012), die Wörter wie *Doktox, Ecs und Studierxs* als Alternative des etablierten Sprachgebrauchs einführt und fortan nur noch mit all jenen kommuniziert, die sich diese Kunstsprache zu eigen machen, wohingegen allen, die sich dieser selbstgebauten Echokammer verweigern, vorgeworfen wird, Sprache a priori diskriminierend zu verwenden: Kann man das schon als *Snowflake-Wissenschaft* bezeichnen? Durchaus.

Aber natürlich sind auch das Provokationen, die bei genauerer Betrachtung jedoch nichts weiter als Hypertrophien sind. Diese Hypertrophien legen Zeugnis ab von der zunehmenden Amerikanisierung der akademischen Diskurse. Denn in den USA »wurden reale gesellschaftliche Probleme wie Rassismus und Sexismus über lange Zeit nur kosmetisch behandelt, mit Sprachregelungen und Zusatzartikeln. Die Realität dahinter blieb unangetastet. Eine derartige Oberflächenbehandlung wird jetzt importiert. Wir haben es letztlich mit einem Dekadenzphänomen zu tun«, sagt der Schriftsteller Durs Grünbein (Die Zeit 2018b, S. 48).

Erinnern wir uns in diesem Zusammenhang an den Vorschlag der Frauenbeauftragten der Bundesregierung, Kristin Rose-Möhring, die aus purer Verachtung der Quelle im März 2018 anregte, die deutsche Nationalhymne gendergerecht umzudichten. Die Suche nach der richtigen Bezeichnung kommt allerdings nie an ein Ende. Es gibt immer wieder neue Vorschläge, die die einst neuen, inzwischen aber doch wieder veralteten Vorschläge ersetzen sollen. Es ist allerdings gar nicht möglich, eine letztlich politisch ganz korrekte Bezeichnung für alle zu finden, weil wir spätestens seit Lacan (1986) wissen, dass das Spiel der Signifikanten unendlich ist: Aus dem »Nigger« wurden die »Colored people«, dann die »Negroes«, später die »Blacks« und schließlich die »African-Americans«, womit einige der so Bezeichneten allerdings überhaupt nicht einverstanden sind, weil sie überhaupt keine afrikanischen Wurzeln in ihrer Familie erblicken können.

Die Diskussion über den richtigen Gebrauch der Sprache erinnert frappierend an die Figur des Humpty Dumpty aus Lewis Carrolls Roman »Alice hinter den Spiegeln« (1963). Humpty Dumptys semantische Lehre läuft nämlich darauf hinaus, den Worten (wie *Jabberwocky*) genau die Bedeutung zuzugestehen, die er ihnen gerade gegeben hat. Alice' Einwand, man könne Wörtern nicht einfach immer andere Bedeutungen geben, wischt Humpty Dumpty mit dem Hinweis hinweg, es käme lediglich darauf an, wer darüber das Sagen habe. (Wie sollen im Übrigen all diese Wortungeheuer in andere Sprachen übersetzt werden?)

Es geht aber nicht nur um Deutungshoheit. Denn in der Suche nach Sprachgepflogenheiten, die nicht diskriminierend sein mögen, vermutet der Philosoph Robert Pfaller in Fortsetzung der Gedanken des begnadeten Polemikers Robert Hughes (1994) nicht zu Unrecht ein Ablenkungsmanöver: Die Kultivierung sprachlicher Empfindlichkeit lenke von der Tatsache ab, dass noch keine Sprachregelung wirklich etwas an den realen Ungerechtigkeiten des Lebens verbessert hat. Sich nur auf gerechte Sprache zu fokussieren, sei ein Stück weit selbstentmündigend (vgl. Pfaller 2011; 2017; auch bereits Orwell 1946), weil Sprachpolitik Probleme echter Diskriminierung vergessen mache. Hypersensibilitäten im Mikrobereich des Zusammenlebens manifestieren lediglich reale Ungleichheiten, weil sie für diese ein alternatives Schlachtfeld eröffnen, auf dem sich dann in immer neuen sprachpolitischen Manifesten ausgetobt werden darf.

Der Linguist Peter Eisenberg hat darüber hinaus vor einer »Sexualisierung der Grammatik« gewarnt: »Die Genera des Deutschen sind nicht generell auf die natürlichen Geschlechter zu fixieren, was eine grammatische Binsenweisheit ist, die aber immer wieder anderslautenden Behauptungen entgegengehalten werden muss« (Eisenberg 2018; vgl. auch Eisenberg 2017).

Im Zeitalter neuer Paternalismen und Hypersensibilitäten geht es aber auch gar nicht mehr darum, quellenkritisch und mit Argumenten für mehr Gleichberechtigung einzutreten, sondern nur noch darum, durch Vorschriften unterschiedlicher Art jeden Diskurs im Keim zu ersticken: Wer sich nicht an die neu geschaffenen Sprachvorschriften hält – ganz gleich, wie sinnlos diese sein mögen –, gilt selbst als unbelehrbarer Provokateur und ist länger kein ernstzunehmender Dialogpartner mehr. Dass auch die Geistes- und Kulturwissenschaften in Deutschland dieser sprachpolitischen Oberbefehlshaberei den Boden bereiten, muss unseres Erachtens nachdenklich stimmen.

Getrieben von einem unbedingten, gleichwohl überreaktionären Gleichheitsideal und einem beinahe schon pathologischen Drang zur (Sprach-)Vollkommenheit in einer vollkommen ungleichen, weil durch und durch heterogenen und bis in alle Feinheiten funktional ausdifferenzierten Gesellschaft, in der ein allen gemeinsamer Kommunikationsraum kaum noch existiert, werden Ideale einzelner Subsysteme moralisch aufgebläht und zum einzig wahren Maßstab gesellschaftlichen Zusammenlebens erhoben. Kritische Stimmen gegen die je individuell festgelegten Werte und Normen gelten als unverbesserliche Provokationen (obwohl sie sich eigentlich nur gegen jede Art der Bevormundung wenden). Zu selten hört man selbstbewusste Stimmen wie die von Svenja Flaßpöhler, die einen so wichtigen und überaus lesenswerten Gegenentwurf mit der »potenten Frau« vorgelegt hat: »Hören wir auf …, die männliche Macht zu stützen, indem wir uns schwächer machen, als wir sind« (Flaßpöhler 2018, S. 44).

Die Entwicklung der beschriebenen Hypertrophien hat ihre Wurzeln zweifellos in den politischen Debatten der 1970er Jahre, in den sozialen Bewegungen, der Emanzipationsbewegung, den Bürger-Diskursen. Jedoch schlägt die anfangs erhobene, legitime Forderung nach der »Einbeziehung des Anderen« (Habermas 1996) inzwischen in eine neue Form der Exklusion um, als deren erbitterte Vorkämpfer sich gerade jene entpuppen, die Inklusion in ein quasi-absolutistisches Ideal verkehren, das es um jeden Preis und gegen alle Widerstände zu verwirklichen gilt. Auf diesen Irrsinn zielte auch Ronja von Rönnes Kritik: Je geschlossener das Weltbild, desto größer die Anfälligkeit, sich von Stimmen, die das eigene Weltbild nicht ungefragt übernehmen, provoziert zu fühlen, um im Gegenzug zur Dauerprovokation zu tendieren, die zu keinem Dialog mehr willens zu sein scheint.

Paradigmatisch sind hier Aktionen wie die des ASTA der Uni Bremen, der es zu unterbinden wusste, eine gemeinsame Veranstaltung von Universität und Konrad Adenauer-Stiftung mit dem Historiker Jörg Barberowski durchzuführen, weil Barberowskis politische Grundhaltung von der des ASTA abweicht. Nicht viel anders erging es dem Politikwissenschaftler Herfried Münkler, der wegen Äußerungen innerhalb seines Seminars anonym an den digitalen Pranger gestellt wurde. Jeder Versuch, die Kontrolle über den virtuellen Diskurs wiederzuerlangen, scheitert zwangsläufig, weil die diffundierenden Informationen des Internets schlichtweg nicht kontrollierbar sind.

Von den einstigen Fürsprechern der Unterdrückten, der Ausgebeuteten, der Benachteiligten, von den Advokaten der Schwarzen, der Frauen, der Kinder, der Kolonisierten, der Umwelt und der Behinderten, die sich für Inklusion und mehr Demokratie eingesetzt haben, bestimmen heute jene den Diskurs, die glauben, Gleichberechtigung nur dann zu erreichen, wenn man die eigenen moralischen Standards radikalisiert und diskurslos zum Maßstab aller Dinge erhebt. Das ist bedauernswert, denn unbemerkt bleibt dabei, dass ohne eine argumentative Auseinandersetzung mit gegenläufigen Positionen diese Standards selbst im Fundamentalismus enden. Es ist die Enge einer Welt, die sich selbst verabsolutiert. Es wundert dann kaum noch, dass jede Kritik an dieser Enge wiederum als Provokation empfunden und ungeprüft zurückgewiesen wird.

Zweifellos wird auch hier etwas lebendig. Aber nicht jede lebendige Debatte ist notwendig eine gute und sinnvolle, offene und von Argumenten getragene Debatte: Eine (künstlerische) Provokation, und schon führen wir einen lebendigen Diskurs über Altes und Neues – ganz so einfach ist es im Zeitalter der »großen Gereiztheit« (Pörksen 2018) längst nicht mehr.

Die Gefühlsindustrie läuft auf Hochtouren und schafft eine völlig neuartige Öffentlichkeit, die dazu führt, »dass uns der Gedanken- und Bewusstseinsstrom anderer Menschen in nie gekannter Direktheit erreicht, wir ungefiltert der Gesamtgeistesverfassung der Menschheit ... ausgesetzt werden. Die Wut über die Wut der jeweils anderen Seite ist längst zum kommunikativen Normalfall geworden« (Pörksen 2018, S. 17–18). Alle Weltanschauungen sind plötzlich zeitgleich nebeneinander zu haben. Pörksen spricht von einer »simulierten Aufklärung« (2018, S. 51), die unser Gewissheitsbedürfnis destabilisiere und zu neuen Sinnbedrohungen führe: »Jeder, der mag, kann sich nun sein eigenes Sinnbild erschaffen« (Pörksen 2018, S. 56). Damit zersplittert Öffentlichkeit in unzählbar viele Teilöffentlichkeiten.

Es bedarf angesichts dieser kommunikativen Bedrohungslage im 21. Jahrhundert wieder der Einübung in einen argumentativen Diskurs (der zunächst natürlich auch nur eine mögliche Reaktion auf Provokationen darstellt). Doch bis die Emotionen verflogen sind, dauert es in der Regel seine Zeit. Das hängt nicht zuletzt damit zusammen, dass die Art der Provokation stark variiert, und mit ihr die Qualität der Provokation selbst. Das Panorama an Provokationen ist schier endlos, zumal wir in einer Zeit leben, in der dank digitaler Verbreitungsmöglichkeiten alle alles sagen können. Einige Beispiele: Nicht nur Michel Houellebecq spielt das »Arschloch« – Jan Böhmermann verfasst ein »Schmähgedicht«, Zeitungen veröffentlichen Mohammed-Karikaturen, Donald Trump twittert sich von Konflikt zu Konflikt, Monty Pythons Film »Das Leben des

Brian« stößt bis heute in Kirchenkreisen auf Ablehnung, die AfD lebt von diskriminierenden Kampagnen und Aussagen, beteuert aber stets, es nicht so gemeint zu haben, Gunther von Hagens provoziert mit seinen »Körperwelten«, Peter Singer mit seiner Auffassung über behinderte Menschen.

Und dann ist da natürlich noch der hippe Gangsta-Rap, in dem Provokation zum Leitmotiv erkoren wird. Textzeilen verharmlosen Hass und Gewalt unter dem Deckmantel der künstlerischen Freiheit. Über die Geschmacklosigkeiten des Battlerap finden jedoch keine substanziellen Debatten statt. Nach Tagen übermedialer Präsenz verflüchtigen sich die Diskussionen ergebnislos. Das zeigte nicht zuletzt die Echo-Preisverleihung im April 2018. Die Rapper Kollegah und Farid Bang überschritten mit der Textzeile »Mein Körper definierter als von Auschwitzinsassen« die Grenzen der Provokation. Kritiker sahen in ihrem Lied eine antisemitische Haltung aufscheinen. Die Verhöhnung von Opfern des Holocausts stieß zumindest während der Veranstaltung auf wenig Protest. Der jüdische Kabarettist Oliver Polak konstatierte einen Tag später treffend: »Im Publikum Prosecco trinkend rumzubuhen ist kein Widerstand, das ist nicht einmal ein Widerständchen. Einen Löwen bekämpft man nicht, indem man ihn mit Federn bewirft« (Polak 2018).

Auch die jüngsten Debatten über Thilo Sarrazin, Uwe Tellkamp und andere zeigen: Die Halbwertszeit der Provokationen wird immer kürzer. Denn der nächste Skandal, die kommende Empörungswelle ist immer schon da, und die Fülle der Fehlleistungen mutiert »irgendwann zum unspektakulären Regelfall und zum achselzuckend akzeptierten Dauerereignis …, weil die Abweichung für alle sichtbar längst zur neuen Normalität geworden ist« (Pörksen 2018, S. 113).

Einst provozierten Rudi Dutschke, die Grünen und Rosa Parks ihr politisches Umfeld; heute nutzt jeder Wüterich, jeder Zundelfrieder, jeder Unhold und jeder Querulant manipulative Strategien, mit denen er im (unbestimmten) Gegenüber eine bestimmte Reaktion hervorrufen möchte. Dass ihnen bisweilen die Urteilskraft fehlt, die ihre Provokationen zu intellektuellen Herausforderungen werden ließen, fällt im Zeitalter der Hypersensibilitäten und Gereiztheiten vielleicht nicht weiter auf. Blinde Provokationen bleiben zwar Plattitüden, Narreteien, Sermone, oder – mit Heidegger – bloßes »Gerede«, die ein echtes Verständnis »verschließen« (Heidegger 1927, S. 169) und somit erst gar kein lebendiges Gespräch zulassen, doch genau dies ist im Zeitalter der Empörungsdemokratie ja der Normalfall, weil das Prinzip, auch die andere Meinung zu hören, die Verpflichtung auf das *audiatur et altera pars,* nicht mehr zu gelten scheint.

Aus bildungsphilosophischer Sicht stellt sich in diesem Zusammenhang dennoch die unbequeme Frage nach der Urteilskraft: Bis zu welchem Punkt darf man sich auf sein »Arschloch-Sein« (im Sinne Houellebecqs) berufen und behaupten, da werde etwas lebendig? Und welche Kriterien muss eine Provokation erfüllen, damit sie zum Ausgangspunkt einer lebendigen und konstruktiven Diskussion werden kann? Kurz: Handelt es sich bei all diesen Provokationen um die immer gleiche Art, anders zu sein, oder ist Ai Weiwei ein »besserer« Provokateur als Donald Trump? Wo fängt das Heidegger'sche »Gerede« eigentlich an? Und liegt dieses Urteil nicht auch bloß im Auge des Betrachters?

3. Was haben Provokationen mit Bildung zu tun?

Hat diese hypertrophische Wirklichkeit noch Leben?
(Hermann Broch)

Die Frage dieses Kapitels entscheidet alles. Unseres Erachtens muss der Anspruch einer Provokation sein, durch diese Provokation tatsächlich auch ein lebendiges Gespräch führen zu können. Dies impliziert, dass sich der Provokateur in diesem Gespräch zu rechtfertigen weiß. Provokationen sind insofern lediglich das Mittel, um über Sinn- und Geltungsansprüche einen Diskurs zu führen; einen Diskurs, der getragen ist von Argumenten und Begründungen, die über die bloße Provokation hinausreichen. Eine Provokation kann der Anlass für ein lebendiges Gespräch sein, doch bleibt sie leer, wenn wir es nicht verstehen, uns von den mit der Provokation einhergehenden Emotionen zu befreien und zu unserer Urteilskraft zurückfinden. Ebendies unterscheidet Ai Weiwei von Donald Trump und Joseph Beuys von der AfD: Die Provokationen der Künstler sind eine Einladung zum Dialog, die Provokationen der genannten Politiker verweigern sich diesem beharrlich.

Verändern wir deshalb einmal die Blickrichtung. Denn die Art und Weise der Provokation ist gewiss das eine; das andere ist die Art und Weise der Reaktion, das heißt der Beurteilung einer Provokation. Wie bereits angedeutet, hängt der Erfolg einer Provokation vor allem davon ab, wie der Empfänger auf die Botschaft des provozierenden Senders reagiert. Die Andersartigkeit einer Provokation wird erst durch die beurteilende Reaktion auf sie virulent. Denn auch hier steht es jedem frei, sich dem Dialog zu öffnen oder sich ihm zu verweigern, das heißt aus seiner Empörung nicht mehr herauszufinden und seine bloße Meinung mit einem Urteil zu verwechseln. Ein Urteil aber entsteht erst in Auseinandersetzung mit anderen Meinungen und bildet die eigene Persönlichkeit.

Dies wollen wir uns mit Hilfe der bildungsphilosophisch einschlägigen Gedanken von Peter Bieri und Konrad Paul Liessmann in diesem Abschnitt etwas genauer ansehen. Denn wenn Provokationen stets ein Gegenüber benötigen, das sich provozieren lässt, dann müssen wir fragen, wie es um dieses Gegenüber und seine Persönlichkeit bestellt ist, in angemessener Weise auf eine Provokation reagieren zu können.

Wir möchten im Folgenden der These nachgehen, dass die Bildung des Gegenübers für die Angemessenheit der Reaktion von entscheidender Bedeutung, ja bedeutender als die eigentliche Provokation ist. Gebildete Menschen vermögen es, souveräner mit allen Arten von Provokationen umzugehen als ungebildete Menschen. Nur Bildung und Urteilskraft vermögen es, aus einer Provokation tatsächlich auch etwas Lebendiges entstehen zu lassen. Hierzu ist der Frage nachzuspüren, was ein gebildeter Mensch eigentlich ist.

Entgegen eines insbesondere in der Öffentlichkeit weit verbreiteten Irrtums hat Bildung nur sekundär etwas mit Wissen und Information, mit Ausbildung und Kompetenzen zu tun. Primär geht es bei der Bildung (in guter, alter Tradition der Geisteswissenschaften) um die Formung und Entwicklung der eigenen Persönlichkeit respektive um das, was Svenja Flaßpöhler (2018) mit Aristoteles als »Potenz« bezeichnet hat.

Zu diesem Sachverhalt hat der Schweizer Philosoph Peter Bieri einen herausragenden Aufsatz verfasst, auf den wir an dieser Stelle kurz eingehen möchten, weil wir Bieris Überlegungen für unverzichtbar in der Debatte halten. Er schreibt:

> »*Bildung ist etwas, das Menschen mit sich und für sich machen: Man bildet sich. Ausbilden können uns andere, bilden kann sich jeder nur selbst. Eine Ausbildung durchlaufen wir mit dem Ziel, etwas zu können. Wenn wir uns dagegen bilden, arbeiten wir daran, etwas zu werden – wir streben danach, auf eine bestimmte Art und Weise in der Welt zu sein.*« (Bieri 2005, S. 1)

Eine gebildete Persönlichkeit ist in der Lage, mit Provokationen souverän umzugehen, sie richtig einzuschätzen und zu beurteilen. Es bedarf hierzu allerdings einiger Eigenschaften, an denen wir arbeiten müssen.

Bieri nennt zunächst die Neugierde, auf die bereits die alten Philosophen seit den Zeiten der Vorsokratiker gesetzt haben. Wir sind gefordert, uns eine grobe Landkarte des Wiss- und Verstehbaren zurechtzulegen. Etwas exemplarisch genau zu kennen und zu verstehen, erleichtert uns grundsätzliches Verstehen. Wer hingegen nie die Mühe auf sich genommen hat, eine Sache zu Ende zu denken, sie in allen Details zu analysieren und sich ihr aus verschiedenen Perspektiven zu nähern, wird kaum in der Lage sein, die Dinge, die immer wieder neu auf ihn einströmen, angemessen beurteilen zu können (vgl. Wallace 2012). Wer sich nie mit den Kriterien der Kunst auseinandergesetzt hat, wird vor Ai Weiweis Kunst ratlos stehen; wer die Klassiker der Literatur nicht gelesen hat, wird auch Michel Houellebecqs Romane nicht verstehen. Wer nicht weiß, wie Sprache entsteht und sich wandelt, wird glauben, durch eigene Sprachregelungen die Welt verändern zu können.

Sodann bedürfen wir der Orientierung und müssen fragen: Worin besteht dieses Wissen und Verstehen? Das bedeutet, wir müssen Quellenkritik als ein

Wissen zweiter Ordnung einüben. Es reicht nicht aus, bloß einen flüchtigen Blick auf Wikipedia zu werfen. Es geht darum, Texte zu vergleichen, sich das Original anzusehen und die Sekundärquellen zu prüfen. Denn wir leben im Zeitalter der Fake-News: Frei erfundene Behauptungen werden als Information präsentiert und erregen virtuelle Fieberschübe. Irreale Nachrichten haben unmittelbar reale Folgen, wenn falsche Behauptungen für wahr gehalten werden. Wahrheiten werden durch Propaganda, Manipulation und Fälschung umstrittener als je zuvor, Gewissheiten zerfallen angesichts frei flottierender Daten vor aller Augen. Dies ist gerade deshalb beunruhigend, weil wir ein grundsätzliches Gewissheitsbedürfnis haben, das jedoch durch die Flut der Ad-hoc-Kommentare und der zahllosen Instant-Interpretationen, die das Netz bereithält, zusehends instabiler zu werden droht (vgl. Pörksen 2018).

Wir brauchen wieder eine skeptische Distanz zu Prognosen, Wahlkämpfen, Versprechungen und auch zu wissenschaftlichen Anschauungen. Bieri stellt die Kernfragen wissenschaftlicher Analyse: Was genau heißt das? Und woher wissen wir das?

Zudem ist historisches Bewusstsein ein elementar wichtiger Baustein: Zu wissen, wie es dazu gekommen ist, dass wir so sind, so denken und fühlen, so handeln, reden und leben. Nur dann verstehen wir, warum uns einige Dinge überhaupt provozieren und was die Intention hinter der Provokation ist. Wer über historisches Bewusstsein verfügt, lässt sich ungleich schwerer provozieren, weil er in der Lage ist, Dinge in einen Kontext zu stellen, sie einzuordnen: Wer die *Readymades* kannte, erfreut sich eher an der *sozialen Plastik*, als dass er Beuys' Idee als Provokation erlebt. Und wer die historischen Kontexte im Blick hat, versteht, dass ästhetische Urteile mit spontan auftretenden Befindlichkeiten wenig zu tun haben.

Wichtig ist, so Bieri, in diesem Zusammenhang die Fähigkeit, die eigene Kultur aus der Distanz zu betrachten: Es gibt andere Kulturen, von denen wir lernen können, Ansichten, die unseren Blickwinkel weiten, Einflüsse, die unsere eigene Kultur mitprägen. Es heißt begreifen, dass die eigene Weltsicht nicht das Maß aller Dinge sein kann (vgl. Reckwitz 2017). Wir brauchen stattdessen Vorstellungen von moralischer Integrität und Angemessenheit, Vorstellungen von Intimität, Scham und Höflichkeit, von Würde, aber auch von Humor und Trauer, von Symbolen und Zeichen.

Denken wir deshalb über unsere Sprache nach, über Manipulationen, wie sie in der Politik tagtäglich sind, aber auch bei der Sprachpolizei des akademischen Betriebs, wo Studenten selbst dann Studierende genannt werden müssen, wenn sie in ihrer WG eine Party feiern oder sich gerade als Kellner ein Zubrot verdienen. Robert Pfaller bringt es auf den Punkt, wenn er schreibt, die sprachreformerischen Bemühungen zögen erhebliche Probleme nach sich, »bisher benennbare Sachverhalte in Zukunft weiterhin zu benennen: Wenn alles gegendert

werden muss, dann kann die Eisenbahnerin zum Eisenbahner eben nicht mehr
sagen: ›Hör zu, Alter, wir sind schließlich beide Eisenbahner!‹ Gerade für das
Gemeinsame und Allgemeine gibt es in der korrekt gebürsteten Sprachwelt keine
Worte mehr. Dass Solidarisierung auf diese Weise erschwert wird, ist vielleicht
kein ganz ungewollter Effekt postmoderner Symbol- und Pseudopolitiken«
(Pfaller 2017, S. 32).

Es geht mithin um eine angemessene Artikulation. Bieri schreibt: »Der Gebildete ist ein Leser« (Bieri 2005, S. 4). Ohne Lektüren geht es nicht. Wir sollten
Bücher jedoch so lesen, dass sie uns verändern. Das heißt vielleicht auch, nur
solche Bücher zu lesen, die uns überhaupt verändern können. Bücher, die uns
nur in dem bestätigen, was wir ohnehin schon glauben, bewirken nichts, weil wir
nach der Lektüre die gleichen sind. Wir verharren dann, wie Michel Houellebecq
sagt, einfach nur in unserer Komfortzone, die heute Filterblase genannt wird.

Selbsterkenntnis wird dann unmöglich. Doch Selbsterkenntnis ist funda-
mental wichtig, wenn wir nicht nur über uns selbst Bescheid wissen möchten,
sondern auch, warum uns manche Dinge provozieren, andere weniger. Über die
eigenen Gedanken, Wünsche, Gefühle Bescheid zu wissen, kann helfen, die
Gedanken, Wünsche und Gefühle Anderer besser einzuordnen. Emotionen sind,
wie Bieri schreibt, kein unabwendbares Schicksal. Es ist möglich, ihnen auf den
Grund zu gehen und sie als sprachliche Äußerung zu verstehen, die einen Dis-
kursbeitrag darstellen.

Um dies aber zu leisten, benötigen wir ferner moralische Sensibilität, die
Fähigkeit, die auf Immanuel Kant zurückgeht und die uns an Stelle eines (jeden)
anderen denken, das heißt einen *sensus communis* ausbilden lässt. Kant schreibt:

> »*Unter dem sensus communis aber muß man die Idee eines gemeinschaftlichen Sinnes,*
> *d. i. eines Beurteilungsvermögens verstehen, welches in seiner Reflexion auf die Vor-*
> *stellungsart jedes andern in Gedanken (a priori) Rücksicht nimmt, um gleichsam an die*
> *gesamte Menschenvernunft sein Urteil zu halten, und dadurch der Illusion zu entgehen,*
> *die aus subjektiven Privatbedingungen, welche leicht für objektiv gehalten werden*
> *könnten, auf das Urteil nachteiligen Einfluß haben würde. Dieses geschieht nun dadurch,*
> *daß man sein Urteil an anderer, nicht sowohl wirkliche als vielmehr bloß mögliche*
> *Urteile hält, und sich in die Stelle jedes andern versetzt, indem man bloß von den*
> *Beschränkungen, die unserer eigenen Beurteilung zufälligerweise anhängen, abstra-*
> *hiert: welches wiederum dadurch bewirkt wird, daß man das, was in dem Vorstel-*
> *lungszustande Materie, d. i. Empfindung ist, so viel möglich wegläßt, und lediglich auf*
> *die formalen Eigentümlichkeiten seiner Vorstellung, oder seines Vorstellungszustandes,*
> *acht hat. Nun scheint diese Operation der Reflexion vielleicht allzu künstlich zu sein, um*
> *sie dem Vermögen, welches wir den gemeinen Sinn nennen, beizulegen; allein sie sieht*
> *auch nur so aus, wenn man sie in abstrakten Formeln ausdrückt; an sich ist nichts*
> *natürlicher, als von Reiz und Rührung zu abstrahieren, wenn man ein Urteil sucht,*
> *welches zur allgemeinen Regel dienen soll.*« (Kant, KdU §40, B157)

Von Reiz und Rührung, das heißt von Provokationen zu abstrahieren: Zur Herausbildung eines solchen Gemeinsinnes kann die Auseinandersetzung mit Dichtung, Musik, Literatur und Kunst einen erheblichen Beitrag leisten (vgl. Sanders 2015). Andererseits gilt es, so Bieri, vor bestimmten Dingen auch einen Ekel zu empfinden, insbesondere vor Verlogenheit, Phrasen und Klischees, vor Wichtigtuerei und Mitläufertum. Dann gelingt es uns, zu verstehen, wie Dummheit entsteht.

Carlo Maria Cipolla hat einmal sehr schön formuliert, was Dummheit ausmacht:

> *»Ein dummer Mensch ist ein Mensch, der einem anderen Menschen oder einer anderen Gruppe von Menschen einen Schaden beibringt, ohne zugleich einen Gewinn für sich selbst dabei herauszuziehen, oder sogar einen Verlust erleidet.«* (Cipolla 2001, S. 28)

Dumme Menschen fügen anderen Menschen Schaden zu und bringen ihnen Verluste bei, ohne selbst daraus irgendeinen Nutzen zu ziehen. Die Taten dummer Menschen kosten Zeit, Geld, Kraft, Ruhe und Humor, wie Cipolla (2001, S. 30) weiter ausführt. Es gilt also, Provokationen zu vermeiden, die einfach nur dumm sind, weil sie aus lauter Phrasen bestehen oder lediglich Vorurteile und Klischees bedienen.

Bildung andererseits ist von innen gestaltet, wie Bieri anmerkt. Es ist niemals ein von außen oktroyiertes Ablenkungsmanöver, wie es uns über die Pisa-Studien, die Bologna-Reformen, CHE-Rankings oder Exzellenzdebatten vorgegaukelt wird. Zur Bildung gehört »ein fundiertes Wissen«, meint der Bildungsphilosoph Konrad Paul Liessmann. Man müsse die Fakten von den Fiktionen trennen können. Zudem sei es wichtig, über »ästhetische und literarische Kenntnisse und Erfahrungen« zu verfügen. Ein »differenziertes historisches und sprachliches Bewusstsein, ein kritisches Verhältnis zu sich selbst, eine auf alldem gründende abwägende Urteilskraft und eine gesteigerte Sensibilität gegenüber den Lügen, Übertreibungen, Hypes, Phrasen Moralisierungen und Plattitüden der Gegenwart« seien unerlässlich (Liessmann 2017, S. 8).

Wer auf diese Art gebildet wäre, käme nicht umhin, unser derzeit vorherrschendes Bildungsweltbild infrage zu stellen: »Bildung, ernst gemeint, wäre heute eine Provokation« (Liessmann 2017, S. 9). Allerdings eine Provokation, die wie keine andere Anlass für ein lebendiges Gespräch, das heißt einen Diskurs wäre. In diesem Diskurs wären Gelassenheit und Muße, nicht aber wohlfeile »Empörung über medial hochgespielte Nichtigkeiten« (Liessmann 2017, S. 9) das Credo des Gebildeten.

Mit einer angemessenen Portion Gelassenheit reagierte im Übrigen Yasmina Reza auf die Provokationen von Michel Houellebecq, weil sie als gebildeter Mensch fähig war, die sehr viel tieferen Gefühle zu begreifen, die die Grausamkeit von Houellebecqs Blick hervorrufen.

Für die Gelassenheit hatten die alten Griechen einen Begriff: ἀταραξία (ata-raxía), die Unerschütterlichkeit. Für Epikur etwa bestand das Ideal des Weisen darin, sich von inneren und äußeren Einflüssen, die die Seelenruhe bedrohen, frei zu machen. Nur so konnte der Weise αὐτάρκεια (autárkeia), Selbstgenüg-samkeit, erlangen. Und auch der Dominikanermönch Meister Eckhart, der um 1300 unseren modernen Begriff der Bildung in den Diskurs einführte, verstand unter Bildung zunächst Gelassenheit (Gottergebenheit) in Form einer spiritu-ellen Lebenspraxis. Dies bedeutet, dass der Gebildete sich nur schwer provo-zieren lässt. Er bleibt gelassen und antwortet auf Provokationen mit Argumen-ten, besteht auf dem Diskurs, der kritischen Auseinandersetzung und der Be-urteilung sowie der Dekonstruktion der Prämissen, die provozieren wollen. Auf diese Weise wird Bildung heute tatsächlich selbst zu einer Provokation.

Gelassenheit ist gewiss nicht die schlechteste Reaktion auf Provokationen und all die Unbehaglichkeiten, die sich permanent breitmachen. Denn manchmal möchte man ja all die Informationen gar nicht mehr erhalten, die überall auf einen einströmen. Doch wir können uns der Informationsflut kaum noch ent-ziehen: Medien im öffentlichen Raum, Fernsehbilder auf dem Bahnhof, Nach-richtenticker auf den Flughäfen, in den Kneipen, der S-Bahn, Mails, Facebook-News, Twittermeldungen, Whats-App-Nachrichten, Eilmeldungen, Breaking News etc. (vgl. Pörksen 2018). Informationen aller Art verfolgen uns, gleich-gültig, ob wir daran augenblicklich interessiert sind oder nicht. Selbst Wider-sprüchliches läuft parallel ab (wichtige wie unwichtige Informationen) und tritt in ein Wettbewerbsverhältnis um unsere Aufmerksamkeit. Auf all die Berichte können wir gar nicht *nicht* reagieren. Aber wir sollten lernen, unsere Empörung dosiert und gezielt einzusetzen und ihren Einsatz zu überprüfen (vgl. Pörksen 2018).

Auch für gründliche Beurteilungen finden wir kaum noch Zeit. Alles muss rasend schnell vonstattengehen, nicht zuletzt betrifft dies den akademischen Alltag immer mehr. Die viel zu eilig verfassten Urteile der digitalen Welt ver-zerren das Gesamtbild, weil oftmals nur bruchstückhafte Informationen verar-beitet werden. Eine kleine unüberlegte Geste kann dann dazu führen, dass Forderungen nach einer Strafe laut werden, die in keinem Verhältnis mehr zu dem steht, was man sich hat zu Schulden kommen lassen. Die Wutkommenta-toren regieren den Netzdiskurs, sie skandalisieren und heizen Konflikte an. Auch hier gilt es, sich in Gelassenheit zu üben, sich nicht von jeder Meldung, jedem kleinen Fehltritt oder einem falsch verwendeten Wort provozieren zu lassen. Nur wer wirklich das lebendige Gespräch, die argumentative Auseinandersetzung im Nachgang einer Provokation sucht, wer bemüht ist, die Umstände und Kontexte zu begreifen, Provokationen einzuordnen weiß und nicht gleich »Skandal« brüllt, wird den Ansprüchen einer Bildung gerecht, die ihren Namen auch ver-dient.

Provokationen sind zunächst nichts weiter als die immer gleiche Art, anders zu sein. Es kommt darauf an, was wir als Rezipienten der Provokation aus ihr machen. Auch eine dumme Provokation kann mitunter gebildete Reaktionen hervorrufen. So ist der Versuch der AfD im Februar 2018, Texte von Deniz Yücel im Bundestag missbilligen zu lassen, kläglich an den gebildeten und auf die Pressefreiheit beharrenden Reden von Cem Özdemir und Wolfgang Kubicki gescheitert (vgl. Die Zeit 2018a). Ihre Reden waren gebildete Provokationen, denen die Vertreter der AfD nichts mehr entgegenzusetzen hatten.

Andererseits bleiben selbst gescheite Provokationen wirkungslos, wenn wir uns ihnen nicht mit all unserer Bildung stellen, sie prüfen, diskutieren, kurz: lebendig werden lassen. Es waren Philosophen, Künstler, Literaten, Politiker, politische Aktivistinnen wie Rosa Parks, Bürgerrechtler und Revolutionäre, die die Geschichte des Menschen durch provozierende Ideen und Diskurse, mit den Mitteln der Ästhetik oder durch ihre Taten, maßgeblich mitgestaltet haben. Doch was wären sie ohne ein kritisches, gebildetes Publikum, ohne Rezeption und Diskurs, ohne Dialogpartner mit Urteilskraft, ohne Leser mit ästhetischen und literarischen Kenntnissen, die über ein differenziertes historisches und sprachliches Bewusstsein verfügen, ein kritisches Verhältnis zu sich selbst pflegen, sensibel gegenüber Lügen und Stumpfsinn bleiben und Ekel angesichts so mancher Entwicklung verspüren?

In seiner Philosophie des Störenfrieds mit dem an Alexis de Tocqueville angelehnten Titel *puer robustus* hat sich der Philosoph Dieter Thomä (2016) Rebellen der Ideengeschichte gewidmet und sie in den Philosophien von Thomas Hobbes, Jean-Jacques Rousseau, Denis Diderot, Karl Marx, Sigmund Freud und anderen aufgespürt. Auch sie selbst treten als Denker in Erscheinung, die althergebrachte Geistestraditionen zerschlagen und originelle, ungewohnte Impulse in gesellschaftliche und wissenschaftliche Diskurse einbringen, damit etwas lebendig wird. Wir sollten diese Lebendigkeit nicht einfach aufgeben und die Enge unserer eigenen Welt zum absoluten Maßstab machen, weil diese Enge geradewegs in die Dummheit führt. Verzichten wir also von nun an auf das bloße »Gerede« und damit auf unsere Anstrengung, dumm bleiben zu wollen.

Epilog

»Provokation« ist nicht nur das Thema dieses Beitrags; der Text selbst sollte ein Nachdenken provozieren. Wir sind uns durchaus bewusst, dass auch wir uns in unseren Ausführungen haben provozieren lassen – von Gedanken und Ideen, die unseren eigenen widersprechen. Im Diskurs mit diesen haben wir zu zeigen versucht, dass die Art und Weise des angemessenen Umgangs mit Provokationen eine Frage der Bildung ist. Wir hoffen, dass uns dies gelungen und bei der Lektüre »auf einmal was lebendig« geworden ist.

Literatur

Beuys, Joseph (1985): Frühstücksgespräch. Joseph Beuys im Gespräch mit Walter Smerling und Knut Fischer. BR alpha 1985. https://www.youtube.com/watch?v=ZtgiKWpMr MM (zuletzt abgerufen am 18.02.2018).

Bieri, Peter (2005): Wie wäre es, gebildet zu sein? Rede vom 04.11.2005. Pädagogische Hochschule Bern. https://www.hwr-berlin.de/fileadmin/downloads_internet/publika tionen/Birie_Gebildet_sein.pdf (zuletzt abgerufen am 18.04.2018).

Carroll, Lewis (1963): Alice im Wunderland. Alice hinter den Spiegeln. Frankfurt am Main.

Cipolla, Carlo Maria (2001): Die Prinzipien der menschlichen Dummheit. Berlin.

Der Spiegel (2016): »Ein Arschloch bleiben«. Gespräch mit Michel Houellebecq von Romain Leick. Der Spiegel 25/2016, S. 122–127. http://magazin.spiegel.de/EpubDelivery/spiegel/pdf/145417496 (zuletzt abgerufen am 13.03.2018).

Der Tagesspiegel (2015): »Freiheit muss provozieren«. Interview mit Michel Houellebecq des TV-Senders Canal plus, übersetzt von Jan Schulz-Ojala, 14.01.2015, S. 19. https://www.tagesspiegel.de/kultur/interview-nach-dem-anschlag-auf-charlie-hebdo-michel-houellebecq-freiheit-muss-provozieren/11225286.html (zuletzt abgerufen am 13.03.2018).

Die Zeit (2018a): Özdemir rechnet in Bundestag mit AfD ab. 23.02.2018. http://www.zeit.de/politik/deutschland/2018-02/deniz-yuecel-afd-bundestag-cem-oezdemir-rede (zuletzt abgerufen am 13.03.2018).

Die Zeit (2018b): »Was wir von Uwe Tellkamp hören, kennen wir von Pegida«. Interview mit Durs Grünbein von Adam Soboczynski, Die Zeit 12/2018 vom 15.03.2018, S. 47–48. https://www.zeit.de/2018/12/durs-gruenbein-uwe-tellkamp-rechtspopulismus-inter view/komplettansicht (zuletzt abgerufen am 16.04.2018).

Eisenberg, Peter (2017): Das missbrauchte Geschlecht. Ach, Bäcker*innenauszubilden-de*r! Über Gendern im Wandel. In: Deutscher Hochschulverband (Hrsg.), Glanzlichter der Wissenschaft. Ein Almanach. Heidelberg, S. 37–39.

Eisenberg, Peter (2018): Das dritte Geschlecht und das dritte Genus. 16.02.2018. https://merton-magazin.de/das-dritte-geschlecht-und-das-dritte-genus (zuletzt abgerufen am 26.02.2018).

Encke, Julia (2018): Wer ist Michel Houellebecq? Portrait eines Provokateurs. Berlin.

Flaßpöhler, Svenja (2018): Die potente Frau. Für eine neue Weiblichkeit. Berlin.

Gehlen, Arnold (1969): Moral und Hypermoral. Eine pluralistische Ethik. Frankfurt am Main.

Grau, Alexander (2017): Hypermoral. Die neue Lust an der Empörung. München.

Habermas, Jürgen (1996): Die Einbeziehung des Anderen. Studien zur politischen Theorie. Frankfurt am Main.

Heidegger, Martin (1927): Sein und Zeit. Tübingen.

Hoffmann, Arne (2003): Das Lexikon der Tabubrüche. Berlin.

Hornscheidt, Lann (2012): feministische w_orte: ein lern-, denk- und handlungsbuch zu sprache und diskriminierung, gender studies und feministischer linguistik. Frankfurt am Main.

Hughes, Robert (1994): Nachrichten aus dem Jammertal. Wie sich die Amerikaner in political correctness verstrickt haben. München.

Kant, Immanuel (2005): Kritik der Urteilskraft (1790). Frankfurt am Main (Band X der Theorie-Werkausgabe, hg. von Wilhelm Weischedel).

Lacan, Jacques (1986): Das Seminar XI. Die vier Grundbegriffe der Psychoanalyse (1964), Weinheim – Berlin.

Liessmann, Konrad Paul (2017): Bildung als Provokation. Wien.

Orwell, George (1946): Politics and the English Language. London.

Pfaller, Robert (2011): Wofür es sich zu leben lohnt. Frankfurt am Main.

Pfaller, Robert (2017): Erwachsenensprache. Über ihr Verschwinden aus Politik und Kultur. Frankfurt am Main.

Polak, Oliver (2018): Echocaust – die Endlösung der Moralfrage, und ihr schaut zu. Die Welt vom 14.04.2018. https://www.welt.de/kultur/pop/article175435796/Oliver-Polak-ueber-den-Echo-und-Kollegah.html (zuletzt abgerufen am 16.04.2018).

Pörksen, Bernhard (2018): Die große Gereiztheit. Wege aus der kollektiven Erregung. München.

Rebentisch, Juliane (2018): Was dürfen Künstler? Die Zeit 12/2018 vom 15.03.2018, S. 51.

Reckwitz, Andreas (2017): Die Gesellschaft der Singularitäten. Zum Strukturwandel der Moderne. Berlin.

Sanders, Olaf (2015): Greatest Misses. Über Bildung, Deleuze, Film, neuere Medien etc. Hamburg.

Schwerfel, Heinz-Peter (2002): Kunst-Skandale. Köln.

Thomä, Dieter (2016): Puer robustus. Eine Philosophie des Störenfrieds. Frankfurt am Main.

von Rönne, Ronja Larissa (2015): Warum mich der Feminismus anekelt. Die Welt, 08.04.2015. https://www.welt.de/kultur/article139269797/Warum-mich-der-Feminismus-anekelt.html (zuletzt abgerufen am 20.02.2018).

Wallace, David Foster (2012): Das hier ist Wasser / This is Water: Anstiftung zum Denken. Köln.

Bodo Gemper[*]

Die freiheitliche Privatrechtsordnung, eine Provokation? Lehren aus dem geteilten Deutschland

Privatautonomie ist der Schlüssel zum eigenen Ich.

1. Freiheit und Demokratie als geborene Grundrechte des Menschen

»Die Privatrechtsordnung ist die freiheitlichste«, erklärte Professor Franz Böhm überzeugend argumentierend (Böhm 1959, S. 55). Es war die Zeit, als Deutschland in West und Ost geteilt gewesen ist. Nach Gründung der Bundesrepublik Deutschland am 23. Mai 1949 konstituierte sich die Sowjetische Besatzungszone (SBZ) am 8. Oktober des gleichen Jahres als Deutsche Demokratische Republik (DDR). Diese fand nach dem Fall der Mauer am 9. November 1989 sehr bald ihr Ende. Die Mehrheit der Abgeordneten (294 zu 62 Stimmen) der ersten frei gewählten Volksvertretung der DDR, der Volkskammer der DDR, stimmte am 23. August 1990 für den Beitritt der DDR zur Bundesrepublik Deutschland gemäß Artikel 23 des Grundgesetzes für die Bundesrepublik Deutschland. Welch eine Provokation für die bisherigen Machthaber des SED-Regimes, die bisher allein bloß Gedanken an Freiheit und Demokratie als provokant empfanden und sogar strafrechtlich ahnden ließen.

Indes, die Mehrheit aller Deutschen in Ost wie West empfand Freiheit und Demokratie als geborene Grundrechte des Menschen. Mit der gleichen Gesinnung bemitleideten die Bürger in den Demokratien des freien Westens diejenigen, die unter den die Bürgerrechte verletzenden Praktiken des Willkürstaates DDR zu leiden hatten. Ist doch der Mensch selbst geborene Freiheit, die er verantwortungsvoll ausüben muss.

Im Mittelpunkt des Beitrages steht ein biografischer Rückblick. Der Verfasser erfuhr nach seinem Studium an der Karl-Marx-Universität Leipzig (1955–59)

* Univ.-Prof. em. Dr. DCom. Bodo Gemper, Universität Siegen, Fakultät III (Wirtschaftswissenschaften – Wirtschaftsinformatik – Wirtschaftsrecht), vormals Lehrgebiet Volkswirtschaftslehre; Franz-Böhm-Kolleg der Universität Siegen.

und als Student an der Universität Frankfurt am Main (1959–62) durch Prof. Franz Böhm seine endgültige ordnungspolitische Prägung.

2.   Persönliche Erfahrungen und Erlebnisse aus der Zeit der deutschen Teilung

2.1   Erfahrungen mit »Provokation« im sowjetischen Machtbereich Deutschlands

Im SED-Staat DDR, in welchem sich »die Sozialistische Einheitspartei Deutschlands« (SED) als »der bewußte und organisierte Vortrupp der Arbeiterklasse und des werktätigen Volkes der Deutschen Demokratischen Republik« verstand (SED 1976, S. 5), konnte jeder nicht hinter vorgehaltener Hand gezogene harmlose Vergleich zwischen freiheitlich-demokratischer Privatrechtsordnung in Westdeutschland und den Verhältnissen »der Diktatur des Proletariats« in der DDR von »linientreuen Systemgängern« sehr leicht als Provokation aufgefasst werden. Gleichermaßen provozierend wirkte ein Vergleich der ineffizienten Planwirtschaft in der DDR mit der erfolgreichen Sozialen Marktwirtschaft in Westdeutschland, als Privatwirtschaft verankert in einer freiheitlichen Rechtsordnung. Wie auch diejenigen, die über die kollektivistische Wirtschaftsordnung und über »Staat und Recht« der DDR nachdenkliche Betrachtungen anstellten, standen diese »Provokateure« in Ost-Berlin und in der DDR zumindest unter geheimdienstlicher Beobachtung des Staatssicherheitsdienstes (Stasi) im Ministerium für Staatssicherheit.

Auf dem Felde der Politik lassen sich in jener Zeit im sowjetischen Machtbereich Deutschlands verschiedene Formen graduell geahndeter Provokation unterscheiden. Sie beginnen mit einer missverständlichen Bemerkung oder einem harmlosen Witz, was in der DDR als Provokation ausgelegt und sogar strafrechtlich verfolgt werden konnte und teilweise in ein plötzliches Verschwinden auf Nimmerwiedersehen mündete.

Das ist einer Schaffnerin in Jena 1949 für ihre lockere Bemerkung an der Haltestelle »Ringwiese« widerfahren: »Diese beiden Paradiesvögel wollen wir noch mitnehmen!« Gemeint hatte sie freundlich zwei Offiziere der Sowjetarmee, die mit einem weithin erkennbaren »Klempnerladen« an der Brust – womit militärische und politische Auszeichnungen wie Orden und Ehrenzeichen gemeint sind – diese Straßenbahn noch zu erreichen versuchten.

Nicht auf Nimmerwiedersehen, so aber doch freiheitsberaubend-provokativ erwies sich die Bemerkung eines weiteren Straßenbahnfahrers: »Wie die Verpflegung, so die Bewegung«. Die »sozialistische Gesetzlichkeit« – noch in der SBZ im Frühjahr 1949 – hielt dafür vier Jahre Haft bereit.

Auch erkennbare oder lediglich vermutete Haltungen, der (auf Drängen der Sowjetischen Militäradministration in der SBZ im Jahre 1946 aus der Zwangsvereinigung von Kommunistischer Partei Deutschlands (KPD) und Sozialdemokratischer Partei Deutschlands (SPD) und nicht aus freier Entscheidung ihrer Parteimitglieder hervorgegangenen) SED parteikritisch gegenüberzustehen oder sich im gesellschaftlichen Leben politisch zurückzuhalten, etwa an politischen Demonstrationen wie am 1. Mai nicht teilzunehmen oder sich zu weigern, eine FDJ-Fahne zu tragen, konnten in der SBZ wie dann in der späteren DDR als Provokationen gedeutet werden, weil entsprechend den Vorgaben der SED ein Leben im Kollektiv gewünscht wurde.

Offen geäußerte Gedanken an Reisefreiheit konnten staatliche Repression auslösen, politische Verfolgung, ja Verhaftung und jahrelanges Zuchthaus nach sich ziehen, selbst für diejenigen, die einen Grenzübertritt lediglich erwogen. Insbesondere der Versuch, die DDR ohne Genehmigung der »Staatlichen Organe« die DDR zu verlassen, provozierte drakonische Vergeltung des SED-Regimes.

Das SED-Regime als Ganzes abzulehnen, konnte kritischen DDR-Bürgern politisch als »Vergehen« gegen den Arbeiter- und Bauernstaat auslegt werden. Die Zahl der Fälle, sich deshalb unversehens sozialistischer Rechtsprechung in der SBZ ausgesetzt zu sehen und, selbst noch in der DDR, letztendlich in einem Internierungslager in der Sowjetunion, in »Sibirien«, zu landen, war sehr groß. Prof. Dr. Klaus Keil aus Jena, der 1961 noch kurz vor Errichtung der Mauer als frischer Dr. rer. nat. in die USA abgeworben wurde und es bis in die National Aeronautics and Space Administration (NASA) schaffte, bemerkte zum abschreckenden Drohpotenzial kürzlich: »Aber Sibirien war groß«. Er meinte damit die Aufnahmekapazitäten des Arbeitslagers nördlich des Polarkreises im europäischen Teil der seinerzeitigen Sowjetunion nahe der Stadt Workuta, wohin deutsche Kriegsgefangene, unvorsichtige DDR-Bürger, ja selbst politisch missliebige Bürger aus Staaten der West-Alliierten der UdSSR, vom sowjetischen Geheimdienst KGB als »Agenten des Westens« verschleppt werden konnten. Sie mussten lange Zeit in der Kohleförderung und im Grubenbau ihr Leben fristen, ohne jemals einem Richter vorgeführt worden zu sein.

2.2   Erfahrungen an der Adolf-Reichwein-Oberschule Jena

Ein prägendes Ereignis war auch für mich der 17. Juni 1953, den ich in der 10. Klasse der Adolf-Reichwein-Oberschule Jena sehr engagiert mitverfolgt habe. Einige Klassenkameraden, waren wie ich der Überzeugung, dass das Ende der DDR bevorstehe. Über meine Erlebnisse an diesem Tage in der Oberschule und am Holzmarkt in Jena hatte ich meinem Kollegen Jan Franke-Viebach berichtet, der diese Erinnerungen bei meiner offiziellen Verabschiedung aus der Universität Siegen in den Ruhestand wiedergab (Franke-Viebach 2001, S. 11). Die SED befleißigte sich, diesen echten Aufstand der Arbeiter als von »konter-revolutionären Provokateuren« und »Faschisten« aus Westdeutschland ange-zettelten »konterrevolutionären Putschversuch« herunterzuspielen (vgl. Fricke 1988, S. 117, S. 120). Karl Wilhelm Fricke, Chronist der Repressionen in der DDR gegen Opposition und Widerstand, verweist auf den in der Zeitung der Freien Deutschen Jugend (FDJ) veröffentlichten Aufruf, den der »Zentralrat an alle Jungen und Mädchen« erließ und der, wie weitere einschlägige Äußerungen aus der 14. Tagung des Zentralkomitees der SED vom 21. Juni 1953, zeigte, wie heftig sich das SED-Regime provoziert gefühlt hatte:

> *»Die von langer Hand vorbereiteten und von westlichen Agenturen dirigierten fa-schistischen Kriegsprovokationen gegen den Demokratischen Sektor von Berlin und die Deutsche Demokratische Republik sind zusammengebrochen.«* (zitiert nach Fricke 1988, S. 117).

In der Schule habe ich erfahren, wie eine aus innerer Haltung geborene oder anerzogene persönliche Distanz gegenüber dem SED-Staat, wenn sie erkennbar wurde, von Funktionären als provozierend gedeutet, gelegentlich sogar als staatsfeindlich, günstigstenfalls nur als provokant ausgelegt werden konnte. Selbst eine Melodie konnte es sein: »Woher kennst Du diese?« »Aus dem RIAS« (Rundfunk im Amerikanischen Sektor von Berlin). Es war der Song »The Spirit is willing« von Glenn Miller mit seinem einmaligen Sound, gesummt in der Pause. »Mensch Bodo, muss das sein?!« Den RIAS zu hören, galt bereits als »klassen-feindliche Gesinnung«.

Eine mir freundlich gesinnte Klassenkameradin reagierte im Unterricht hin und wieder auf meine Bemerkungen, die nicht im Sinne der FDJ- und damit der Parteilinie lagen, mit dem Zwischenruf: »Halt doch mal die Klappe, Bodo!« Meine Entscheidung, als Oberschüler der Jugendorganisation der SED, der FDJ, nicht beizutreten, wurde deutlich ernster eingestuft: Am Mittwoch vor Ostern des Jahres 1955 wurde ich von der Schulleiterin in ihr Dienstzimmer zitiert, wo sie mir eröffnete: »Wir haben festgestellt, du bist der Einzige in der Klasse, der noch nicht in der FDJ ist. Du störst das Klassenbild.« Meine Antwort: »Gnädige Frau, das Abitur ist eine Leistungsprüfung und kein politisches Bekenntnis.« Dann ziehe ich mich – rückwärts gehend – wortlos zur Tür zurück und verlasse, die Tür im Rücken, mich leicht verbeugend, den Raum. Im Flur wäre ich beinahe zusammengesunken, wurde mir doch heiß und kalt zugleich, ahnend, dass diese Unterredung für mich wohl das unvermeidbare vorzeitige Ende meines Schul-besuchs noch vor den Prüfungen zum Abitur bedeutete. Denn ein Beitritt zur FDJ kam für mich gar nicht in Frage, war diese doch »die Jugendorganisation der Deutschen Demokratischen Republik, … der aktive Helfer der Partei (SED)«, die dieser Kaderpartei »bei der Erziehung der Jugend, bei ihrer Erziehung im Geiste des Marxismus-Leninismus, des sozialistischen Patriotismus und des proletarischen Internationalismus ... hilft« (SED 1976, S. 90). Ging es der SED doch darum, »die von Marx, Engels und Lenin begründeten Aufgaben und Ziele der Arbeiterklasse ... im Bündnis mit den werktätigen Bauern und der fortschrittlichen Intelligenz in einem einheitlichen revolutionären Prozeß ..., die sozialistische Revolution in der Deutschen Demokratischen Republik zum Siege« zu führen (SED 1976, S. 6). Zu meinem großen Glück hatte ich auf Befragen meiner Klassenkameraden nach dem Grund meiner Einbestellung durch die Direktorin diese ungewöhnliche Begegnung als eine Ermahnung zum Lernen gedeutet. Nach der Einheit Deutschlands erklärte mir diese Dame, Frau Edith Pelzer-Haun, im Jahre 2009, sich sogar noch wach erinnernd:

> »... um in der Zensuren-Konferenz eine unerfreuliche Diskussion zu vermeiden, die dann in der Prüfungskommission hätte wiederholt werden können, ob mir trotz fehlender FDJ-Mitgliedschaft ›die Befähigung zum Besuch einer Hochschule‹ in meinem Reifezeugnis bescheinigt werden könne«, habe sie alle Lehrer, die in meiner Klasse wirkten, »vorher einzeln befragt, wie sie diesbezüglich dächten«; und: »Nur ein einziger im Kollegium hat das verneint! – Nur ein einziger!«

2.3 Erfahrungen an der Karl-Marx-Universität Leipzig

An der Wirtschaftswissenschaftlichen Fakultät der Karl-Marx-Universität Leipzig empfand ich das Studium als ständigen gedanklichen Balanceakt, wenn in den Seminaren lebhaft diskutiert werden durfte. Allerdings waren Grenzen erkennbar, da die vom SED-Regime vorgezeichnete »große Linie« eingehalten werden musste. Schon Fragen, die als zu kritisch gedeutet werden konnten, wurden als provokativ abgeschmettert, wie diese:

– Weshalb müssen wir uns im Rahmen des Marxismus-Leninismus (M–L) mit dem Leninismus auseinandersetzen, wo wir doch über eine in sich geschlossene philosophisch begründete Gesellschaftsordnung verfügen, die sogar nach ihm, Karl Marx, benannt wird?
– Warum können wir uns in der DDR nicht wirtschaftsphilosophisch auf Werk und Wirken der Philosophen Karl Marx, dessen Namen unsere Universität sogar trägt, und Ernst Blochs, der sogar an unserer Universität lehrt, konzentrieren?
– Wieso verwendet die DDR die von Friedrich Engels geprägte und von Marx übernommene Phrase »Diktatur des Proletariats«?
– Ist nicht jede Diktatur eine Gewaltherrschaft? Wie passt das zu der offiziell verkündeten These der Regierung, »die Deutsche Demokratische Republik ist eine Volksdemokratie«?

Ein politisch begründetes Disziplinarverfahren, das selbst die linientreuesten Professoren nur sehr zurückhaltend betrachteten und auch nicht betrieben, jedoch von der FDJ-Leitung über ein Jahr hinweg angestrebt wurde, resultierte in einer »Bewährung in der sozialistischen Produktion.«

Nicht nur in Diktaturen können bestimmte Äußerungen, selbst wenn sie nicht einmal bewusst darauf angelegt sind, provokativ wirken und als Konfliktbereitschaft gedeutet werden, wenn sie »eindimensionale Menschen« – diesen Begriff hat der Kritiker des Kapitalismus Herbert Marcuse (2008) geprägt – erreichen.

Die Lebenserfahrung lehrt mich, dass die Neigung, Äußerungen als Provokation zu empfinden, mit höherer Bildung zwar abnimmt, um jedoch mit wachsender Ideologie-Geladenheit wieder zuzunehmen. Hier ist es Aufgabe eines verantwortungsbewussten Lehrers oder Hochschullehrers, auf holistisches und differenziertes Denken hinzuwirken – nicht zuletzt, um auf diese Weise die Messlatte für Konfliktbereitschaft hoch und die für Provokation noch höher zu legen und Disput in die Bahnen eines intellektuellen Kräftemessens zu lenken.

2.4 Erfahrungen an der Johann-Wolfgang-Goethe-Universität Frankfurt am Main

1959, Frankfurt am Main: Eine sehr freundlich blickende Persönlichkeit betritt im Hauptgebäude der Johann-Wolfgang-Goethe-Universität den Seminarraum, in guten, hellgrau-gestreiften Zwirn gehüllt. Er richtet seinen Blick auf sein Auditorium, das erwartungsvoll dem Gelehrten folgt, der sich in der Nähe des Fensters zur Mertonstraße setzt. Jeden würdigt er eines Blickes, bald wird er die Anwesenden mit Namen und Studienfach kennen. Jurastudenten und mich, einen Volkswirt. Mit wachem Blick, dem der Anstand in die Augen geschrieben ist, trägt der Jurist Franz Böhm einige präzise formulierte Thesen vor, denen er sehr bald ein Seminargespräch folgen lässt. Die erste Frage beantwortet er zumeist selbst, um ein atmosphärisch spontanes Denkklima für einen Gedankenaustausch entstehen zu lassen.

Was für ein Lehrer, denke ich mir! Jeder Satz eine klare Aussage. Bedächtige Dialoge erweisen sich als produktive Schritte, um Wissen im Gedankenaustausch selbst zu schöpfen und dieses zu verinnerlichen. Wie auch bei dem Juristen Carlo Schmid, der Politologie lehrt – ebenfalls ein Gestalter der Ersten Stunde, ein Mitschöpfer des Grundgesetzes, der nebenan am Institut für Politische Wissenschaft in der Jügelstraße wirkt.

Rechtswissenschaft und Wirtschaftsordnungspolitik werden auf anspruchsvollem Niveau geboten. Wissensvermittlung in streng wissenschaftlicher, aber doch verständlicher Gedankenführung. Böhm wie Schmid sind umfassend gebildete Persönlichkeiten. Wiewohl Koryphäen im Denken bei CDU beziehungsweise SPD, verleitet sie doch kein einziger Schritt in die Niederungen der Parteipolitik. Dafür aber lenken sie den einen oder anderen in Rechts- und Theoriegeschichte oder Philosophie. Unvergessliche Begegnungen prägender Vorbildlichkeit mit Leitsätzen, die ein Leben lang abrufbar sind. Franz Böhm: »Quidquid agis, prudenter agas et respice finem« – »Ehe du etwas unternimmst, bedenke alles bis zum Ende«.

Wiederholt beklagt Böhm in seinen Vorlesungen zum Wirtschaftsrecht Hybris in der Politik, wo doch Maß und Mitte angesagt seien. Jetzt wird mir verständlich, was ich in der DDR erlebt hatte und was ich daraus lernen kann. Eines ganz bestimmt, nämlich Franz Böhms Mahnung zu befolgen, mich vor Hybris zu hüten, mich also nicht von frevelhaftem Übermut anstecken zu lassen, und seine Haltung ernst zu nehmen, die in der Antwort auf die Frage lag: »Wie kann der Geist die Tatsachen gestalten, wenn er sich selbst vor dem Gang der Tatsachen verneigt?« (Böhm/Eucken/Großmann-Doerth 1937, S. XIII). Ein Merksatz.

Da ich frisch aus dem Osten angekommen war, lag es nahe, dass ich zunächst noch die marxististisch-leninistischen Termini benutzte, aber doch versuchte, durch rege Beteiligung am Unterricht in den Seminaren in das für mich Neue schnell einzudringen. In seinen gedanklichen Ausflügen in die für mich neue Katholische Sozialethik und Evangelische Sozialehre kam Professor Franz Böhm natürlich auch auf die ordnungspolitischen Bezüge zu Kapitalismus und Sozialismus sowie kritisch auf Karl Marx zu sprechen. Dieser habe »in England die von Malthus signalisierte Bevölkerungsexplosion betrachtet«, und er kam auf »die sich öffnende fatale Schere zwischen Kapitalbildung und Arbeitsangebot mit dem Resultat ständigen Lohndrucks und periodischer Arbeitslosigkeit« zu sprechen. Was Marx aber »nicht würdigte, war die Entschlossenheit Englands, mit dieser sozialen Problematik fertig zu werden«. Diese Bemerkung Böhms (1960) wäre in Leipzig nie gemacht, und wenn doch, provokativ verstanden worden.

So war ich also mitten drin im wirtschaftswissenschaftlichen Disput zwischen kollektivistischer und freiheitlicher Interpretation wirtschaftsgeschichtlicher Fakten. Böhm sprach frei und doch druckreif, wie manche Nachschrift seiner Vorlesungen, gelegentlich sogar die Interpunktion des Autors einfließen lassend, bezeugt. Er führte seine Hörerinnen und Hörer in »die Problematik, die sich aus der materiellen, ideologischen und institutionellen Umgestaltung unserer Wirtschaftsordnung aus einer ›liberalen‹ in eine ›interventionistische‹ ergibt« (Neumark 1961, Vorwort), ein.

Den Rechtsrahmen für die Marktwirtschaft erkennt Böhm in der im Grundgesetz des Artikels 12 Absatz 1 abgesicherten Gewerbefreiheit, der Berufsfreiheit mit freier Wahl des Arbeitsplatzes und der Ausbildungsstätte wie auch in der Koalitionsfreiheit und dem Recht auf Privateigentum, »das zu den Voraussetzungen der Wettbewerbsordnung gehört«, spontan Walter Eucken zitierend. Aber »Eigentum verpflichtet«, fügt er unmittelbar hinzu, »Sein Gebrauch soll zugleich dem Wohl der Allgemeinheit dienen«, auf das Grundgesetz, Artikel 14, verweisend. Im Seminar für »Ausgewählte Fragen der Wirtschafts- und Arbeitsordnung« erfahre ich erstmals nicht nur, dass Freiheit ein Grundrecht ist, das Legislative, Exekutive und Judikative als unmittelbares Recht binden, sondern auch, dass es zwei Arten von Freiheit gibt, eine positive und eine negative: Ich darf Koalitionen bilden, kann aber auch davon Abstand nehmen. So darf ich einer Gewerkschaft beitreten, aber diese kann mich nicht zwingen, ihr beizutreten. Mehr noch: »Staatstheoretiker«, sagt Böhm, »sprechen von der rechtsstaatlichen Freiheit, von der demokratischen Freiheit, von der zivilrechtlichen Freiheit« (Böhm 1959, S. 43; 1960). Und wenn man letztere näher ins Auge fasse, dann werde man wiederum Variationen entdecken. Für mich ist das eine Offenbarung geistiger Freiheit in einer offenen Gesellschaft, in der ich nach einem politischen Disziplinarverfahren an der Karl-Marx-Universität Leipzig, an der ich »Arbeitsökonomik« studiert hatte, gerade in Frankfurt am Main angekommen bin. Hier erlebe ich, was akademische Freiheit besagt und was »freiheitlich-demokratischer Rechtsstaat« wirklich bedeutet.

Böhm extemporiert weiter: »Die meisten Menschen denken bei der zivilrechtlichen Freiheit an das Recht auf die freie Entfaltung der Persönlichkeit, von der der Artikel 2 unseres Grundgesetzes spricht, und sie stellen sich dabei vor, dass jeder Mensch einen höchstpersönlichen Bezirk hat, der ihm allein gehört und innerhalb dessen er sich entfaltet, ohne die Nachbarn zu stören, und ohne von den Nachbarn gestört zu werden« (Böhm 1959, S. 43). Sofort denke ich an die Staatsorgane der DDR und ihr Erscheinen am 27. August 1959, als ich auf dem Wege zum D-Zug von Berlin nach Jena im Bahnhof Friedrichstraße überrascht worden war: »Herr Gemper? … Kommen Sie bitte mit zur Klärung eines Sachverhalts!«. Dieser Satz war für jeden DDR-Bürger eine gefürchtete Metapher, provozierend und erschreckend zugleich, gar nichts Gutes ankündigend.

Schon ist Böhm beim »industriellen Wirtschaftsleben«. Ich erfahre, »dass sich auch dieses Wirtschaftsleben auf dem Boden des gleichen Privatrechts abspielt, dass hier aber keine Rede davon sein kann, dass Jeder in Frieden seinen eigenen Kohl vor sich hin baut, sondern dass hier ein erstaunlich diszipliniertes arbeitsteiliges Hand-in-Hand-Wirken von höchster Exaktheit stattfindet« (Böhm 1959; 1960). Böhm erklärt die Privatautonomie, die Privatwirtschaft und den Marktmechanismus: dass »es der Erfolg oder der Misserfolg von gestern ist, der unser Tun von heute steuert. … Hier haben wir es also mit einer Freiheitsordnung zu tun, die sich in einer überaus seltsamen Weise des Zwangs bedient, um einen ungemein komplizierten gesellschaftlichen Arbeitsvorgang zu lenken. Aber eines Zwanges, der unserem Gefühl, ein selbstverantwortlicher Mensch zu sein, nicht abträglich ist, es vielmehr stärkt« (Böhm 1960).

Ordnungspolitische Entartungen wie »Raubtierkapitalismus« oder »entfesselte Finanzmärkte«, wie heute, hätte sich Franz Böhm selbst in kühnsten Träumen gar nicht vorstellen können. Er sagt: »Die Vorstellung, daß ein Zustand, bei dem ein jeder für sich selbst sorgt und plant, auf einen Raubtierkampf aller gegen alle hinausläuft, widerspricht jeder Erfahrung« (Böhm 1959, S. 49), und er verweist in »die politische Ideengeschichte als eine Doktrin, mit der zu allen Zeiten die Notwendigkeit tyrannischer Herrschaftsformen begründet worden ist« (Böhm 1959, S. 49).

Allerdings war Böhm sich auch bewusst, »daß in den Beziehungen zwischen den Menschen keine vorgegebene und natürliche Harmonie obwaltet« und Wirtschaftssubjekte dazu neigen können, »ihren eigenen Vorteil auf Kosten und zum Schaden anderer Menschen wahrzunehmen, ihre Mitmenschen zu überlisten, zu verdrängen, zu überwältigen und auszubeuten« (Böhm 1959, S. 49). »Deshalb [ist] eine Einrichtung vonnöten, die dafür sorgt, daß die Menschen in Frieden miteinander auskommen, sich gegenseitig nicht stören, wenn möglich einander sogar fördern« (Böhm 1959, S.49). Nicht zu vergessen sei die Vertragsfreiheit, auf Walter Eucken verweisend, die ganz »offensichtlich eine Voraussetzung für das Zustandekommen der Konkurrenz« sei – trage doch Vertragsfreiheit als »Prinzip der Politik der Wettbewerbspolitik« sinnstiftend »zur Konstituierung der Wettbewerbsordnung bei« (Böhm 1960).

Soll die »Aufrichtung einer obrigkeitlichen Führungsgewalt, d. h. die Unterwerfung aller unter die Herrschaft eines übergeordneten Willens, der zentrale Pläne aufstellt und diese durch Befehle und Weisungen durchsetzt«, ausgeschlossen werden, besteht die einzige Alternative »in der Aufrichtung einer Ordnung in einem Rechtsstaat, in dem die Menschen nicht dem ermessensmäßigen Herrschaftsgebot einer planenden Obrigkeit, sondern nur dem Gesetz unterworfen sind«. Genauer: »Die rechtsstaatliche Freiheit ist mithin keine Freiheit vom Gesetz, sondern nur eine Freiheit unter dem Gesetz im Rahmen des Gesetzes« (Böhm 1959, S. 50). Allerdings erfolgt dies im Rahmen der dem Menschen gewährten »Bürgerlichen Freiheit«, »die im Sprachgebrauch der Juristen einen besonderen Namen hat; sie heißt dort Privatautonomie, in deren Besitz jeder Mensch sein soll« (Böhm 1959, S. 54).

Denn, so Böhm weiter, es darf »in einer freiheitlich-demokratischen Ordnung nur einen einzigen Personenstatus geben, nämlich die Privatautonomie« (Böhm 1959, S. 54).

Zurecht wird in »Franz Böhm ein Wegbereiter des Privatrechtsgedankens« (Nörr 1995, S. 53) gesehen. Ja, »es wird nicht leicht sein, unter deutschen Autoren jemanden zu finden, der im Hinblick auf die Fortentwicklung der Privatrechtsidee Böhm zur Seite gestellt werden könnte« (Nörr 1995, S. 67). Und in der Tat: »Niemand hat so klar gesehen, daß der Gedanke der Gleichheit als Freiheitsgedanke aus dem Privatrechtsbegriff selbst zu entwickeln und nicht von

irgendwoher erst an das Privatrecht heranzutragen und ihm einzupfropfen ist;
… Privatpersonen keine Macht haben sollen und daß ›die Freiheit eines Jeden
ihre Grenzen an der gleichen Freiheit aller anderen hat‹ (Böhm)« (Nörr 1995,
S. 70).

3. Antiautoritäre Provokation in der »eindimensionalen Gesellschaft«

3.1   Eine Ikone der Provokation

1967 hatte Rudi Dutschke den »Langen Marsch durch die Institutionen« pro-
klamiert, mit dem Ziel, bei der Radikalisierung der Studenten beginnend, einen
Widerstand gegen die verfassungsmäßige Ordnung der Bundesrepublik
Deutschland zu organisieren. Die Lehrer im Auge, die von der Basis her die
jungen Menschen für den »Kampf gegen den Imperialismus« indoktrinieren
sollten. Als Multiplikatoren der Ausbildung von Schülern und Studierenden, die
an Pädagogischen Hochschulen und Universitäten Lehrer auszubilden, um sie
im Wege der Unterminierung der verfassungsmäßigen Ordnung politisch zu
radikalisieren. Diese »68er« nutzten die Freiheiten, die die freiheitlich-demokratische Grundordnung gewährt, um diese Ordnung selbst politisch auszuhebeln.

Damit provozierten sie aber die breite Mehrheit der Bundesbürger, die unseren Bundesstaat nicht nur schätzen gelernt, sondern ihn selbst mit aufgebaut
hatten. Ihr Bestreben, die Arbeiterschaft zu revolutionieren, lief ins Leere.
Dennoch bewirkten sie Reaktionen der Politik.

Bundeskanzler Willy Brandt unterzeichnete am 28. Januar 1972 ein Gesetz,
das als sogenannter »Radikalenerlass« in Erinnerung bleiben sollte. Brandt
wurde von der damaligen Linken sogar denunziert, einem »Berufsverbot« den
Weg geebnet zu haben, wurde doch zahlreichen Bewerbern der Zugang zum
öffentlichen Dienst verwehrt.

Rudi Dutschke, wie ich aus der DDR kommend, hat – an meiner politischen
Überzeugung gemessen – eine diametral gegensätzliche Entwicklung genommen. Er hatte sich zu einem Klassenkämpfer stilisiert, er war nicht nur ein
Provokateur, sondern auch ein »Anstifter«, als die er als eine Ikone politischer
Provokation und Gewalt er in meiner Erinnerung geblieben ist: Als ein Aktivist,
der bewusst Regelverletzung provozierte, um das Zusammenleben nach demokratischen Prinzipien durch »antiautoritäre Protestaktionen«, die auch Gewalt
nicht ausschlossen und auf eine »Revolutionierung der Massen« abzielten, zu
stören.

Bei seiner Kritik an der Sozialen Marktwirtschaft im Kapitalismus und in seinen Thesen zur »repressiven Gewalt der Herrschenden« und zur »repressiven Toleranz«, die er bei öffentlichen Auftritten wiederholend beschwor, stützte Dutschke sich auf einen prominenten scharfsinnigen Kritiker der seinerzeitigen Ausprägung der kapitalistischen Gesellschaft in den USA, Professor Herbert Marcuse.

Marcuse redete einer »geplanten Politik« das Wort, und er erkannte in der »fortschreitenden eindimensionalen Gesellschaft« (Marcuse 2008, S. 258) »auf der fortgeschrittenen Stufe des Kapitalismus … ein System des unterworfenen Pluralismus, in dem konkurrierende Institutionen darum wetteifern, die Macht des Ganzen über das Individuum zu festigen« (Marcuse 2008, S. 70). Mehr noch, er erörterte die ethische Notwendigkeit einer »Sozialen Revolution« (Marcuse 2008, S. 67), die er als »Vorbedingung« erachtete, um »die Entwicklung einer menschlichen Existenz sicherzustellen« (Marcuse 2008, S. 67).

Historiker einer späteren Generation werden es sehr schwer haben, zum Kern des Problems vorzudringen, um die Situation zu erfassen, die in jener Zeit als Provokation empfunden werden konnte. Denn es fehlt ihnen die operative Kenntnis. Wie sollen sie die Aktionen Rudi Dutschkes beurteilen, zu ihm als Persönlichkeit Zugang zu finden? Selbst ich, als einer der gerade aussterbenden letzten Generation der Zeitzeugen, frage mich: War Rudi Dutschke sich selbst voll bewusst, was die Stunde historisch geschlagen hatte?

Ignorierte Dutschke doch, dass das in seinem Widerstand gegen die freiheitliche Privatrechtsordnung und die Privatwirtschaft beschworene »Weltbild Karl Marx'«, mit dem auch er seine Vorstellungen vom radikalen Wandel in Verbindung brachte, schon deutlich erkennbar hinter dem »Leitbild Ludwig Erhards« verblasste. Erhards Leitbild aber ist zutiefst in der freiheitlichen Privatrechtsordnung verankert, für die Franz Böhm wissenschaftlich wie politisch stand.

Die 1968er Studentenbewegung versuchte, durch Provokationen Aufmerksamkeit auf sich zu ziehen, indem sie deutlich auch das privatwirtschaftliche Leitbild Erhards kritisierte. Dies geschah derart wirkungsvoll, dass in dieser Zeit selbst sehr sachlich vorgetragene Überlegungen leicht als solche aus dem Denken der »68er-Bewegung« stammend gedeutet werden konnten. Hatte doch diese revoltierende Bewegung durch ihr normenverletzendes Verhalten in Westdeutschland starke Unruhe gestiftet, in der Absicht, angeblich »verkrustete Strukturen und Denkweisen« zu überwinden.

3.2   Eine Provokation wider Willen

Als Nationalökonom beobachtete ich, dass auch die Wirtschaftsordnung der
Bundesrepublik Deutschland ins Visier dieser vermeintlichen »Systemüber-
winder« geraten war, die das »Profitstreben« zu einer provokativen Reizmeta-
pher hochstilisierten. Das konnte zu ernsthaften Missverständnissen führen.
Allein der Gebrauch des Wortes Gewinn, erst recht Profit, konnten provokant
verstanden werden, wie ich selbst als Tagungsleiter in der Evangelischen Akademie Loccum 1972 erfahren musste (Gemper 1973): Auf meine Bemerkung,
warum der Gewinn, der von den »68ern« despektierlich als »Profit« und als etwas
sozial Anstößiges verurteilt werde, nicht seitens der Wirtschaft offensiv argu-
mentativ der Öffentlichkeit als systemnotwendig erklärt werde, erfuhr ich zunächst gespannte Aufmerksamkeit. Denn für erfolgreiche Volkswirtschaften ist
Gewinn eine conditio sine qua non und findet damit seine sachliche Begründung.

Bei Bankier Hermann Josef Abs hatte ich – von mir völlig unbeabsichtigt –
hier einen äußerst empfindlichen Punkt getroffen. Meine Worte hatte er sogar
provokant empfunden. Das war ihm sehr deutlich anzumerken. Ludwig Erhards
Klärung wirkte beruhigend. Aber sie war nicht ohne Wirkung geblieben, hatte
sie in ihm doch ganz offensichtlich eine Nachdenklichkeit ausgelöst. Denn bereits vier Monate später erschien im Handelsblatt ein Beitrag von ihm mit dem
vielsagenden Titel »Gewinn ist gut, aber nicht alles. Das Selbstverständnis des
Unternehmens heute« (Abs 1973).

4.   Warum Erhabenes im Einst sich wieder im Jetzt verwirklichen sollte

4.1   Privatautonomie, eine pflegebedürftige Freiheit

Der Vorstellung, eine freiheitliche »Privatrechtsordnung« (Böhm 1966, S. 107)
zu etablieren und »sie zur Gesellschaftsordnung zu erheben, ihr die Lenkung
einer Gesellschaft frei und autonom planender Individuen und der von ihnen auf
der Grundlage der Freiwilligkeit errichteten Gesellschaften und Korporationen
privaten Rechts anzuvertrauen« (Böhm 1966, S. 78), liegt rückblickend eine
bemerkenswerte Konzeption zu Grunde, die freiheitlichem Denken entspringt:
Es ist die kühne politische Idee von der Privatrechtsordnung, die einem erha-
benen Wurf in das Dunkel der Zukunft gleicht. Sie ist aus der optimistischen
Überzeugung von ihrer Fähigkeit geboren, »eine Gesellschaft freier Menschen zu
organisieren, ihre Kooperation in berechenbare und rational zu verantwortende

Bahnen zu leiten« (Böhm 1966, S. 78), und das im »Vertrauen, daß die Privatrechtsordnung eine leistungsfähige Ordnung sei« (Böhm 1966, S. 79).

Von der Gewissheit beseelt, dass »jeder Mensch im Besitz der Privatautonomie sein soll« und es »im Bereich der Gesellschaft nur einen einzigen Personenstatus geben darf« (Böhm 1959, S. 54), erkannte Böhm in der »Privatautonomie« (Böhm 1959, S. 54) die Basis für eine freiheitlich-demokratische Ordnung, die nicht zuletzt unter seiner Mitwirkung als Mitstreiter Ludwig Erhards zum Erfolgsmodell »Soziale Marktwirtschaft« führte.

Es war verständlich, dass Gedanken zur Privatautonomie auf der Ebene des Denkens in vorgegebenen kollektivistischen Bahnen stets misstrauisch betrachtet und ideologisch zwangsläufig als Provokation gewertet, gelegentlich sogar auch als systemfeindlich strafrechtlich geahndet worden sind, wie es im Machtbereich der ehemaligen Sowjetunion üblich gewesen ist – ist doch Privatautonomie der Schlüssel zum eigenen Ich, die der Gegenspieler des Kollektivs ist.

4.2 Conceptio stabilitatis semper reformanda est

Nach dem »Wettkampf der Systeme« zwischen Individualismus und Kollektivismus, der mit dem »Fall des Eisernen Vorhangs« ohne Gewaltanwendung seinen Ausgang zur Freiheit fand, legen die Sorgen, die uns das Jetzt beschweren, nahe, im Wunsche nach dem Gedeihen einer erneuten Ordnung sozialer Symmetrie wieder mutig auf diejenigen zu schauen, die uns konzeptionell und praktisch in Deutschland die freiheitlich-soziale Marktwirtschaft geschenkt haben. Wir sind erneut auf der Suche nach einer Option für eine neue Ordnung, die den signifikanten Veränderungen Rechnung trägt, die die Zeitläufte verursacht haben.

Wird uns die Zukunft wieder eine Freiheitsordnung bereithalten? Oder ist bereits eine völlig neue Ordnung im Kommen?

Denn: »In der Tat trifft die Lehre von Karl Marx, daß sich eine neue Ordnung bereits im Schoße der alten vorbereitet, für keine bekannte Erscheinung der Revolutionsgeschichte in so hohem Grade zu wie einst für die Entstehung der Privatrechtsgesellschaft« (Böhm 1966, S. 77).

Sind die so »günstigen Bedingungen für das Gedeihen einer sozialen Ordnung« (Böhm 1966, S. 134) im Sinne der »Sinnerfüllung der Marktwirtschaft« (Nawroth 1965), die vor sieben Jahrzehnten kreativ genutzt worden sind, wieder zu erkennen? Welche neue Ordnung zur Rekultivierung unserer ausgelaugt zu sein scheinenden Gesellschaft hält in dieser zukunftsverdrossenen und phantasielosen Zeit die Zukunft für uns bereit?

Provokant gefragt. Ganz zweifellos.

Literatur

Abs, Hermann Josef (1973): Gewinn ist gut, aber nicht alles. Das Selbstverständnis des Unternehmens heute. Handelsblatt Nr. 34, 16./17. 02. 1973, S. 26.

Böhm, Franz (1959): Die vier Säulen der Freiheit, Vortrag auf der dreizehnten Tagung der Aktionsgemeinschaft Soziale Marktwirtschaft am. 10. 06. 1959. Vortragsmanuskript.

Böhm, Franz (1960): Vorlesungs- und Seminarmitschrift. Frankfurt am Main.

Böhm, Franz (1966): Privatgesellschaft und Marktwirtschaft. ORDO – Jahrbuch für die Ordnung von Wirtschaft und Gesellschaft, Band 7. Düsseldorf, München, S. 75–151.

Böhm, Franz/Eucken, Walter/Großmann-Doerth, Hans (1937): Unsere Aufgabe. In: Böhm, Franz (Hrsg.), Die Ordnung der Wirtschaft als geschichtliche Aufgabe und rechtsschöpferische Leistung. Stuttgart, Berlin, S. VII–XXI.

Franke-Viebach, Jan (2001): Laudatio anläßlich der Verabschiedung in den Ruhestand von Universitätsprofessor Dr. Bodo Gemper. Podium – Siegener Universitätsreden (27): Emeritierung von Prof. Dr. Bodo B. Gemper. Ansprachen und Vorträge. Siegen.

Fricke, Karl Wilhelm (1988): Erich Honecker und der 17. Juni. In: Spittmann, Ilse/Fricke, Karl Wilhelm (Hrsg.), 17. Juni 1953. Arbeiteraufstand in der DDR. 2. Aufl. Köln, S. 115–120.

Gemper, Bodo (Hrsg.) (1973): Marktwirtschaft und soziale Verantwortung. Köln.

Grundgesetz für die Bundesrepublik Deutschland, Bonn 1949. Letzte Änderung 20. 07. 2017.

Marcuse, Herbert (2008): Der eindimensionale Mensch. Studien zur Ideologie der fortgeschrittenen Industriegesellschaft. 6. Aufl. München.

Nawroth, Edgar (1965): Zur Sinnerfüllung der Marktwirtschaft. Köln.

Neumark, Fritz (1961): Wirtschafts- und Finanzprobleme des Interventionsstaates. Tübingen.

Nörr, Knut Wolfgang (1995): Franz Böhm, ein Wegbereiter des Privatrechtsgedankens. In: Ludwig-Erhard-Stiftung (Hrsg.), Wirtschaftsordnung als Aufgabe. Zum 100. Geburtstag von Franz Böhm. Krefeld, S. 53–70.

SED (1976): Statut der Sozialistischen Einheitspartei Deutschlands. IX. Parteitag 18.–22. 05. 1976. Berlin.

Arnd Wiedemann / Christiane Bouten*

Der Stachel im Fleisch traditioneller Filialbanken: das kostenlose Girokonto

1. Ausgangssituation

Geiz-ist-geil! Diese Mentalität hat sich heutzutage in Deutschland an vielen Ecken breitgemacht. Auch die Medien sorgen dafür, dass Kunden immer auf der Suche nach dem besten Preis sind. Die Geiz-ist-geil-Einstellung gilt auch für den privaten Zahlungsverkehr und das Girokonto, über das eine Vielzahl von Bankgeschäften abgewickelt wird (Huber 2018, S. 56). Es ist die Basis für alle bargeldlosen Zahlungen (van Look 2014, S. 118). Die Kosten, die einer Bank oder Sparkasse für die Abwicklung des Zahlungsverkehrs und das Bereitstellen von Bargeld entstehen, sollen über die Gebühren für das Girokonto abgedeckt werden. Diesen Kostenaspekt scheinen viele Kunden jedoch nicht zu sehen oder nicht sehen zu wollen – denn in ihrer Erwartungshaltung sollten Kreditinstitute das Girokonto kostenlos anbieten (Huber 2018, S. 56–57).

Kostenlose Girokonten sind jedoch immer seltener zu finden (Stiftung Warentest 2018), denn die Bankenbranche sieht sich vielen Herausforderungen ausgesetzt – Niedrigzinsumfeld, Regulatorik und Digitalisierung sind die zentralen Stichworte (Bruch 2018, S. 81). Eine weitere Hürde stellt die neue PSD2-Richtlinie der EU (PSD = Payment Service Directive, Zahlungsdiensterichtlinie) dar, die darauf abzielt, den Geldtransfer bequemer, billiger und sicherer zu machen (Deutsche Bundesbank 2017b). Hinzu kommt die sinkende Ertragskraft der Banken in ihren traditionellen Erfolgsquellen, forciert durch das Niedrig-/Negativzinsumfeld. Im Ergebnis reduzieren Kreditinstitute ihr Angebot an kostenlosen Dienstleistungen – vor allem im Bereich der Kontoführung (Deutsche Bundesbank 2017d, S. 65).

* Univ.-Prof. Dr. Arnd Wiedemann, Universität Siegen, Fakultät III (Wirtschaftswissenschaften – Wirtschaftsinformatik – Wirtschaftsrecht), Lehrstuhl für Finanz- und Bankmanagement. Christiane Bouten, M.Sc., Universität Siegen, Fakultät III (Wirtschaftswissenschaften – Wirtschaftsinformatik – Wirtschaftsrecht), Lehrstuhl für Finanz- und Bankmanagement.

Eine zusätzliche Herausforderung für Kreditinstitute stellt die Digitalisierung dar. Es gilt, neue technische Möglichkeiten und Innovationen in den Bankalltag sowohl für die Kunden als auch für die Mitarbeiter zu integrieren (Bruch 2018, S. 88). Nur wenn Kunden die Kontoführung am PC oder per Smartphone vornehmen und auf den Ansprechpartner vor Ort verzichten, können sie noch kostenlose Kontoangebote finden (Stiftung Warentest 2018). Der Trend geht allerdings ohnehin immer stärker zum Onlinebanking: Bis zum Jahr 2025 wollen 74 % der Kunden ihre Bankgeschäfte mobil abwickeln (Bruch 2018, S. 82). Für die klassischen Filialbanken bedeutet dies, dass die Kunden eine Filiale immer seltener mit dem Wunsch nach individuellen Beratungsleistungen aufsuchen (Schindler 2018, S. 108).

Die Auswirkungen davon, dass Kreditinstitute an der Preisschraube drehen, konnten Bankkunden in der Vergangenheit bereits spüren, wenn ihre Hausbank plötzlich Gebühren für die Kontonutzung verlangte oder die Preise anhob (Huber 2018, S. 61). Da klingt es attraktiv, wenn das Internetvergleichsportal Check24 mit dem »Girokonto mit 0 EUR Kontoführungsgebühr« wirbt oder wenn die Comdirect Bank, eine Tochter der Commerzbank, mit Versprechungen wie »kostenlose Kontoführung ohne Mindestgeldeingang bei der fairsten Direktbank!« lockt. Auch die zu den Genossenschaftsbanken zählenden PSD-Banken bieten noch kostenfreie Konten an (Finanzmarktwelt.de 2017). Diese Institute haben eines gemein: Sie verzichten weitestgehend auf Filialen. Direktbank heißt also filiallose Bank. Für Kunden einer Filialbank hingegen fallen Gebühren für die Kontoführung an. Das kostenlose Girokonto scheint also insbesondere ein Markenzeichen der Direktbanken zu sein.

2.   Das Girokonto – Dreh- und Angelpunkt für Kunde und Bank

2.1   Strategische Bedeutung als Ankerprodukt aus Sicht der Bank

Zur Stärkung der Kundenbindung mit Bestandskunden und zur Kontaktaufnahme zu Neukunden kommt Ankerprodukten eine besondere Bedeutung zu. Besonders beliebt ist das Girokonto, denn es gilt als Basis-Baustein im Bankgeschäft (Grussert 2009, S. 274). Das Girokonto hat in den 1950er Jahren die Lohntüte abgelöst. Seitdem können Zahlungen jeglicher Art bargeldlos erledigt werden (Brock 2015, S. 36–37). Durch gezielte Aktionen, beispielsweise durch das Angebot eines Startguthabens für ein neues Konto oder attraktive Zinsen über einen festgelegten Zeitraum, versuchen Banken bestehende Kunden an sich zu binden und Neukunden zu gewinnen (Grussert 2009, S. 115).

Das Wort »Konto« stammt aus dem Italienischen und bedeutet »(Ab)Rechnung« (van Look 2014, S. 96). Es gibt verschiedene Arten von Konten, die unterschiedlichen Zwecken dienen. Das Einlagenkonto wird genutzt, um Geld »aufzubewahren«: Spareinlagen (Sparkonten) oder Termineinlagen (Termingeldkonten) werden mittels dieser Kontoart verwaltet. Zwischen 9 % und 12 % Prozent des verfügbaren Einkommens werden in der Regel gespart (van Look 2014, S. 113). Für das Aufbewahren von Wertpapieren wird das Depotkonto verwendet und auf dem Kreditkonto werden Darlehensforderungen gebucht.

Das Girokonto dient der Durchführung des (bargeldlosen) Zahlungsverkehrs (van Look 2014, S. 96). Es gehört zu den gängigsten Kontoarten in Deutschland und wird als Lohn- und Gehaltskonto für private Kunden und als Geschäftskonto für Unternehmen verwendet (van Look/Hüffer 2000, S. 1–2). Monatlich regelmäßig anfallende Zahlungen, wie zum Beispiel die Miete oder Wasser- und Stromkosten, werden mittels Girokonto beglichen. Im Unterschied zum Spar- oder Termingeldkonto erfolgen Ein- und Auszahlungen beim Girokonto zumeist an Dritte beziehungsweise von Dritten (Canaris 2011, S. 201).

Heutzutage ist ein Girokonto Voraussetzung, um am wirtschaftlichen und sozialen Leben teilhaben zu können (Linnert 2009, S. 37). Daher sind Kreditinstitute seit 1995 zur Eröffnung des »Girokontos für jedermann« gesetzlich verpflichtet (van Look 2014, S. 97). Insofern ist das Girokonto zu einer Selbstverständlichkeit geworden (Linnert 2009, S. 37). Es wird sowohl für Bargeldgeschäfte als auch für Überweisungen, Lastschriften und Kartenzahlungen genutzt (Deutsche Bundesbank 2018c, S. 19).

Die Anzahl an Girokonten bei deutschen Kreditinstituten lag 2016 bei 103 Millionen – im Vergleich zu 2002 mit 88 Millionen Girokonten (Deutsche Bundesbank 2017e, S. 4–5). Laut einer Umfrage zu den beliebtesten Filialbanken zum Führen eines Girokontos liegen die Sparkassen mit 45 % auf Platz 1, gefolgt von den Volks- und Raiffeisenbanken mit 19,2 % auf Platz 2 (Arbeitsgemeinschaft Verbrauchs- und Medienanalyse 2018b). Die Sparkassen führten 2017 31,5 Millionen Girokonten, die Volks-/Raiffeisenbanken kamen auf 13,5 Millionen (Arbeitsgemeinschaft Verbrauchs- und Medienanalyse 2018a). Aber auch die Girokonten bei den Direktbanken erfreuen sich immer größerer Beliebtheit. Die DKB führte 2017 2,7 Millionen Girokonten (DKB 2018, S. 210). ING-DiBa folgte mit 2,1 Millionen (ING-DiBa 2018a, S. 2). Dahinter liegt die comdirect Bank mit 1,4 Millionen Konten (comdirect 2018, S. 2).

Die girocard, auch bekannt als »ec-Karte«, ist nach dem Bargeld das am häufigsten genutzte Zahlungsinstrument. Eine Umfrage der Bundesbank zeigt, dass mehr als die Hälfte der Befragten (57 %) ihre girocard ein- oder mehrmals pro Woche nutzen. Auch die Kreditkarte, bei der Kontobelastung zeitlich verzögert erfolgt, erfreut sich immer größerer Beliebtheit und wird insbesondere für größere Transaktionen genutzt (Deutsche Bundesbank 2018c, S. 8).

Aus Bankensicht ist das Girokonto als Ankerprodukt daher von strategischer Bedeutung. Die Bank erhält durch das Girokonto sämtliche Daten und Informationen über das Zahlungsverhalten ihrer Kunden und kann ihren Kunden so Produkte individuell empfehlen (Brinkmann 2015, S. 287). Sehr häufig wird das Girokonto um bankfremde Angebote erweitert, die nicht nur einen Mehrwert für den Kunden schaffen sollen, sondern auch gleichzeitig die Möglichkeit eröffnen, sich von den Angeboten der Wettbewerber abzugrenzen (Schreiner/Zacharias 2004, S. 268). So bieten Banken ihren Kunden beispielsweise Auslandsreise-Krankenversicherungen, vergünstigte Hotel- und Mietwagenangebote oder Bonushefte mit Coupons und Gutscheinen (Schreiner/Zacharias 2004, S. 270; DISQ 2018).

Für die Bank bieten die Mehrwertservices den besonderen Vorteil, dass die Hauptleistung, das Girokonto, mit den zusätzlichen Angeboten emotionalisiert werden kann. Gelingt es, eine Verbindung zum Lifestyle des Kunden zu schaffen, verfestigt sich die Geschäftsbeziehung (Schreiner/Zacharias 2004, S. 272). Mehrwertkonten sind allerdings häufig mit höheren Kontoführungsgebühren für den Kunden verbunden. Im Durchschnitt fällt eine monatliche Grundgebühr zwischen 10,85 € und 16,90 € an (DISQ 2018). Das Deutsche Institut für Service-Qualität (DISQ) hat 2017 verschiedene Mehrwertkonten getestet und verglichen. Dabei hat das Mehrwertkonto »HaspaJoker premium« der Hamburger Sparkasse am besten abgeschnitten. Bewertet wurden der Leistungsumfang der Mehrwertservices wie beispielsweise Handyversicherungen, ein Schlüsselfundservice und mögliche Reisepreisrückerstattungen. Der Test hat allerdings auch deutlich gemacht, dass eine Vielzahl von Mehrwertkonten nicht halten, was sie versprechen (DISQ 2018).

2.2 Sicherheit im Zahlungsverkehr

Gerade durch den Onlinehandel greifen immer mehr Personen auf neue Zahlungsverkehrssysteme wie Paypal, paydirekt, SOFORT Überweisung oder girogo zurück. Diese Verfahren sollen den Kunden die Zahlungsabwicklung erleichtern. Paydirekt basiert zum Beispiel auf dem Onlinebanking-Verfahren. Girogo ergänzt die Geldkarte um eine zusätzliche Serviceleistung. Eines haben aber alle Verfahren gemein: Voraussetzung für die Abwicklung von Zahlungen ist ein Girokonto (Werner 2017b, S. 172). Somit können die neuen Zahlungsverkehrssysteme ein Girokonto nicht ersetzen, sondern sind lediglich eine Ergänzung, verdrängen aber zudem eine Reihe von Teilfunktionen.

Neue Technologien, aber auch innovative Geschäftsmodelle und Entwicklungen der Zahlungssysteme haben neue gesetzliche Regelungen zur Folge, um die Sicherheit des Zahlungsverkehrs zu gewährleisten. Seit dem 13. Januar 2018 gilt für deutsche Kreditinstitute die neue überarbeitete Zahlungsdiensterichtlinie 2 (Payment Service Directive 2, kurz PSD 2) (Deutsche Bundesbank 2017b).

Im Fokus der neuen Richtlinie steht der Verbraucherschutz (Kraus 2018, S. 8). Durch eine starke Kundenauthentifizierung soll die Sicherheit im Zahlungsverkehr verbessert werden. Bei Internetzahlungen muss jeder Kunde nachweisen, dass er selbst die Zahlung vornehmen will. Dafür müssen Angaben zu zwei von drei Faktoren gemacht werden – Wissen (z. B. Passwort, Code, PIN), Besitz (z. B. Token, Smartphone) oder Inhärenz (z. B. Fingerabdruck, Stimmerkennung) (Deutsche Bundesbank 2017b). Die Authentifizierung erfolgt demnach über Dinge, die der Nutzer weiß, die er besitzt oder die ihn ausmachen, so etwa biometrische Merkmale (Kraus 2018, S. 10–11). Ziel ist es, das Betrugsrisiko oder das Risiko eines anderen Missbrauchs im Zahlungsverkehr zu minimieren (Werner 2017a, S. 350).

Ein weiterer Aspekt der neuen Richtlinie ist die Möglichkeit des Zugriffs dritter Zahlungsdienstleister, beispielsweise Finanz-Start-Ups,auf die Konten des Kunden bei seinem kontoführenden Institut, vorausgesetzt, der Kunde wünscht dies und lässt dies zu (Deutsche Bundesbank 2017b). Dies geschieht über Schnittstellen für die elektronischen Kontozugriffe (Kraus 2018, S. 9), die aber teilweise erst noch geschaffen werden müssen. Aus Sicht der kontoführenden Bank werden durch die Datenfreigabe wichtige Berührungspunkte zu den Kunden gemindert (Deloitte 2017, S. 2), denn bisher hatte das kontoführende Institut ein Monopol in Bezug auf den Zugriff auf Kontodaten. Dieses Wissen über den Kunden machte es deutlich leichter, weitere Dienste wie Kredite, Versicherungen oder Wertpapiere zu verkaufen (o. V. 2018). Durch die Änderungen der Zahlungsdienstrichtlinie müssen diese Informationen zukünftig auch an Dritte weitergeben werden.

Diese Neuerung ist insbesondere für Finanz-Start-Ups, wie zum Beispiel Savedroid (eine App, die den Kunden beim Sparen unterstützen will) oder Avuba (Überweisung kleiner Beträge, z. B. für das Mittagessen, per App) von Vorteil (Paxmann et al. 2015, S. 137; o. V. 2018). Ebenfalls profitieren können Start-Ups wie Yapital, die Bezahllösungen für das Smartphone anbieten (Burgmaier/Hüthig 2015, S. 103).

2.3 Kostenlose Girokonten auf Internet-Vergleichsportalen aus Sicht der Kunden

Um Preise vergleichen zu können, nutzen immer mehr Menschen das Internet. Mithilfe von Vergleichsportalen können Internetnutzer die Preise für den nächsten Urlaub oder verschiedene Stromanbieter vergleichen. Beispielsweise ist das Vergleichsportal Check24 seit 2008 online und bietet Vergleichsdaten für Strom-, Gas-, Handy-, Versicherungs- und Kredittarife. Laut eigenen Angaben

haben bislang mehr als 15 Millionen Kunden einen Vertrag über Check24 abgeschlossen (Kette/Tacke 2018, S. 152).

Die Beliebtheit von solchen Vergleichsportalen wächst. 2013 lag die Anzahl
der Nutzer bei 52,9 Millionen Personen, wovon 14,2 % angeben, Portale häufig
zu nutzen. Bei 37,4 % erfolgt die Nutzung gelegentlich. 2016 lag die Anzahl der
Nutzer schon bei 55,8 Millionen Personen, wobei sich 15,9 % als häufige und
38,1 % als gelegentliche Nutzer einschätzten (IfD Allensbach o. J.).

Die Portale basieren auf einem einfachen Mechanismus: Der Nutzer gibt das
gewünschte Produkt in ein Suchfenster ein und erhält die Angebote verschiedener Dienstleister (Lammenett 2017, S. 265). Nutzer solcher Portale schätzen
die (vermeintlich) hohe Transparenz der Leistungen. Ein weiterer Vorteil besteht
darin, dass Informationen eigenständig, auf die eigenen Bedürfnisse angepasst
und zu jeder Zeit abgerufen werden können (Penzel/Peters 2013, S. 180). Die
Anbieter auf solchen Portalen erhoffen sich, neue Kunden zu gewinnen (Lammenett 2017, S. 143). Und die Portale selber haben natürlich ebenfalls ein finanzielles Interesse. Generell kann zwischen drei Vergütungsmodellen unterschieden werden: Das Portal verlangt vom Anbieter eine feste Gebühr oder eine
umsatzabhängige Vergütung oder verkauft Werbeanzeigen (Lammenett 2017,
S. 266).

Bankkunden können sich mithilfe von Internetvergleichsportalen einen
Überblick über die Angebote unterschiedlicher Institute verschaffen (Leonhardt
2017, S. 33). In den Vertriebsweg einer Bank wird so eine dritte Partei zwi-
schengeschaltet (Penzel/Peters 2013, S. 179). Eine Umfrage in Bezug auf die
Nutzung von Zugangswegen für die Bankberatung hat ergeben, dass zwar knapp
70 % der Befragten Vergleichsportale nutzen, aber über 85 % für die persönliche
Beratung weiterhin die Filiale bevorzugen (Mehrfachnennungen waren möglich;
(Penzel/Peters 2013, S. 175).

Die Vergleichsportale können auch dazu genutzt werden, kostenlose Girokontoangebote ausfindig zu machen. Stiftung Warentest hat 238 Kontomodelle
von 110 Instituten verglichen und herausgefunden, dass lediglich bei 23 von
ihnen keine Kontoführungsgebühren anfallen (Stiftung Warentest 2018). Darunter finden sich Regionalbanken wie die PSD Bank Köln, die PSD Bank Rhein-
Ruhr und die Sparda-Bank Hessen, aber auch reine Onlinebanken wie die ING-
DiBa (eine Tochter der niederländischen ING groep), N26, 1822 Direkt (eine
Tochter der Frankfurter Sparkasse) oder die Norisbank (eine Tochter der
Deutschen Bank) (Finanzmarktwelt.de 2017).

Die ING-DiBa ist eine klassische Direktbank, die vollständig auf Filialen
verzichtet. Die PSD Banken haben eine in Bezug auf das von ihnen abgedeckte
Geschäftsgebiet geringe Anzahl von Filialen und bezeichnen sich daher selbst als
Direktbank (PSD Bank Berlin-Brandenburg eG 2017a, S. 10). Die PSD Bank

Rhein-Ruhr, die drei Filialen betreibt, nennt sich beispielsweise »Direktbank plus Beratung« (PSD Bank Rhein-Ruhr eG 2017, S. 3).

Die Untersuchung von Stiftung Warentest macht deutlich, dass nicht die klassischen Filialbanken, sondern vor allem die Direktbanken keine Gebühren für die Kontoführung verlangen. Eine weitere Umfrage zeigt, dass gerade Filialbanken zukünftig kaum noch kostenlose Kontomodelle anbieten werden (Horváth & Partner 2016). Der exemplarisch durchgeführte konkrete Vergleich der Girokontomodelle einer Filialbank, der Volksbank Bigge-Lenne eG, und einer Direktbank, der PSD Bank Berlin-Brandenburg eG, bestätigt diese These. Die PSD Bank Berlin-Brandenburg eG bietet ein kostenloses Girokonto. Es fallen keinerlei Monatsgebühren oder Kosten für Überweisungen an. Auch erhält der Kunde eine kostenlose Girocard. Bei der Volksbank Bigge-Lenne eG kann der Kunde zwischen verschiedenen Girokontomodellen wählen. Bei dem günstigsten Modell (VR-Individualkonto) fällt ein Grundpreis von 3,99 € pro Monat an. Überweisungen oder Ein- und Auszahlungen am Schalter kosten extra. Möchte der Kunde alle Leistungen inkludiert haben, bietet sich das VR-Platinkonto für 12,49 € monatlich an (Volksbank Bigge-Lenne eG 2018).

Um dieses Bild zu untermauern, werden im Folgenden acht Internetvergleichsportale, die Angaben zu kostenlosen Girokontoangeboten machen, miteinander verglichen:

– kostenloser-girokonto-vergleich.de,
– check24.de,
– girokonto-vergleich.net,
– girokonto.focus.de,
– verivox.de/girokonto/,
– girokonto.fmh.de,
– finanztip.de/girokonto/,
– financescout24.de/geldanlage-banking/girokonto.aspx.

Zur besseren Vergleichbarkeit der unterschiedlichen Portale wurde im Rahmen der Analyse ein monatlicher Geldeingang von 1.000 € vorgegeben und angegeben, dass eine Kreditkarte gewünscht wird.

Das Vergleichsergebnis besteht darin, dass in jedem Vergleichsportal die verschiedenen Institute, die kostenlose Girokonten anbieten, in eine Rangfolge gebracht werden. Außerdem werden auf allen Portalen Angaben dazu gemacht, welche Bonuszahlungen mit dem Kontoabschluss verbunden sind. Ferner werden der Kreditzins für Überziehungen und der Habenzins für Guthaben veröffentlicht. Bei vielen Portalen ist die Anzahl der verfügbaren Bankautomaten zur Bargeldversorgung ersichtlich. Manche Portale bieten weitere Zusatzinformationen wie beispielsweise die, über welche Kanäle (Online, App, Telefon) der Kunde die Bank erreichen kann (z. B. girokonto-vergleich.net). Verivox gibt an, ob die Bank einen Kontowechselservice anbietet. Der Kontowechselservice wird bei girokonto.fmh.de sogar bewertet und in die Varianten Basisservice und Topservice klassifiziert.

Bei fünf der acht ausgewählten Vergleichsportale ist eine Bewertung zu finden. Check24 nimmt beispielsweise eine Benotung vor und bewertet das Angebot der ING-DiBa am 10. 04. 2018 mit der Note 1,1. Zwei Wochen zuvor, am 26. 03. 2018, erhielt die ING-DiBa noch die Note 1,3. Die Bewertung erfolgt demnach zeitpunktbezogen. Angaben zu Veränderungen der Rangordnung gibt es keine. Bei Check24 basiert die Note zum einen auf der Einschätzung der Produktleistung (75 %) und zum anderen auf Kundenbewertungen (25 %). Die Produktleistung wiederum wird anhand unterschiedlich gewichteter Kriterien wie kostenlose Kontoführung und Girocard, Eröffnungsgutschrift oder Hotline-Zeiten bewertet. Die Kundenbewertung basiert auf der Vergabe von 1 bis 5 Sternen.

Ein Notensystem zur Bewertung nutzt auch das Vergleichsportal von Focus. Hier basiert die Note allerdings ausschließlich auf Kundenbewertungen. Bei Verivox, Financescout24 und kostenloser-girokonto-vergleich.de erfolgt eine Bewertung in Form von Sternen, wobei 5 Sterne für das bestmögliche Ergebnis stehen.

Bei Verivox und Financescout24 können Kunden ihre Meinung zu den Kategorien Transparenz, Service, Weiterempfehlung und Onlinebanking äußern. Hier basiert die Bewertung demnach ebenfalls ausschließlich auf dem Kundenempfinden. Bei kostenloser-girokonto-vergleich.de wird nicht erläutert, wie die Bewertung zustandekommt. Ein etwas anderes Vorgehen in Bezug auf die Bewertung verfolgt der Online-Vergleich bei girokonto.fmh.de: Hier wird eine Auszeichnung der FMH-Finanzberatung vergeben. Diese Auszeichnung soll die Anbieterqualität widerspiegeln und basiert auf einer eigenen Datenauswertung des Portals. Beispielsweise erhielt die Santander Bank eine Auszeichnung der FMH-Finanzberatung als bestes Gehaltskonto und bestes Girokonto.

Bei den verbleibenden zwei Vergleichsportalen – girokonto-vergleich.net und finanztip.de – werden keinerlei Angaben zu einer Benotung gemacht. Daher ist es für den Nutzer nicht ersichtlich, wie die Rangordnung zustande kommt. Im Gegensatz zu girokonto-vergleich.net, bei dem die Institute nach einer Rangordnung sortiert werden, wird bei finanztip.de keine Wertung in Form von erstens, zweitens, drittens vorgenommen. Hier werden lediglich verschiedene Institute und deren Girokonto-Angebote aufgezeigt. Allerdings entsteht durch die gewählte Darstellung (wer steht oben und wer steht unten) beim Nutzer trotzdem das Gefühl, dass es eine Rangordnung zu geben scheint.

Die Portale unterscheiden sich demnach deutlich in ihrer Bewertungsmethodik. Zumeist ist es für den Nutzer erkennbar, wie die Note und die darauf basierende Rangfolge der Girokonto-Angebote zustandekommen. Allerdings spielt die subjektive Kundenbewertung häufig eine zentrale Rolle und beeinflusst das Ergebnis somit erheblich. Die Vertrauenswürdigkeit der Ergebnisse und der Portale selber sollte ein Nutzer daher stets kritisch hinterfragen.

Bei einer Beobachtung der Portale über einen längeren Zeitraum lässt sich feststellen, dass manche Portale, etwa Check24, girokonto.fmh.de, Focus oder Financescout24, ihre Angaben häufiger aktualisieren. Somit erhält ein Nutzer in regelmäßigen Abständen aktuelle beziehungsweise aktualisierte Informationen zu den Angeboten der Banken. Grundsätzlich sollte auf das Datum der letzten Aktualisierung geachtet werden.

Zusammenfassend lässt sich festhalten, dass sich Vergleichsportale nicht nur im Hinblick auf die Vergütungsmodelle, sondern auch in Bezug auf die Bewertungsmethodik unterscheiden. Daher verwundert es nicht, dass die Ergebnisse der einzelnen Portale teilweise sehr deutlich differieren. Um dies exemplarisch aufzuzeigen, werden in Tab. 1 die Top-10 Angebote von vier Vergleichsportalen aufgelistet.

Platz	kostenloser-girokonto-vergleich.de	check24.de	verivox.de	financescout24.de
1	ING-DiBa	ING-DiBa	DKB	DKB
2	comdirect	1822direkt	norisbank	norisbank
3	DKB	PSD Bank Nurnberg eG	comdirect	ING-DiBa
4	1822direkt	Commerzbank – kostenlos	1822MOBILE	comdirect
5	norisbank	Wüstenrot	ING-DiBa	o2 Banking
6	o2	DKB	o2 Banking	1822MOBILE
7	Santander	Postbank – Giro extra plus	N26	Ferratum
8	N26	Postbank – Giro direkt	Ferratum	N26
9	Consorsbank	Postbank – Giro plus	Wüstenrot	Wüstenrot
10	Fidor Bank	Commerzbank – klassik	1822direkt	netbank

Tab. 1: Top-10 Girokontoangebote (Stand: 25.04.2018)

Die Auswertung der acht Vergleichsportale zum 25.04.2018 zeigt, dass das am besten bewertete Girokonto laut drei Portalen die ING-DiBa bietet. Drei andere Portale kommen zu der Erkenntnis, dass die DKB das attraktivste Girokonto anbietet. Daneben schneidet das Girokonto der comdirect und das 1822direkt Konto bei allen Portalen gut ab. Es fällt auf, dass Direktbanken in den Vergleichsportalen stärker vertreten sind als klassische Filialbanken oder FinTechs wie die N26. Deren Girokontomodelle tauchen nur vereinzelt in den Top-10 auf.

Grundsätzlich liegen die Girokonten der Direktbanken in der Rangfolge stets vorne.

Wie zuvor beschrieben, basiert ein mögliches Vergütungsmodell für Vergleichsportale auf der umsatzabhängigen Vergütung (Lammenett 2017, S. 266). In diesem Zusammenhang fällt auf, dass bei einigen Vergleichsportalen Girokonten einzelner Institute besonders beworben werden. Beispielsweise wird bei Check24 das Giro direkt-Konto der Postbank als bestes Exklusiv-Angebot und das Girokonto der 1822direkt als bestes Angebot für junge Leute angepriesen. Dies kann sich aber jederzeit ändern. Der Nutzer wird gezielt beeinflusst und die Objektivität eines solchen Vergleichsportals ist somit in Frage zu stellen.

Die Analyse bestätigt aber auch, dass insbesondere Direktbanken kostenlose Girokonten anbieten und die Vergleichsportale als zentralen Vertriebskanal nutzen, da ihnen der direkte Kontakt zum Kunden über die Filiale fehlt. Mit dem kostenlosen Girokonto versuchen sie, die Aufmerksamkeit der Kunden auf sich und ihre Angebote zu lenken.

3. Direktbanken als Enfants terribles des deutschen Bankensektors

3.1   Die Entwicklung des deutschen Bankensektors – von der Filialbank zur Direktbank

Die Entwicklung der Bankenbranche, darunter die Entwicklung des Filialnetzes und Neuerungen im Zahlungsverkehr, lässt sich gemäß Brock (2015) in drei Phasen unterteilen: bis zu den 1970er Jahren, die 1970er und 1980er Jahre sowie die 1990er Jahre bis heute (Abb. 1):

(1) Die erste Filialbank gab es bereits vor 1900. Bis zu den 1950er Jahren war die Lohntüte das bewährte Mittel, um für seine Arbeit bezahlt zu werden. 1957 erfolgte die Umstellung auf den zahlungslosen Zahlungsverkehr (Abb. 1). Hierdurch gewann die Bankfiliale immer mehr an Bedeutung, denn sie stellte für den Kunden den Zugang zur Bank dar. Die Kreditinstitute reagierten auf diese Veränderungen und weiteten ihr Filialnetz aus, um nah am Kunden zu sein (Brock 2015, S. 38). Die Anzahl an Girokonten bei Sparkassen lag 1960 bei circa 3 Millionen und hat sich bis 1970 mehr als vervierfacht (Brock 2015, S. 36). Durch den vom Arbeitgeber initiierten »Girokontozwang« änderte sich das Zahlungsverhalten der Kunden: Rechnungen wurden immer weniger bar, sondern verstärkt per Überweisung, Dauerauftrag und Lastschriftverfahren beglichen. Zudem wurden Konsumentenkredite verstärkt nachgefragt, sodass der standardisierte Konsu-

mentenkredit zum Mengengeschäft wurde. Eine weitere Neuerung im bargeldlosen Zahlungsverkehr war die Einführung der Scheckkarte im Jahr 1968 (Brock 2015, S. 39).

(2) In den 1970er und 1980er Jahren arbeiteten die Kreditinstitute an der Verbesserung ihrer Effizienz. Service und Verwaltungstätigkeiten wurden verstärkt rationalisiert. Dies wurde unterstützt durch die Einführung technischer Neuerungen wie dem Kontoauszugsdrucker ab 1975 und dem Geldautomaten ab 1978 (Brock 2015, S. 41).

(3) In den 1990er Jahren lag der Fokus der Kreditwirtschaft verstärkt auf dem Ausbau der Selbstbedienung (Dümmler/Steinhoff 2015, S. 75). Durch die Wiedervereinigung und die neu hinzugekommenen Institute stieg die Anzahl an Zweigstellen 1990 allerdings sprunghaft an und der Filialvertrieb erreichte sein Allzeithoch (Brock 2015, S. 44). In dieser Zeit verbreiteten sich aber zunehmend auch Computer und das Internet und neue mediale Vertriebs- und Kommunikationskanäle entstanden. Zunächst gewann das Telefonbanking und später das Onlinebanking an Bedeutung (Brock 2015, S. 45–46). Trotz des technischen Fortschritts benötigten Banken und Sparkassen ihre Filialen, insbesondere für den Vertrieb komplexer Finanzprodukte (Brock 2015, S. 45–46). Allerdings wurde ihre Anzahl in den letzten 20 Jahren stark reduziert (Abb. 2). Die aktuellen Filialzahlen machen den Trend des Filialrückbaus deutlich:Ende 2015 gab es noch rund 34.000 Filialen, Ende 2016 waren es nur noch 32.000. Dies entspricht einem Rückgang von 5,9 %. Der Filialrückbau beschleunigt sich, denn 2015 betrug der Rückgang 3,6 % und 2014 2,5 % (Deutsche Bundesbank 2017a, S. 8).

Das Geschäftsmodell der klassischen Filialbanken war lange Zeit ohne Konkurrenz. Doch die Verbreitung von Computern und Internetanschlüssen eröffneten den Direktbanken um die Jahrtausendwende den Markt, denn durch sie wurde der Abschluss von Bankgeschäften ohne Bankberater möglich (Dümmler/Steinhoff 2015, S. 75–76).

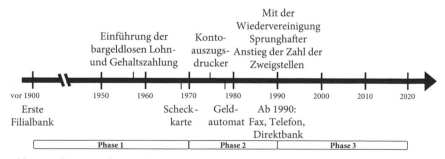

Abb. 1: Meilensteine des Retail-Bankings

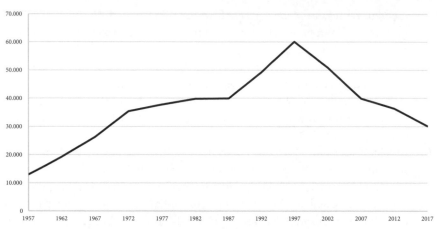

Abb. 2: Entwicklung der Bankfilialen (Deutsche Bundesbank 2018a)

3.2   Filialbanken versus Direktbanken – ein Vergleich der Geschäftsmodelle

Die Betrachtung des Geschäftsmodells einer Bank ermöglicht die Aussage darüber, wie eine Bank ihre Erträge erzielt und welche Kosten damit verbunden
sind. Das Geschäftsmodell beschreibt die Kunden-Produkt-Vertriebsweg-
Kombination. Grob lässt sich der Bankensektor in Universal- und Spezialbanken
unterscheiden (Leonhardt 2017, S. 8).

Typisch für den in Deutschland anzutreffenden Universalbankensektor ist die
an der Rechtsform orientierte Drei-Säulen-Struktur: private Geschäftsbanken,
öffentlich-rechtliche Banken, wozu insbesondere die Sparkassen zählen, und
Genossenschaftsbanken, also die Volks- und Raiffeisenbanken, aber auch die
Sparda- und PSD-Banken. Die größte Anzahl an selbständigen Instituten weist
der genossenschaftliche Finanzverbund auf. Aufgrund einer Vielzahl von Fu-
sionen nimmt ihre Zahl aber stetig ab und lag Anfang 2018 bei 917 Instituten mit
einer aggregierten Bilanzsumme von 889,1 Milliarden €. Es folgen von der Anzahl die Sparkassen mit 386 öffentlich-rechtlichen und acht freien Instituten per
Anfang 2018 und einer aggregierten Bilanzsumme von 1.196,4 Milliarden €
(Deutsche Bundesbank 2018b, S. 24). Der privatrechtliche Sektor besteht neben
den vier Großbanken Deutsche Bank, Commerzbank, Hypo-Vereinsbank/Uni-
Credit Bank AG und Deutsche Postbank AG aus über 150 Regionalbanken und
einigen Privatbankiers (Tonner/Krüger 2014, S. 43). Die vier Großbanken kamen
Anfang 2018 in der Summe auf eine Bilanzsumme von 1.724,3 Milliarden €
(Deutsche Bundesbank 2018b, S. 24).

Die Bedeutung der jeweiligen Bankengruppen für Privatkunden lässt sich aus
den Sicht- und Spareinlagen ablesen, die sie diesen Kreditinstituten zur Verfü-

gung stellen. Guthaben auf dem Girokonto schlagen sich in den Sichteinlagen nieder. Wird das Girokonto überzogen, wechselt es von der Passiv- zur Aktivseite der Bilanz und wird als Kontokorrentkredit erfasst. Bei den Genossenschaftsbanken belaufen sich die Sichteinlagen auf 421,3 Milliarden € und die Spareinlagen auf 185,6 Milliarden €. In Relation zur Bilanzsumme machen die Sichteinlagen demnach 47,4 % und die Spareinlagen 20,9 % aus. Vergleichbare Strukturen weisen auch die Sparkassen auf: Die Sichteinlagen liegen bei 560,2 Milliarden € (46,8 %) und die Spareinlagen bei 290,1 Milliarden € (24,2 %). Für die Großbanken machen die Sichteinlagen 22,2 % aus, Spareinlagen haben dagegen mit 3,6 % nur einen geringen Anteil an der Bilanzsumme (Deutsche Bundesbank 2018b, S. 24–25).

Für Privatkunden ist darüber hinaus die Unterscheidung zwischen Filialbanken und Direktbanken von besonderer Bedeutung. Zu den bekannten und typischen Vertretern der Filialbanken – also solcher Banken, die Filialen als Orte zur Abwicklung der Bankgeschäfte anbieten – zählen in Deutschland die Sparkassen und Genossenschaftsbanken. Direktbanken hingegen stellen kein Filialnetz zur Verfügung. Sie zählen zu den Spezialbanken mit einem ausgewählten Produktangebot. Ihr Fokus liegt auf dem Mengengeschäft mit einer begrenzten Anzahl an standardisierten Produkten. Ihr Geschäftsmodell basiert auf einer Kunde-Bank-Beziehung, die über direkte Kanäle wie das Telefon, E-Mail oder Onlinekontakt hergestellt wird (Leonhardt 2017, S. 8 + S. 33). Die ING-DiBa ist mit 8,5 Millionen Kunden mit Abstand die größte Direktbank (ING DiBa 2018a, S. 2). Weniger als die Hälfte weist die DKB mit 3,76 Millionen Kunden auf (DKB 2018, S. 210), gefolgt von der comdirect mit 2,3 Millionen Kunden (comdirect 2018, S. 2) (Abb. 3).

Der Erfolg der Strategie der Direktbanken, die ihre Geschäfte auf standardisierte und weniger komplexe Produkte reduzieren, die sich dann mit weniger Beratungsleistung verkaufen lassen, baut auf dem in Abb. 4 gezeigten Kreislauf auf: Durch den weitgehenden Verzicht auf physische Filialen haben Direktbanken wesentlich geringere Sach- und Personalkosten. Dieser Kostenvorsprung kann – zu mindestens in Teilen – in Form von vorteilhaften Konditionen an die Kunden weitergegeben werden (Schwarzbauer 2009, S. 51). Allerdings darf für den Kunden nur der Wunsch im Vordergrund stehen, seine Bankgeschäfte unabhängig von Ort oder Öffnungszeit kostengünstig erledigen können. Auf einen persönlichen Kontakt über eine Filiale in seiner Nähe muss er verzichten. Für die Direktbank bedeutet dies eine geringere Kundenloyalität und geringere Margen.

Filialbanken unterscheiden sich in ihrer Vertriebsstrategie deutlich von den Direktbanken. Personalisierte Serviceangebote, ganzheitliche Kundenbetreuung und kundenorientierte Leistungsversprechen stehen im Fokus der filialzentrierten Institute (Wiechers 2013, S. 29). Hinzu kommen die hohen Ansprüche an die Qualität ihrer Beratung. Ein solches Geschäftsmodell führt

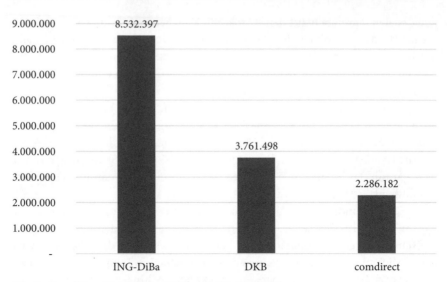

Abb. 3: Die größten Direktbanken 2017 nach Kundenzahl

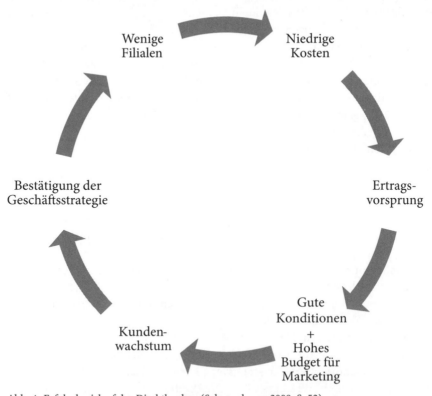

Abb. 4: Erfolgskreislauf der Direktbanken (Schwarzbauer 2009, S. 52)

zwangsläufig zu einer Beschränkung in Bezug auf die Möglichkeiten der Standardisierung von Bankprodukten (Wiechers 2013, S. 139). Außerdem verfolgen viele Filialbanken eine Allfinanz-Strategie. Dies bedeutet, dass jegliche Kundenbedürfnisse über alle Lebensphasen hinweg durch die Bank abgedeckt werden sollen – vom ersten Sparbuch zur Geburt über das Gehaltskonto, die Kreditvergabe, Bausparen, Versicherungen, Immobilienvermittlung bis hin zur Anlageberatung und Vermögensverwaltung (Leonhardt 2017, S. 7). Filialbanken hingegen gelten als Vollsortimenter durch die höhere organisatorische Komplexität als kostenintensiv (Wiechers 2013, S. 139).

3.3 Filialbanken versus Direktbanken – ein Vergleich der Ertragskraft

Die Unterschiede im Geschäftsmodell spiegeln sich auch in den Ergebnissen und der Ergebnisstruktur von Filialbanken und Direktbanken wider. Die wichtigste Ertragsquelle von Kreditinstituten ist der Zinsüberschuss (Deutsche Bundesbank 2017d, S. 54). Dieser errechnet sich aus der Differenz der Zinserträge, das heißt der Erlöse, die eine Bank unter anderem als Entgelt für die Kreditvergabe erhält, und der Zinsaufwendungen, das heißt der Zinsen, die eine Bank unter anderem ihren Kunden für die bei ihr angelegten Gelder zahlt. Wird der Zinsüberschuss ins Verhältnis zur Bilanzsumme gesetzt, errechnet sich als relative Kennzahl die Zinsspanne in Prozent (Schwarzbauer 2009, S. 41). Über alle Bankengruppen gerechnet belief sich die Zinsspanne 2016 auf 1,09 %, allerdings mit erheblichen Unterschieden je nach Bankengruppe. Während die privaten Großbanken nur auf eine Zinsspanne von 0,78 % kamen, lag diese bei den Sparkassen im Durchschnitt bei 1,96 % und bei den Genossenschaftsbanken bei 1,99 % (Deutsche Bundesbank 2017d, S. 75).

Der Zinsüberschuss macht den weitaus überwiegenden Teil der operativen Erträge eines Kreditinstituts aus. 2016 waren es bei den Großbanken 62 % der operativen Erträge, bei den Sparkassen 76 % und bei den Genossenschaftsbanken sogar 77 %.

Die Herausforderungen für die Kreditwirtschaft, die aus dem aktuellen Niedrigzinsumfeld resultieren, macht eine Umfrage der Deutschen Bundesbank aus dem Jahre 2017 deutlich. Befragt wurden 1.555 kleine und mittelgroße deutsche Kreditinstitute (Deutsche Bundesbank 2017d, S. 57). Diese gehen davon aus, dass bis 2021 ihre Zinsspanne um weitere 0,27 Prozentpunkte sinken wird (Deutsche Bundesbank 2017c, S. 7).

Die zweitwichtigste Ertragsquelle der deutschen Kreditinstitute ist der Provisionsüberschuss in absoluten Geldbeträgen beziehungsweise die Provisionsspanne als relative Kennzahl. In der Provisionsspanne spiegelt sich der Saldo aus den erhaltenen und den gezahlten Provisionen wider. Provisionen können

Kreditinstitute für Zahlungsverkehrsdienstleistungen, für den Kauf und Verkauf von Wertpapieren im Kundenauftrag, für die Vermittlung von Immobilien, Versicherungen und Bausparverträgen erhalten (Leonhardt 2017, S. 24). Laut Bundesbank-Statistik hat der Provisionsüberschuss einen Anteil von 33 % an den gesamten operativen Erträgen der Großbanken, 23 % bei den Sparkassen und 21 % bei den Genossenschaftsbanken (Deutsche Bundesbank 2017d, S. 65). Gehofft wird, dass die Provisionsergebnisse insbesondere in der aktuellen Niedrigzinsphase ertragsstabilisierend wirken und zukünftig weiter ausgebaut werden, um die Rückgänge beim Zinsüberschuss zu mindestens in Teilen zu kompensieren (Deutsche Bundesbank 2017d, S. 65).

Die Zahlen machen deutlich, dass Sparkassen und Genossenschaftsbanken recht ähnliche Ertragsstrukturen aufweisen, da sie sich auf die gleichen Kundengruppen fokussieren und beide historisch durch ihre Filialstruktur geprägt sind. Um Strukturunterschiede zwischen Filialbanken und Direktbanken herauszuarbeiten, seien daher im Folgenden exemplarisch zwei Institute analysiert. Um eine bessere Vergleichbarkeit gewährleisten zu können, wurden zwei Banken aus dem genossenschaftlichen Sektor mit ähnlicher Bilanzsumme ausgewählt. Als Repräsentant für die Filialbanken wurde die Volksbank Bigge-Lenne eG mit einer Bilanzsumme von 1.738,5 Millionen € und 24 Geschäftsstellen ausgewählt (Volksbank Bigge-Lenne eG 2017, S. 15). Ihr wird als Vertreter für die Gruppe der Direktbanken die PSD Bank Berlin-Brandenburg eG gegenübergestellt, die mit 1.792,3 Millionen € eine fast identische Bilanzsumme aufweist, aber nur eine Geschäftsstelle hat (PSD Bank Berlin-Brandenburg eG 2017b, S. 19).

Das Zinsgeschäft spielt bei der Volksbank Bigge-Lenne eG eine deutlich größere Rolle. Der Zinsüberschuss von 33,1 Millionen € macht 1,90 % der Bilanzsumme aus. Bei der PSD Bank Berlin-Brandenburg eG liegt die Zinsspanne dagegen lediglich bei 1,36 %. Das Provisionsergebnis ist bei der PSD Bank Berlin-Brandenburg eG mit -0,9 Millionen € negativ (-0,05 % der Bilanzsumme). Dies ist insbesondere auf den kostenlosen Zahlungsverkehr und ein nur schwach ausgeprägtes Vermittlungsgeschäft zurückzuführen (PSD Bank Berlin-Brandenburg eG 2017b, S. 6). Ein deutlich besseres Ergebnis weist die Volksbank Bigge-Lenne eG aus, bei der der Provisionsüberschuss 0,63 % der Bilanzsumme ausmacht (Volksbank Bigge-Lenne eG 2017, S. 16). Die Ergebniskennzahlen spiegeln die Unterschiede in den Geschäftsmodellen deutlich wider.

Weitere Unterschiede zwischen Filial- und Direktbank zeigen sich bei den Mitarbeiterzahlen und dem Verwaltungsaufwand. Bei der PSD Bank Berlin-Brandenburg eG sind lediglich 131 Mitarbeiter angestellt. Der gesamte Verwaltungsaufwand liegt bei 15,6 Millionen €, davon entfallen 8,2 Millionen € auf Personalaufwendungen (PSD Bank Berlin-Brandenburg eG 2017b, S. 6). Im Vergleich dazu ist die Mitarbeiteranzahl der Volksbank Bigge-Lenne eG fast dreimal so groß (367 Mitarbeiter) und der Verwaltungsaufwand ist mit

32,9 Millionen € mehr als doppelt so hoch. Der Personalaufwand beträgt 21,8 Millionen € (Volksbank Bigge-Lenne eG 2017, S. 16).

Filialbanken verzeichnen durch ihr Zins- und Provisionsgeschäft höhere Erträge als Direktbanken. Allerdings stehen dem gleichzeitig höhere Kosten gegenüber. Im Gegensatz dazu verursacht das Modell der Direktbanken geringere Kosten, erwirtschaftet dafür aber auch niedrigere Erträge. Eine Schlüsselrolle kommt in diesem Trade-Off dem Girokonto zu. Direktbanken könnten ihren Provisionsüberschuss steigern, wenn sie zukünftig ebenfalls den Zahlungsverkehr bepreisen, würden sich dann aber stark den Filialbanken annähern und ihr zentrales Argument, die Preisführerschaft, gefährden. Auf der anderen Seite stehen die Filialbanken, die bislang von der Loyalität ihrer Bestandskunden profitieren, allerdings beobachten müssen, wie gerade die nachwachsenden Generationen (»Digital Natives«) den Wert eines persönlichen Ansprechpartners ganz anders einschätzen als ihre Eltern oder Großeltern. Eines gilt aber sowohl für die Filialbanken als auch die Direktbanken: Das Girokonto spielt für beide eine zentrale Rolle in der Kundenbindung und -gewinnung und beeinflusst ihre Erträge und Aufwendungen.

3.4 Filialbanken versus Direktbanken – wer gewinnt die Zukunft?

Unabhängig von der Frage, welches Geschäftsmodell sich zukünftig durchsetzen wird oder ob es weiter bei der Koexistenz bleiben wird, müssen sowohl Filial- als auch Direktbanken auf die veränderten Kundenanforderungen reagieren. War früher der Kontakt zur Bank primär über die Filiale gegeben, stehen einem Kunden heute vielfältige Möglichkeiten zur Kontaktaufnahme zur Verfügung (Abb. 5).

Der Multikanal-Ansatz bietet einem Kunden eine Vielzahl an Kontaktkanälen und damit die komfortable Wahlmöglichkeit, ein Bankgeschäft alternativ über verschiedene Kanäle abzuschließen. Allerdings wird jeder Kanal einzeln für sich betrachtet: Eine Verzahnung der einzelnen Kanäle ist damit noch nicht gegeben (Brock 2015, S. 51–52). Erst die Erweiterung des Multikanal-Ansatzes zu einem Omnikanal-Ansatz führt zu einer Vernetzung der einzelnen Kanäle und ermöglicht dem Kunden einen nahtlosen Wechsel (Stalla 2015, S. 215). Dies bedeutet, dass Kunden zwischen verschiedenen Endgeräten wie Laptop, Tablet und Smartphone wechseln können, ohne das der aktuelle Bearbeitungsstatus verloren geht (Penzel/Peters 2013, S. 172). Auch andere Branchen, zum Beispiel Automobilhersteller, greifen auf diesen Ansatz zurück, wenn der Kunde online sein Wunschmodell zusammenstellt und dann mit seinem Ergebnis zu einem Händler vor Ort geht (Dümmler/Steinhoff 2015, S. 86–87).

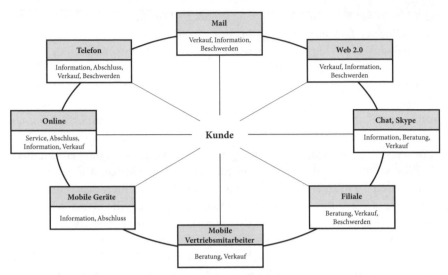

Abb. 5: Multikanalzugang zu Bankdienstleistungen (Schindler 2018, S. 105)

Der typische Filialkunde galt früher als wenig internetaffin. Doch die Kunden-
struktur wandelt sich: Immer mehr Menschen nutzen Online-Kanäle (Stalla
2015, S. 210). Die traditionellen Filialbanken haben darauf reagiert und ihr
Angebot um das Onlinebanking und den Multikanal-Zugang erweitert
(Schindler 2018, S. 101). Die kundengetriebene zunehmende Fokussierung auf
das Onlinebanking hat zur Folge, dass die Institute flächendeckend ihre Geschäftsstellen abbauen. Die Sparkassen haben von Ende 2015 bis Ende 2016
7,6 % ihrer Geschäftsstellen geschlossen. Bei den Genossenschaftsbanken lag die
Anzahl der Schließungen bei 6 % (Deutsche Bundesbank 2017a, S. 10). In der
Zukunft wird es zu weiteren Schließungen von Geschäftsstellen kommen. Durch
den Rückbau des Filialnetzes versuchen die Kreditinstitute, mit Einsparungen
auf der Kostenseite auf die rückläufigen Erträge zu reagieren (Huber 2018, S. 61).

Um jedoch weiterhin ganzheitlich Kunden betreuen zu können, ist einer
vollständiger Rückzug aus dem Filialgeschäft und damit eine Übernahme des
Geschäftsmodells der Direktbank für eine Filialbank mit hoher regionaler Ver-
bundenheit nicht erstrebenswert (Stalla 2015, S. 212). Insbesondere bei Fi-
nanzdienstleistungen, bei denen es einer individueller Beratung und umfassenden Betreuung bedarf, wünschen sich Kunden weiterhin den persönlichen
Kontakt in einer Filiale (Brock 2015, S. 30). Ein vollständiges Aus der Filiale zu
propagieren, scheint daher überzogen (Penzel/Peters 2013, S. 175).

Neben der Schließung von Filialen ist eine Umstrukturierung der Filialen zu
beobachten. Die Sparda-Banken bauen beispielsweise ihre Filialen zu Kontakt-
zentren um, die als Bindeglied zur virtuellen Welt dienen sollen (Schindler 2018,

S. 108). Eine solche Umstrukturierung bietet die Möglichkeit, sowohl die Anforderungen technikaffiner Kunden zu erfüllen als auch dem Wunsch nach individueller und persönlicher Beratung nachzukommen (Schindler 2018, S. 101).
Die Bank der Zukunft soll die Eigenschaften persönlich, personalisiert, digital
(»persodigital«) in ihrem Omnikanal-Ansatz integrieren. Dabei sollen und
müssen alle verfügbaren Vertriebs- und Kommunikationswege auf einer ver-
trauensvollen Kunde-Bank-Beziehung beruhen. Die Digitalisierung treibt die
Individualisierung der Angebote für den Kunden (Brock 2015, S. 53).

Der Rückzug aus der Fläche ist daher nicht gleichzusetzen mit einem Rückzug
vom Kunden, denn der Kunde ist und bleibt Dreh- und Angelpunkt der Ge-
schäftsverbindung. Grundsätzlich gilt: Je länger ein Kunde bei der Bank ist und
bleibt und je mehr Produkte dieser bei der Bank abschließt, desto ertragreicher
ist er für die Bank (Pfersich 2015, S. 100). Für die Länge der Kundenbeziehung ist
die Kundenzufriedenheit ein zentraler Aspekt. Daher muss es das Ziel eines
jeden Instituts sein, besonderen Wert auf Kundenorientierung zu legen, um die
Loyalität der Kunden hochzuhalten (Beerli et al. 2004, S. 253).

Kreditinstitute haben aber auch ganz konkret ein finanzielles Interesse daran,
ihre Kunden möglichst langfristig an sich zu binden. Einen Kunden zu halten ist
wesentlich günstiger als einen neuen Kunden zu gewinnen (Pfersich 2015,
S. 100). Laut Angaben der ING-DiBa belaufen sich die Kosten für die Gewinnung
eines neuen Kunden auf 600 €. Um 10.000 Neukunden zu gewinnen, müssten
demnach 6 Millionen € investiert werden. Wechseln 150 Kunden im Monat
aufgrund von schlechter Produktqualität oder schlechtem Service die Bank,
erfordert dies über 1 Million € (150 · 12 · 600 = 1.080.000 €) im Jahr an Aufwand
zur Neukundengewinnung (Grussert 2009, S. 112).

Filialbanken setzen auf eine breite Produktpalette und die persönliche Beratung. Bei den Direktbanken hingegen basieren Kundengewinnung und -bin-
dung bislang auf dem Angebot kostenloser respektive kostengünstiger Services,
darunter das kostenlose Girokonto. Daher kommt es zu deutlichen Unterschieden in der Kundenzufriedenheit zwischen Kunden von Filial- und Direktbanken.
Wie die Studie »Kundenmonitor Deutschland« zeigt, sind Kunden einer klassischen Filialbank in Bezug auf die Individualität der Leistung und den Grad der
Kundenbindung deutlich zufriedener (Bieberstein 2015, S. 22).

Bislang geben Direktbanken die Konditionsvorteile, die durch ihre geringeren
Kosten generiert werden, an ihre Kunden in Form von kostenlosen Angeboten
weiter. Es ist allerdings fraglich, wie lange die Direktbanken die fehlenden Ein-
nahmen aus dem Zahlungsverkehr noch kompensieren können. Auch hier
können am Markt Bewegungen erkannt werden. Die PSD Bank Köln bietet zwar
weiterhin ein kostenfreies Girokonto, allerdings mit begrenztem Leistungs-
spektrum. Um beispielsweise die 18.500 Geldautomaten im BankCard Service
Netz in unbegrenzter Häufigkeit nutzen zu können, kann der Kunde gegen eine

monatliche Gebühr von 2,90 € ein Servicepaket dazubuchen (PSD Bank Köln eG
o. J.). Ein weiteres Beispiel ist die ING-DiBa, die seit Juli 2018 eine Gebühr von
2,50 € für Aufträge, die telefonisch über den Kundenbetreuer getätigt werden,
verlangt (ING-DiBa 2018b, S. 4). Filialbanken und Direktbanken scheinen sich
also immer mehr anzunähern.

Die Zukunft des Bankings und der Wettbewerb um die Kunden bleiben
spannend. Während Filialbanken und Direktbanken im Konkurrenzkampf zueinander stehen, versuchen sich auch FinTechs als neue Wettbewerber im Ban-
kensektor zu etablieren (Burgmaier/Hüthig 2015, S. 101). Dies gilt auch für
Angebote im Zahlungsverkehr (Burgmaier/Hüthig 2015, S. 103). Die neuen
Wettbewerber haben vor allem ein Interesse an den Kundendaten sowie den
Umsatzdaten eines Girokontos, um Erkenntnisse über das Konsumverhalten zu
erlangen (Brinkmann 2015, S. 287). Die im Jahr 2013 gegründete reine Online-
Bank N26 bietet zum Beispiel ein Girokonto, das die Kontoführung nur über das
Smartphone ermöglicht. Aber auch hier ist eine Annäherung der Strukturen zu
beobachten: Zu Beginn nutzte N26 zur Durchführung der Bankgeschäfte die
Lizenz und Dienstleistungen der Wirecard Bank AG. Seit 2016 verfügt N26 über
eine eigene Banklizenz (Wartmann 2017, S. 285). Anbieter wie N26 stellen sowohl die Filialbanken als auch die Direktbanken vor eine neue Herausforderung,
um langfristig die Kundenerwartungen erfüllen zu können (Schindler 2018,
S. 112).

4.   Fazit

Mit dem Ziel, Bestandskunden an sich zu binden und Neukunden zu gewinnen,
ist für Banken und Sparkassen das Girokonto das zentrale Ankerprodukt. Für
Kunden ist es die Drehscheibe für ihren Zahlungsverkehr. Alle bargeldlosen
Transaktionen wie beispielsweise Gehalts- und Mietzahlungen, aber auch der
Einkauf im Supermarkt mit Karte, laufen über das Girokonto. Dem Girokonto
kommt damit eine besondere strategische Bedeutung zu. Die Bank erhält vielfältige Einblicke in das Zahlungsverhalten der Kunden. Einem Kunden können
so individuell weitere Produkte angeboten werden, die sich aus seiner Bedürf-
nisstruktur und seinen Gewohnheiten ableiten lassen.

Allerdings führen die technologische Entwicklung und die Digitalisierung
auch zu einem Wandel im generellen Kaufverhalten der Kunden und in der Folge
zu geänderten Erwartungen der Bankkunden. Ersteres bezieht sich auf die verstärkte Nachfrage im Onlinehandel. Damit geht einher, dass immer mehr Kunden Onlinebanking-Verfahren und alternative Zahlungsverkehrssysteme wie
Paypal oder girogo nutzen. Mithilfe der überarbeiteten Zahlungsdiensterichtlinie 2 will der Gesetzgeber die Sicherheit des Zahlungsverkehrs sicherstellen.

Die Erwartungen der Kunden an ihre Bank oder Sparkasse sind unterschiedlichster Natur. Preise für ein Girokonto sind vielen Kunden ein Dorn im Auge. Die Kosten für den Zahlungsverkehr und das Girokonto merken viele Kunden gerade jetzt besonders, weil viele Institute an der Preisschraube drehen, um ihre Erlöse zu steigern und wegbrechende Zinsüberschüsse zu kompensieren. Bei der Suche nach kostengünstigen oder sogar kostenlosen Girokonto-Angeboten werden verstärkt Internetvergleichsportale genutzt. Aufgrund ihrer unterschiedlichen Vergleichstechniken und -algorithmen kommen die Portale zu den unterschiedlichsten Ergebnissen, sodass für den Nutzer das »beste« Angebot schwer zu identifizieren ist. Nicht weiter überraschend ist aber, dass dort insbesondere die Angebote von Direktbanken zu finden sind und diese in den Rankings regelmäßig die vorderen Plätze belegen. Mit ihrem Kostenvorteil aus den fehlenden oder nur wenigen Filialen waren die Direktbanken in der Lage, den Kunden kostenlose Zahlungsverkehrsservices anzubieten, und konnten den traditionellen Filialbanken Marktanteile abnehmen.

Das Geschäftsmodell der Direktbanken basiert auf dem direkten Vertrieb standardisierter und weniger komplexer Produkte. Filialbanken hingegen gelten als Vollsortimenter, die eine ganzheitliche und kundenorientierte Betreuung bieten. Durch ihren unmittelbaren Kundenkontakt sind Filialbanken grundsatzlich in der besseren Position, eine persönliche Beziehung zu ihren Kunden aufzubauen und von der Kundenloyalität langfristig zu profitieren.

Die Unterschiede in Bezug auf das Geschäftsmodell von Filial- und Direktbanken spiegeln sich in der Ergebnisstruktur wider. Zu den wichtigsten Ertragsquellen der klassischen Filialbanken gehört der Zins- und Provisionsüberschuss. Direktbanken können im Zinsgeschäft nur begrenzt Erträge erzielen, im Provisionsgeschäft verzeichnen sie sogar Verluste. Die Zeiten, in denen sie Sichteinlagen sogar attraktiv verzinsten, sind durch die Niedrig- und Negativzinsphase schon lange vorbei. Klassische Girokonten werden kaum noch verzinst. Wenn, dann muss ein weiteres Konto (Geldmarkt- oder Tagesgeldkonto) angelegt werden, bei dem der Kunde mühsam zwischen den Konten hin und her buchen muss. Auch hier gibt es nur noch geringe Unterschiede zu den Filialbanken.

Der zu Beginn des Jahrtausends noch deutliche Unterschied zwischen den Filialbanken mit ihren besseren Erträgen im Zins- und Provisionsgeschäft und den Direktbanken mit ihren niedrigeren Personal- und Sachkosten gleicht sich immer weiter an. Perspektivisch stellt sich die Frage, welches Geschäftsmodell sich in Zukunft erfolgreich durchsetzen kann. Hierbei kommt dem Girokonto eine Schlüsselrolle zu. Es spielt eine zentrale Rolle in der Kundenbindung und -gewinnung und beeinflusst ganz wesentlich die Erträge und Aufwendungen der Institute.

Um die Zufriedenheit der Kunden zu gewährleisten, ist ein Multikanal- respektive Omnikanal-Ansatz heute Standard und bietet dem Kunden eine große Vielfalt an unterschiedlichen Kommunikations- und Vertriebskanälen. Filialbanken arbeiten an zwei Fronten: Im Rahmen der Digitalisierung optimieren sie auf der einen Seite ihr Onlinebanking-Angebot. Auf der anderen Seite wird parallel hierzu das Filialnetz umgebaut, um den Wettbewerbsvorteil der individuellen und persönlichen Beratung und des allumfassenden Serviceangebots zu erhalten. Nur und sofern Filialen von den Kunden nicht mehr ausreichend in Anspruch genommen werden, wird weiter zurückgebaut.

Aber auch die Direktbanken sind gezwungen, sich anzupassen. Echte kostenfreie Angebote finden sich nur noch selten. Auf dem Vormarsch sind kostenlose Basisleistungen und ergänzende Zusatzleistungen. Hier wird es aber für einen Kunden schnell unübersichtlich und schwierig, aus der Vielfalt der Angebote das für seine Bedürfnisse passende Angebot herauszufinden. Zudem stellt sich die Frage, wie viel Spaß es macht und wie viel Zeit man mit der Suche nach einem Girokonto verbringen will, insbesondere, wenn man regelmäßig die Preisverzeichnisse auf Änderungen überwachen muss.

Filialbanken werden sich durch die schon durchgeführten und noch kommenden Filialschließungen und die Fokussierung auf das Onlinebanking den Direktbanken sukzessive weiter annähern. Dies hat zur Folge, dass auch die Direktbanken ihr Geschäftsmodell überdenken müssen, um weiterhin wettbewerbsfähig zu sein. Hierbei wird das Girokonto eine zentrale Rolle spielen. Dessen Bedeutung haben aber bereits neue Wettbewerber, die FinTechs, erkannt. Diese versuchen ihrerseits, mit innovativen Angeboten des Zahlungsverkehrs Marktanteile zu gewinnen, getreu dem Motto: wenn zwei sich streiten, freut sich der Dritte. Vielleicht kommt es daher ganz anders und es heißt zukünftig: Filialbanken und Direktbanken gegen FinTechs.

Literatur

Arbeitsgemeinschaft Verbrauchs- und Medienanalyse (2018a): Anzahl der Kunden (Giro-/ Gehaltskonto) der beliebtesten Banken in Deutschland von 2013 bis 2017. Statista. https://de.statista.com/statistik/daten/studie/182350/umfrage/beliebteste-banken-fuer-girokonto-gehaltskonto/ (zuletzt abgerufen am 10.04.2018).

Arbeitsgemeinschaft Verbrauchs- und Medienanalyse (2018b): Beliebteste Geldinstitute (Filialbanken, Filialsparkassen) zum Führen eines Gehalts-/Girokontos in Deutschland von 2014 bis 2017. Statista. https://de.statista.com/statistik/daten/studie/171479/um frage/geldinstitute-bei-denen-gehalts-bzw-girokonto-gefuehrt-wird/ (zuletzt abgerufen am 10.04.2018).

Beerli, Asunción/Martín, Josefa D./Quintana, Agustín (2004): A Model of Customer Loyalty in the Retail Banking Market. European Journal of Marketing 38 (1/2), S. 253–275.

Bieberstein, Ingo (2015): Theorie – Besonderheiten der Distribution von Finanzdienst-leistungen. In: Brock, Harald/Bieberstein, Ingo (Hrsg.), Multi- und Omnichannel-Management in Banken und Sparkassen. Wege in eine erfolgreiche Zukunft. Wiesba-den, S. 3–27.

Brinkmann, Stefan K. (2015): Mobile Banking – Einordnung und Entwicklung des mobilen Kanals im Multikanalvertrieb. In: Brock, Harald/Bieberstein, Ingo (Hrsg.), Multi- und Omnichannel-Management in Banken und Sparkassen. Wege in eine erfolgreiche Zu-kunft. Wiesbaden, S. 285–296.

Brock, Harald (2015): Vom Mono- zum Multichannel-Management – Nur wer die Ver-gangenheit kennt, kann die Zukunft erfolgreich gestalten. In: Brock, Harald/Bieber-stein, Ingo (Hrsg.), Multi- und Omnichannel-Management in Banken und Sparkassen. Wege in eine erfolgreiche Zukunft. Wiesbaden, S. 29–57.

Bruch, Jörg (2018): Digitale Transformation im Bankenumfeld am Praxisbeispiel easy-Credit/TeamBank AG. In: Voigt, Kai-Ingo (Hrsg.), Die digitale Genossenschaftsbank. Strategische Herausforderungen und Implementierung. Berlin, Boston, S. 79–100.

Burgmaier, Stefanie/Hüthig, Stefanie (2015): Kampf oder Kooperation – Das Verhältnis von jungen Wilden und etablierten Geldinstituten. In: Brock, Harald/Bieberstein, Ingo (Hrsg.), Multi- und Omnichannel-Management in Banken und Sparkassen. Wege in eine erfolgreiche Zukunft. Wiesbaden, S. 101–114.

Canaris, Claus-Wilhelm (2011): Bankvertragsrecht. Teil 1. 4. Aufl. Berlin.

comdirect (2018): Geschäftsbericht 2017. Quickborn.

Deloitte (2017): Richtlinie über Zahlungsdienste (PSD2) – ein strategischer Wendepunkt? https://www2.deloitte.com/content/dam/Deloitte/de/Documents/financial-services/ Deloitte_Richtlinie%20%C3%BCber%20Zahlungsdienste%20(PSD2).pdf (zuletzt ab-gerufen am 10.04.2018).

Deutsche Bundesbank (2017a): Bankstellenbericht 2016 – Entwicklung des Bankstellen-netzes im Jahr 2016. Fankfurt am Main.

Deutsche Bundesbank (2017b): Der rechtliche Rahmen – PSD 2. https://www.bundesbank. de/Redaktion/DE/Standardartikel/Aufgaben/Unbarer_Zahlungsverkehr/der_rechtli che_rahmen.html (zuletzt abgerufen am 10.04.2018).

Deutsche Bundesbank (2017c): Ergebnisse der Niedrigzinsumfrage 2017. Frankfurt am Main.

Deutsche Bundesbank (2017d): Monatsbericht – September 2017. Frankfurt am Main.

Deutsche Bundesbank (2017e): Zahlungsverkehrs- und Wertpapierabwicklungsstatistiken in Deutschland 2012–2016. Frankfurt am Main.

Deutsche Bundesbank (2018a): Bestand an Kreditinstituten. https://www.bundesbank.de/ Redaktion/DE/Standardartikel/Aufgaben/Bankenaufsicht/bankstellenberichte.html (zuletzt abgerufen am 05.06.2018).

Deutsche Bundesbank (2018b): Monatsbericht April 2018. Statistischer Teil. Franfurt am Main.

Deutsche Bundesbank (2018c): Zahlungsverhalten in Deutschland 2017. Frankfurt am Main.

Deutsches Institut für Service-Qualität (DISQ) (2018): Test Mehrwertkonten (01.03.2017). https://disq.de/2017/20170301-Mehrwertkonten.html (zuletzt abgerufen am 12.04. 2018).

DKB (2018): Geschäftsbericht 2017. Berlin.

Dümmler, Michael/Steinhoff, Volker (2015): Kundenemanzipation – Folgen für den Multikanalvertrieb von Regionalinstituten. In: Brock, Harald/Bieberstein, Ingo (Hrsg.), Multi- und Omnichannel-Management in Banken und Sparkassen. Wege in eine erfolgreiche Zukunft. Wiesbaden, S. 75–92.

Finanzmarktwelt.de (2017): 23 Banken in Deutschland mit kostenlosen Kontomodellen gefunden – finanzmarktwelt.de. https://finanzmarktwelt.de/23-banken-in-deutschland-bieten-noch-kostenlose-konten-an-66568/ (zuletzt abgerufen am 26.03.2018).

Grussert, Hans (2009): Strategie im Retail-Banking. Finanzdienstleister im veränderten Wettbewerb. 2. Aufl. Köln.

Horváth & Partner (2016): Wird es im Privatkundengeschäft in Ihrer Bank im Jahr 2020 (noch) kostenlose Kontomodelle geben? https://www.horvath-partners.com/de/presse/aktuell/detail/date/2016/08/16/horvath-studie-das-privatkundengeschaeft-wird-fuer-banken-zunehmend-unprofitabel/ (zuletzt abgerufen am 10.04.2018).

Huber, Norbert (2018): Im Spannungsfeld zwischen Beratungsqualität und Digitalisierung. In: Voigt, Kai-Ingo (Hrsg.), Die digitale Genossenschaftsbank. Strategische Herausforderungen und Implementierung. Berlin, Boston, S. 56–76.

IfD Allensbach (o.J.): Anzahl der Internetnutzer in Deutschland, die das Internet nutzen, um Produktinformationen oder Preisvergleiche einzuholen, nach Häufigkeit der Nutzung von 2013 bis 2016. https://de.statista.com/statistik/daten/studie/171732/umfrage/nutzung-des-internets-fuer-produktinformationen-und-preisvergleiche/ (zuletzt abgerufen am 28.05.2018).

ING-DiBa (2018a): Konzernlagebericht und Konzernabschluss 2017. Frankfurt am Main.

ING-DiBa (2018b): Preise und Leistungen Girokonto. Stand Juli 2018. https://www.ing-diba.de/pdf/girokonto/konditionen/preise-und-leistungen-girokonto-und-girokonto-student.pdf (zuletzt abgerufen am 17.07.2018).

Kette, Sven/Tacke, Veronika (2018): Dynamiken des Leistungsvergleichs im Kontext von Organisationen der Wirtschaft. In: Dorn, Christopher/Tacke, Veronika (Hrsg.), Vergleich und Leistung in der funktional differenzierten Gesellschaft. Wiesbaden, S. 131–164.

Kraus, Anja U. (2018): FinTechs agieren nicht mehr im rechtsfreien Raum. die bank 58 (2), S. 8–11.

Lammenett, Erwin (2017): Praxiswissen Online-Marketing. Affiliate- und E-Mail-Marketing, Suchmaschinenmarketing, Online-Werbung, Social Media, Facebook-Werbung. 6. Aufl. Wiesbaden.

Leonhardt, Fabian (2017): Einsatz von Empfehlungssystemen zur Kundenansprache in Banken. Eine konzeptionelle Untersuchung anhand des Retailgeschäfts traditioneller Universalbanken. Frankfurt am Main.

Linnert, Karoline (2009): Girokonto für Jedermann! Zeitschrift für Rechtspolitik 42 (2), S. 37–38.

o.V. (2018): Was die neuen Regeln im Zahlungsverkehr für Verbraucher bedeuten. EU-Richtlinie »PSD2«. http://www.faz.net/aktuell/finanzen/meine-finanzen/sparen-und-geld-anlegen/was-eu-regel-psd2-im-zahlungsverkehr-fuer-bankkunden-bedeutet-14912865.html, 07.03.2018 (zuletzt abgerufen am 19.07.2018).

Paxmann, Stephan/Roßbach, Stefan/Eckhart, Christiaan/Bachinger, Stefan/Beck, Sascha (2015): Innovative Geschäftsmodelle im Banking. Köln.

Penzel, Hans-Gert/Peters, Anja (2013): Omnikanal-Banking. In: Everling, Oliver/Lempka, Robert (Hrsg.), Finanzdienstleister der nächsten Generation. Die neue digitale Macht der Kunden. Frankfurt am Main, S. 169–184.

Pfersich, Kai (2015): Neustart Bank. 3. Aufl. Köln.

PSD Bank Berlin-Brandenburg eG (2017a): Geschäftsbericht 2016. Berlin.

PSD Bank Berlin-Brandenburg eG (2017b): Jahresabschluss 2016. Berlin.

PSD Bank Köln eG (o. J.): Leistungspakete für das PSD GiroDirekt. https://www.psd-koeln. de/girokonten-karten/psd-girokonten/leistungspakete/c973.html (zuletzt abgerufen am 11.06.2018).

PSD Bank Rhein-Ruhr eG (2017): Geschäftsbericht 2016. Düsseldorf.

Schindler, Stefan (2018): Die Bankfiliale der Zukunft als Bindeglied zwischen virtueller und realer Welt. In: Voigt, Kai-Ingo (Hrsg.), Die digitale Genossenschaftsbank. Strategische Herausforderungen und Implementierung. Berlin, Boston, S. 101–114.

Schreiner, Peter/Zacharias, Alexander (2004): Softwaregestützte Dienstleistungsentwicklung am Beispiel des Finanzdienstleistungsprodukts »S BerlinKonto Brilliant«. In: Scheer, August-Wilhelm (Hrsg.), Computer-Aided Service Engineering. Informationssysteme in der Dienstleistungsentwicklung. Berlin, S. 267–288.

Schwarzbauer, Florian (2009): Modernes Marketing für das Bankgeschäft. Wiesbaden.

Stalla, Claudia (2015): Multikanalstrategie – Optimierung des Multikanalvertriebs in mittelständischen Finanzinstituten. In: Brock, Harald/Bieberstein, Ingo (Hrsg.), Multi- und Omnichannel-Management in Banken und Sparkassen. Wege in eine erfolgreiche Zukunft. Wiesbaden, S. 209–223.

Stiftung Warentest (2018): Girokonto, Kontogebühren, Dispozinsen – Stiftung Warentest. https://www.test.de/thema/girokonten/ (zuletzt abgerufen am 26.03.2018).

Tonner, Martin/Krüger, Thomas (2014): Bankrecht. Baden-Baden.

van Look, Frank (2014): Recht des Bankkontos. In: Erne, Roland/Bröcker, Norbert/ Claussen, Carsten Peter (Hrsg.), Bank- und Börsenrecht. 5. Aufl. München, S. 93–142.

van Look, Frank/Hüffer, Uwe (2000): Rechtsfragen zum Bankkonto. 4. Aufl. Köln.

Volksbank Bigge-Lenne eG (2017): Jahresbericht 2016. Schmallenberg.

Volksbank Bigge-Lenne eG (2018): Girokonto. https://www.voba-bigge-lenne.de/privat kunden/girokonto-kreditkarten/girokonto.html (zuletzt abgerufen am 04.06.2018).

Wartmann, Tim (2017): Finance goes Social. In: Smolinski, Remigiusz/Gerdes, Moritz/ Siejka, Martin/Bodek, Mariusz C. (Hrsg.), Innovationen und Innovationsmanagement in der Finanzbranche. Wiesbaden, S. 271–300.

Werner, Stefan (2017a): Neue Möglichkeiten für Zahlungsdienstnutzer im Recht der Zahlungsdienste nach Umsetzung der PSD II. Zeitschrift für Bankrecht und Bankwirtschaft 29 (6), S. 345–354.

Werner, Stefan (2017b): Neue Zahlungsverkehrssysteme. In: Mülbert, Peter O. (Hrsg.), Bankrechtstag 2016. Berlin, Boston, S. 145–192.

Wiechers, Sebastian (2013): Interaktive Vertriebsbank (IVB). Konzeption eines Universalbankmodells auf der Grundlage ko-kreativer Leistungslogiken. Frankfurt am Main.

Jörg M. Wills[*]

Mathematik und Provokation

1. Mathematik provoziert: Drei Ansätze

Wir leben im Zeitalter der Digitalisierung, und kaum eine Revolution hatte (und hat) die Menschheit so beeinflusst wie die digitale Revolution. Verglichen mit der übermächtigen Tochter Digitalisierung ist die Mutter-Wissenschaft Mathematik (grundlegend z. B. Gellert et al. 1967; Courant/Robbins 2000; Gowers 2011) in den Hintergrund getreten. Aber sie lebt natürlich, ist topfit und ist in vielfältiger und zeitloser Art und Weise provokant. Wir versuchen drei Ansätze.

»Mathematik ist eine einzige Provokation«. Diesem plakativen Slogan können sicher viele Schüler spontan zustimmen; ebenso viele Studenten, die Mathematik in Pflichtvorlesungen bei schlechten Dozenten haben erdulden müssen. Dennoch ist dieser Slogan zu simpel: Er eignet sich sowohl für Parties und (Small-)Talkshows, aber nicht für eine ernsthafte Diskussion.

Wir versuchen einen zweiten Ansatz: Wie war das noch mit der Mengenlehre? Sie hat in den 1960er und 1970er Jahren eine ganze Generation von Schülern und Eltern genervt. Sicher eine Provokation, aber nicht durch die Mathematik, sondern eine Fehlleistung von Schulpolitikern und -didaktikern, die es gut gemeint hatten, aber das Maß verloren. Diese spezielle Revolution geschah etwa zeitgleich mit der sexuellen Revolution, war aber deutlich freudloser als jene.

Wir versuchen es ein drittes Mal, diesmal mit einem eher grundsätzlichen Ansatz: Wenn eine neue Idee, gar eine geistige Revolution, als Provokation für diejenigen aufgefasst werden kann, die noch dem Althergebrachten verbunden sind, dann ist die Mathematik eine endlose Kette von Provokationen. Das hat sie mit den meisten Wissenschaften ebenso wie mit Kunst, Musik und Literatur gemeinsam. Denkt man allerdings an Picassos »Les Demoiselles d'Avignon«, an Strawinskis »Feuervogel« oder an Nabokovs »Lolita«, dann muss man selbst als überzeugter Mathematiker zugeben, dass nur sehr wenige mathematische Pro-

---

[*] Univ.-Prof. em. Dr. Dr. h.c. Jörg M. Wills, Fakultät IV (Naturwissenschaftlich-Technische Fakultät), vormals Mathematik – Geometrie.

vokationen in derselben Liga spielen. Wir werden also diesen dritten Ansatz wählen, jedoch nur cum grano salis. Und wir entscheiden uns für drei Begriffe, die alle bei den »alten« Griechen erstmals thematisiert wurden, als provokant empfunden wurden und unser Denken bis heute beeinflusst haben, ohne dass wir uns dessen immer bewusst sind: das Irrationale, das Unendliche und der Raum.

2. Mathematische Provokationen der menschlichen Erkenntnis der Welt

2.1 Das Irrationale

Für die Griechen waren die natürlichen, das heißt die positiven ganzen Zahlen das Maß aller Dinge. Sie untersuchten deren Gesetze, entdeckten die Primzahlen oder Kuriositäten wie befreundete oder vollkommene Zahlen. Sie bemerkten, dass rationale Unterteilungen einer schwingenden Saite einfache Obertöne (Oktave, Quinte) erzeugten. Und andere Indizien stützten die Annahme, dass sich die Welt rational (nomen est omen) verhalten sollte.

Aber schon aus einfachen geometrischen Figuren ergaben sich andere »irrationale« Zahlen: Dies sind solche Zahlen, die weder als endliche Dezimalzahl noch als periodische Dezimalzahl dargestellt werden können – sie lassen sich niemals vollständig berechnen und demzufolge auch niemals vollständig angeben. Die Länge der Diagonale eines Quadrats der Seitenlänge 1 war (ist) so eine irrationale Zahl, nämlich gemäß dem Satz des Pythagoras $\sqrt{2}$. Ebenso die Kantenlänge eines Würfels, der das Volumen 2 (sagen wir: 2 Liter) hat, nämlich $\sqrt[3]{2}$. Was für eine Provokation gegen die göttliche Ordnung!

Die Griechen versuchten es mit Mystik und schrieben zum Beispiel dieses letzte Problem dem Orakel von Delphi zu. Brutaler, aber ebenso wenig hilfreich ist die Geschichte, dass der erste Grieche, der die Irrationalität entdeckte, von den Göttern in der Ägäis ertränkt wurde. Er erlitt ein ähnliches Schicksal wie Ikarus und Prometheus, die ebenfalls die Götter provoziert hatten.

Das berühmteste dieser Irrationalitätsprobleme ist die sprichwörtliche »Quadratur des Kreises«, also einen Kreis mit Durchmesser 1 in ein inhaltsgleiches Quadrat zu verwandeln. Das geht gar nicht (mit rationalen Zahlen). Den endgültigen Beweis dafür hat erst 1882 Ferdinand Lindemann gebracht, der die Transzendenz (wieder: nomen est omen) von π – ebenfalls einer irrationalen Zahl – nachwies (Lindemann 1882). Von den Problemen der irrationalen und transzendenten Zahlen blieben die natürlichen Zahlen unberührt – was nicht weiter verwundert, denn in der gesamten Mathematik gibt es nichts Selbstverständlicheres als die natürlichen Zahlen. Sie gehören quasi zu unserem Erbgut. Wir kommen darauf im letzten Abschnitt zurück.

2.2 Das Unendliche

Auch den Begriff des Unendlichen hatten die Griechen als erste wissenschaftlich hinterfragt – mit viel Scharfsinn und mit Bezug zur Philosophie, beispielsweise zur Frage, inwieweit Unendlichkeit eine Konstruktion und inwieweit sie real ist (Aristoteles o. J.; Maor 1987).

Eine kleine griechische Kostprobe, die auf den griechischen Philosophen Zenon von Elea zurückgehen soll: Der flinke Held Achill läuft hundertmal schneller als die langsame Schildkröte. Beide sollen um die Wette laufen, und die Schildkröte bekommt 100 Meter Vorsprung. Beide starten gleichzeitig. Als Achill die 100 Meter zurückgelegt hat, ist die Schildkröte einen Meter weiter. Als Achill diesen Meter zurückgelegt hat, ist die Schildkröte einen cm weiter usw. Achill kann die Schildkrote niemals einholen, da der Vorsprung der Schildkröte zwar immer kleiner wird, aber immerhin ein Vorsprung bleibt – frustierend und provozierend zugleich. Wo liegt der Fehler?

Zumindest die griechischen Philosophen und Mathematiker der Antike konnten sich noch nicht vorstellen, dass die Addition unendlich vieler Elemente einer geometrischen Reihe unter bestimmten Bedingungen einen endlichen Wert ergeben kann, also auf einen Grenzwert hin konvergieren kann.

Die große Zeit des unendlich Großen und Kleinen kam allerdings erst zweitausend Jahre später, als zum präzisen Aufbau der Physik die Analysis von Newton und Leibniz und ihren Vorgängern aufgebaut wurde (Taschner 2006). »Unendlich« ist heute vor allem ein Attribut mathematischer Bezugsgrößen. Das Unendliche wird definiert als »das Gegenteil von endlich« und bezieht sich auf Mengen, Zahlen oder Dimensionalitäten.

Ohne diese größte Revolution in der Geschichte der Mathematik gäbe es keine moderne Physik, keine Astronomie und keine Technik. Für unzählige Generationen von Ingenieur-Studenten war und ist die Analysis mit ihrer Epsilontik, dem »unendlich Kleinen«, eine ewige Provokation.

Aber damit war der »Ärger« mit dem Unendlichen noch nicht ausgestanden. Gegen Ende des 19. Jahrhunderts wurden Paradoxien und Antinomien beim Begriff des Unendlichen entdeckt, die viele Mathematiker verunsicherten und die nach Lösungen verlangten. Wir kommen im letzten Abschnitt darauf zurück.

Gottfried Wilhelm Leibniz

2.3   Der Raum

Keine mathematische Teidisziplin haben die Griechen weiter entwickelt als die klassische »Euklidische Geometrie«, also die Geometrie, »in der wir leben und denken«. In den Büchern des Euklid wurde die Theorie der Geometrie axiomatisch aufgebaut. Ausgehend von einfachen, unbeweisbaren Tatsachen, den Axiomen, wurde mittels der Zweiwertigen Logik (»Tertium non datur«) ein Gedankengebäude errichtet: Ein System aus Definitionen, Sätzen und Beweisen bildeten eine gedankliche Einheit, die keine Fragen offen ließ. Alles war klar nachvollziehbar. Diese Vollkommenheit wurde Vorbild für alle strengen Wissenschaften, insbesondere auch der Philosophie. Große Philosophen wie Kant, Descartes und Hegel hielten sich streng an dieses Vorbild.

Die Euklidische Geometrie ist ein Vorbild an Klarheit und logischer Strenge, aber deshalb auch kreativitätsfrei und irgendwie langweiliger als eine Wissenschaft im Aufbau. Sie ist eine Wissenschaft im Endstadium. Über 2000 Jahre galt die Euklidische Geometrie als abgeschlossen und unveränderbar. Sie war quasi sakrosankt. Oder?

Wir kommen zu der vielleicht größten (oder zweitgrößten) Provokation in der Geschichte der Mathematik: Unter den als unverrückbar geltenden Axiomen der Euklidischen Geometrie war eines, das berühmte Parallelenaxiom, das etwas anders aussah als die anderen. Es besagt, dass es zu einer Geraden durch einen

Euklid

Punkt außerhalb der Gerade nur genau eine andere Gerade gibt, die parallel zu
dieser Geraden läuft. Es ist aber auch eine Provokation, denn wir kennen das Bild
von zwei geraden parallelen Schienen, die parallel laufen, aber sich am Horizont
zu treffen scheinen – ganz offensichtlich ist dies ebenfalls richtig und real. Somit
bleibt ein Rest von Beweisbedarf für das Parallelenaxiom. Jahrhundertelang
haben Mathematiker immer wieder versucht, dieses Axiom zu beweisen. Vergeblich.

Auch Carl Friedrich Gauß, der »Princeps Mathematicorum«, versuchte es
vergeblich. Doch dann kam ihm ein revolutionärer Gedanke (einer der beiden
revolutionärsten Gedanken in der Geschichte der Mathematik): Es gibt keine
(oder mehr als eine) Parallele durch den Punkt. Das widerspricht zwar jeder
Anschauung, aber es führt rein logisch zu einer neuen Geometrie, der Nicht-
euklidischen Geometrie. Gauß hat seine Entdeckung nie publiziert; er fürchtete
das »Geschrei der Böotier« (frei übersetzt: den Protest der provozierten Pro-
vinzler). Ein paar Jahre später entdeckten unabhängig voneinander der Ungar
Farkas Wolfgang Bolyai mit seinem Sohn János Bolyai sowie der Russe Nikolai
Lobatschewski ebenfalls diese nichteuklidische Geometrie. Ob völlig unabhängig von Gauß oder ob etwas Mundpropaganda im Spiel war, wissen wir nicht.
Jedenfalls hat diese Entdeckung genügend Gewicht für drei Entdecker.

Carl Friedrich Gauß   Farkas Wolfgang Bolyai   Nicolai Iwanowitsch
                                                             Lobatschewski

Die nichteuklidische Geometrie wäre trotz ihrer Bedeutung rein mathematisch
geblieben, also »l'art pour l'art«, wenn nicht nach einigen Weiterentwicklungen
um die Wende zum 20. Jahrhundert Albert Einstein erkannt hätte, dass die ge-
krümmten Räume unser Weltbild im Großen beschreiben (Einstein 1915). Das
war eine Provokation aller unserer Denktraditionen; für seine Zeitgenossen
ebenso wie für uns heute noch. Einstein wurde einer der prägenden Köpfe des
20. Jahrhunderts. Es war nicht überraschend, dass, als am Ende dieses Jahrhunderts die größten Geister des Jahrhunderts gewählt wurden, Einstein vor
Picasso den ersten Platz belegte. Bei aller Skepsis vor solchen »Wahlen«: Es ist
bemerkenswert, dass diese größten Geister auch die größten geistigen Provokateure des 20. Jahrhunderts waren. Beide haben auf ihre Weise unsere Vorstellung von der klassischen Geometrie aus den Angeln gehoben und unser
Sehen verändert.

3.   Die Provokation der Mathematik selbst

Aufmerksame Leser werden bemerkt haben, dass noch etwas Provozierendes
kommen muss. Und einige werden auch den Namen eines großen Mathematikers
und Provokateurs vermissen.

Gegen Ende des 19. Jahrhunderts kamen mit Georg Cantors (1895) Mengenlehre (der Grundlagenwissenschaft; nicht der Schul-Posse von ihr) neue
Paradoxien und neue Unendlichkeitsbegriffe auf, die die Mathematiker teilweise
verunsicherten. Es entstand daher das Bedürfnis, die gesamte Mathematik zu
axiomatisieren und damit auf logisch absolut sicheren Boden zu stellen, um jede
Unsicherheit auszuschließen. Man wollte die Vollständigkeit: Jede mathematische Aussage sollte entweder beweisbar oder widerlegbar sein.

Fast alle Mathematiker hielten das für zwar sehr schwierig, aber prinzipiell für
machbar. Insbesondere für die Arithmetik, also die (zum Anfang dieses Beitrags

genannte) Theorie der natürlichen Zahlen schien das möglich und machbar. Der
große Mathematiker David Hilbert versuchte es – und scheiterte.

In jener Zeit, genauer 1906, wurde in Brünn Kurt Gödel geboren. Er studierte
in Wien, promovierte 1930 und bewies ein Jahr später seine beiden berühmten
Unvollständigkeitssätze, die, salopp gesprochen, besagen, dass es in jedem
Axiomensystem und zugehöriger Theorie Aussagen gibt, die weder bewiesen
noch widerlegt werden können, also zum Beispiel auch in der Theorie der natürlichen Zahlen (Gödel 1931; 1931/32). Das widersprach jeder philosophischen
und mathematischen Denktradition. Es war ein Schock und auch eine Provokation. Die Mathematik wurde quasi ihrer göttlichen Absolutheit beraubt. Sie
rückte wieder näher an die anderen Wissenschaften. Gut so.

Kurt Gödel

Und noch eine gute Nachricht: Im Alltag der reinen und angewandten Mathe-
matik (also auch für Ingenieure und Ökonomen) spielen Gödels Ideen keine
Rolle. Die Mathematik ist nach Gödel wie ein Haus mit Rissen im Fundament.
Aber es steht dennoch fest und sicher.

Über diesen wohl größten Provokateur in der Mathematik bleibt noch zu
sagen: Er zahlte einen Preis für seine Genialität. Er war Hypochonder, häufig
krank und glaubte ständig, vergiftet zu werden. Aber er war in Princeton, wohin
er emigrieren musste, ein hochgeschätzter Kollege, Nachbar und Gesprächspartner von Einstein. Die beiden Provokateure, der weltberühmte und der weniger berühmte, aber fast ebenso bedeutende, verstanden sich ausgezeichnet.
Hier wird wohl auch Einsteins bekanntes Bonmot über die Mathematik gefallen
sein: »Insofern sich die Sätze der Mathematik auf die Wirklichkeit beziehen, sind

sie nicht sicher, und insofern sie sicher sind, beziehen sie sich nicht auf die Wirklichkeit.«

Beide sind in Princeton verstorben, und Gödel wurde dort auch beerdigt. Einsteins Asche wurde an unbekanntem Ort verstreut. Aber die Ideen von beiden sind unsterblich. Sie gehören zum kulturellen Erbe der Menscheit.

Literatur

Aristoteles (o. J.): Metaphysik, Buch IX.

Cantor, Georg (1895): Beiträge zur Begründung der transfiniten Mengenlehre. Mathematische Annalen 46, S. 481–512.

Courant, Richard/Robbins, Herbert (2000): Was ist Mathematik? 5. Aufl. Berlin – Heidelberg.

Einstein, Albert (1915): Zur allgemeinen Relativitätstheorie. In. Preussische Akademie der Wissenschaften, Sitzungsberichte. Berlin, S. 778–786; S. 799–801.

Gellert, Walter/Hellwich, Manfred/Kästner, Herbert/Küstner, Herbert (Hrsg.) (1967): Kleine Enzyklopädie Mathematik. Leipzig.

Gödel, Kurt (1931): Über formal unentscheidbare Sätze der Principia Mathematica und verwandter Systeme I. Monatshefte für Mathematik und Physik 38, S. 173–198.

Gödel, Kurt (1931/32): Diskussion zur Grundlegung der Mathematik, Erkenntnis 2. Monatshefte für Mathematik und Physik 39, S. 147–148.

Gowers, Timothy (2011): Mathematik. Stuttgart.

Lindemann, Ferdinand (1882): Über die Zahl π. Mathematische Annalen 20, S. 213–225. http://www.digizeitschriften.de/dms/img/?PID=GDZPPN002246910 (zuletzt abgerufen am 26.07.2018).

Maor, Eli (1987): To Infinity and Beyond. A Cultural History of the Infinite. Boston 1987.

Taschner, Rudolf (2006): Das Unendliche. Mathematiker ringen um einen Begriff. 2. Aufl. Berlin.

Danksagung

Ich danke Herrn Kollegen Prof. Dr. Claus Grupen sehr für wertvolle Hinweise und für die schöne Bebilderung des Beitrags.

Claus Grupen / Cornelius Grupen[*]

Kosmische Provokationen

1. Klassische Himmelsmechanik

Die Geschichte der Gravitation ist eine Geschichte weltanschaulicher Provokationen und wissenschaftlicher Paradoxa. Kaum war ein Rätsel gelöst, schon
tauchte das nächste auf, und das Rätselraten reicht bis in unsere Gegenwart. Die
Geschichte begann in der Antike mit der Beobachtung, dass manche Himmelskörper sonderbare Schleifenbewegungen vollführen. Sie wandern nicht
gleichförmig in eine Richtung, sondern bewegen sich am Himmel dem Augen-
schein nach vor und zurück. Diese Beobachtung war mit der voraufklärerischen
Vorstellung von der Vollkommenheit des Kosmos nicht vereinbar. Kopernikus
löste das Problem, indem er die Sonne ins Zentrum seines Weltbilds rückte. Er
postulierte zutreffend, dass die Erde nicht der Nabel der Welt, sondern ein
Trabant der Sonne ist und sich außerdem um ihre eigene Achse dreht. Die
Schleifenbewegungen mancher Himmelskörper ließen sich nun als Beobach-
tungseffekte erklären, die unserem Blick von der ihrerseits bewegten Erde geschuldet sind.

Damit war die Welt wieder in Ordnung. Aber auch diese neue Ordnung hielt
nicht lange. Kepler schloss sich zwar dem heliozentrischen Weltbild des Kopernikus an, fragte sich aber, was die Planeten auf ihren Bahnen um die Sonne
hält. Er postulierte eine mysteriöse Kraft, mit der die Sonne auf die Planeten
einwirkt, kam der Natur dieser Kraft selbst aber nicht auf die Spur. Das gelang
erst Newton Ende des 17. Jahrhunderts, und zwar dank einer höchst irdischen
Beobachtung, die ihn unmittelbar betraf. Im Jahr des Herrn 1687, so will es die
Legende, fiel ihm ein Apfel auf den Kopf. Das Ereignis selbst mag profan gewesen
sein, aber Newtons Erklärung war im wörtlichen und im übertragenen Sinn
bahnbrechend. Newton (1687) führte den Fall des Apfels vom Baum zur Erde

---

[*] Univ.-Prof. em. Dr. Claus Grupen, Universität Siegen, Fakultät IV (Naturwissenschaftlich-
Technische Fakultät), vormals Physik.
Dr. Cornelius Grupen, freiberuflicher Unternehmensberater und Ghostwriter.

darauf zurück, dass die Masse des Apfels und die der Erde einander gegenseitig anziehen. Ob Newton die Anziehungskraft seines eigenen Kopfes in seine Überlegungen einbezog, ist nicht überliefert. Jedenfalls erkannte er, dass die Anziehungskraft, die zwischen zwei Körpern wirkt, nur von deren Massen und ihrem Abstand voneinander abhängt. Von dieser grundsätzlichen Erkenntnis war es nur ein kleiner Schritt zur Übertragung des irdischen Gravitationsgeschehens auf himmlische Zusammenhänge. Mit Newtons Kraftgesetz ließen sich nicht nur die Bewegungen der Gegenstände auf der Erde, sondern auch die Bahnen der Himmelskörper beschreiben. Plötzlich waren die Bewegungen des Mondes um die Erde, der Erde um die Sonne und selbst die Bewegungen ferner Planeten und fremder Sterne keine Geheimnisse mehr.

Isaac Newton

Für Newton, dessen Weltbild religiös geprägt war, spielten die Bewegungen der Himmelskörper sich vor der unveränderlichen Kulisse eines absoluten Raums ab. Es gab aber ein paar Kleinigkeiten, die dieses perfekte Weltbild störten. Vor allem die Bahn des sonnennächsten Planeten Merkur bereitete Newton und seinen Anhängern großes Kopfzerbrechen. Merkur bewegt sich, wie alle Planeten, in einer elliptischen Bahn um die Sonne. Allerdings ist diese Ellipse im Raum nicht ortsfest. Vielmehr dreht sie sich Laufe der Zeit rosettenähnlich um die Sonne (Abb. 1). Dieser Effekt war mit Newtons Gravitationsgesetz nicht erklärbar und mit seinem Weltbild nicht vereinbar. Beinahe schien es, als sei die von Kopernikus als perspektivische Illusion enttarnte Schleifenbewegung der Planeten in neuer Gestalt zurückgekehrt.

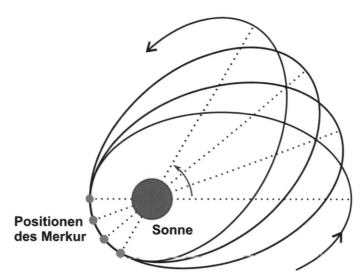

Positionen des Merkur

Sonne

Abb. 1: Drehung der Bahnellipse des Merkur. Für eine komplette Drehung der Bahnellipse benötigt der Merkur etwa 3,1 Millionen Jahre. Illustration: Christian Stündle. https://commons. wikimedia.org/wiki/File:Drehung_der_Apsidenlinie.svg (Public domain; abgerufen am 06.02. 2018)

2.   Allgemeine Relativitätstheorie

Das Rätsel der Merkurbahn hatte über 400 Jahre Bestand. Licht ins Dunkel brachte erst Albert Einstein, seinerzeit Patentbeamter dritter Klasse in Bern. Einstein (1916) stellte die von Newton postulierte Existenz des absoluten Raums in Frage. Laut seiner Allgemeinen Relativitätstheorie ist der Raum keineswegs absolut, sondern in seiner Gestalt den Wirkungen der in ihm enthaltenen Materie unterworfen. Der Raum sagt der Materie, wie sie sich zu bewegen hat, und die Materie sagt dem Raum, wie er sich zu krümmen hat. Mit der neuen Theorie ließ die bis dato rätselhafte Bahndrehung des Merkur sich endlich erklären. In der unmittelbaren Umgebung der Sonne nämlich bewirkt deren starkes Schwerefeld eine leichte Raumkrümmung, die sich auf die Lage der Bahn des Merkur im Raum auswirkt.

Die Allgemeine Relativitätstheorie brachte zwar Licht in viele zuvor unerklärliche Phänomene, hatte aber auch unerwartete und weitreichende Nebenwirkungen für das Weltbild der Physik. Noch Anfang des 20. Jahrhunderts glaubten die meisten Physiker, das Universum sei stationär, also seiner Größe und Beschaffenheit nach unveränderlich. Einsteins Gleichungen aber schlossen ein stationäres Universum aus. Einstein und seine Schüler kamen zu dem Schluss, das Universum werde sich über kurz oder lang in der Weite des un-

Albert Einstein

endlichen Raums verflüchtigen oder in sich selbst zusammenstürzen, je nachdem, wieviel Masse darin enthalten ist (Friedman 1922). Schon Newton hatte
schon über einen solchen Gravitationskollaps spekuliert: Wenn alle Massen
einander anziehen, was hindert sie dann daran, sich einander immer weiter
anzunähern und schließlich zu kollabieren?

Einstein behagte die Vorstellung eines dynamischen Universums ganz und
gar nicht. Um das stationäre Universum zu erhalten, fügte er den Bewegungs-
gleichungen der Allgemeinen Relativitätstheorie von Hand eine Konstante
hinzu. Diese kosmologische Konstante sollte eine abstoßende Schwerkraft beschreiben, die die anziehende Gravitation kompensiert und so dafür sorgt, dass
das Universum stationär bleibt. Dieses Postulat war zu Einsteins Zeit eine un-
erhörte Provokation. Die Idee einer abstoßenden Schwerkraft widersprach dem
von Newton aufgestellten und seither unangetasteten Gravitationsgesetz, das
noch Ende des 19. Jahrhunderts in aufwendigen Experimenten (Eötvös 1891)
bestätigt worden war.

Anfang der 1920er Jahre widerlegte der Astronom Edwin Hubble die Theorie
vom stationären Universum. Allerdings drohte, anders als von Newton und
Einstein befürchtet, Hubbles Beobachtungen zufolge keineswegs ein kosmischer
Kollaps. Vielmehr zeigte Hubbles (1929) Untersuchung der Fluchtbewegung der
Galaxien, dass das Universum sich immer weiter ausdehnt. Angesichts dieser
Erkenntnisse verwarf Einstein seine kosmologische Konstante. Reumütig be-
zeichnete er sie als die größte Eselei seines Lebens.

3. Dunkle Energie

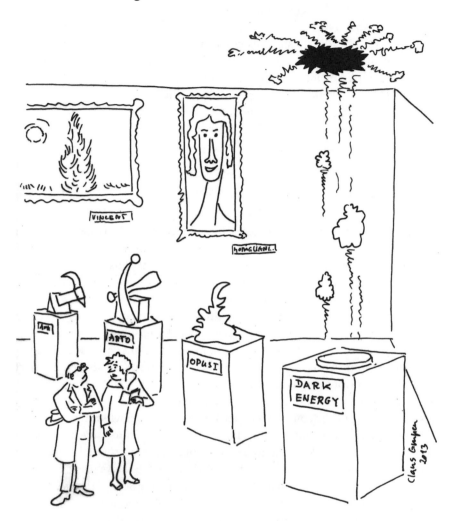

"Ich finde Dunkle Energie abstoßend!"

Trotzdem könnte das Postulat einer abstoßenden Gravitationskraft noch zu späten Ehren kommen, wenn auch zur Lösung eines Rätsels, das Einstein noch gar nicht bekannt war. Das gegenwärtige Universum ist zwar weitgehend homogen, aber das frühe Universum sah jüngsten Erkenntnissen zufolge anders aus. Kurz nach dem Urknall waren die Massen im Universum ungleichmäßig verteilt. Kosmologen sprechen in diesem Zusammenhang auch von Klumpigkeit.

Wie kann es aber sein, dass ein klumpiges Universum sich im Laufe der Zeit homogenisiert? Es muss eine Kraft geben, die die ursprünglichen Unregelmäßigkeiten verringert hat. Die Einzelheiten dieses Vorgangs sind noch umstritten (Grupen 2018), aber die meisten Kosmologen sind inzwischen der Ansicht, dass es tatsächlich eine abstoßende Schwerkraft gibt, die sich aus der Dunklen Energie des nur vermeintlich leeren Raumes speist. Zuletzt haben die Satelliten COBE, WMAP und Planck (Ade et al. 2016) und die Beobachtung des Expansionsverhaltens ferner Sternenexplosionen neue Indizien für die Existenz einer solchen abstoßenden Schwerkraft geliefert. Wenn es diese rätselhafte Kraft wirklich gibt, wird das Universum weiter expandieren.

4.   Dunkle Materie

Noch zu Einsteins Lebzeiten stieß der Schweizer Astronom Fritz Zwicky auf ein weiteres Rätsel. Er stellte fest, dass alle Sterne im Universum sich mit einer ähnlichen Geschwindigkeit um ihre jeweiligen Gravitationszentren bewegen (Zwicky 1957). Diese Beobachtung widersprach den Postulaten, die sich aus den von Newton aufgestellten und von Einstein verfeinerten Gravitationsgesetzen ergeben. Diese nämlich lassen erwarten, dass die Bahngeschwindigkeit eines Himmelskörpers umgekehrt proportional ist zur Entfernung von seinem Gravitationszentrum, dass zentrumsnahe Himmelskörper sich also schneller bewegen als zentrumsferne, um so die aufgrund der Nähe größere Anziehungskraft ihres jeweiligen Gravitationszentrums durch größere Fliehkraft zu kompensieren. Andernfalls müssten sie ins Zentrum stürzen. In unserem Sonnensystem ist dieses Postulat zur Kräftebilanz von Anziehungskraft und Fliehkraft auch erfüllt. Der dem lokalen Gravitationszentrum, also unserer Sonne, nächste Planet Merkur ist der starken Anziehungskraft der Sonne ausgesetzt und kompensiert deren Wirkung durch seine hohe Bahngeschwindigkeit. Er bewegt sich mit einer Geschwindigkeit von 47 Kilometern pro Sekunde um die Sonne. Deshalb dauert ein Merkurjahr nur 88 Tage. Der sonnenfernste Planet Neptun dagegen, der eine viel geringere Anziehung durch die Sonne erfährt, kann sich auf seiner Umlaufbahn viel Zeit lassen. Bei einer Bahngeschwindigkeit von nur 5 Kilometern pro Sekunde dauert das Neptunjahr 166 Erdenjahre, also über 60.000 Tage.

Man würde erwarten, dass diese im Sonnensystem beobachteten Zusammenhänge auch für die Galaxien gelten. Denn im Zentrum jeder Galaxie befindet sich eine große Massenansammlung; im Fall unserer Milchstraße handelt es sich dabei um ein Schwarzes Loch, dessen Masse 5 Millionen Mal so groß ist wie die unserer Sonne (Overbye 2015). Die Sonne umkreist das Schwarze Loch in ähnlicher Weise, wie die Planeten die Sonne umkreisen. In der Nähe des Zentrums der Milchstraße müssten die Sterne sich auf ihren Bahnen also schneller auf ihren Bahnen bewegen als jene am Rand der Galaxis. Zwickys Beobachtungen aber zeigten, dass alle Sterne, unabhängig von ihrer Entfernung vom Gravitationszentrum, mehr oder weniger gleich schnell sind. Die zentrumsfernen Sterne entwickeln folglich Fliehkräfte, die die Anziehungskraft des fernen Schwarzen Lochs übersteigen. Warum fliegen sie trotzdem nicht davon? Zwicky postulierte, dass es in den Galaxien unsichtbare Materie geben müsse, die auch die vom galaktischen Kern weit entfernten Sterne durch ihre Anziehungskraft festhalten.

Nun gab es in der Geschichte der Astronomie immer wieder obskure Theorien und exotische Interpretationen ungewöhnlicher Beobachtungen, und Zwicky galt unter seinen Zeitgenossen als ausgesprochen schräger Vogel. Er hatte – unter anderem bei Einstein selbst – an der ETH in Zürich Mathematik und Physik studiert, war aber schon 1925 als Astrophysiker ans California Institute of Technology in Pasadena gegangen. Seine Studenten berichteten, dass Professor Zwicky, »während er an der Wandtafel Formeln notierte, ständig in einer fremdländischen Sprache vor sich hinmurmelte.« Ein besonders findiger Student schleuste heimlich einen Schweizer in die Vorlesung ein. Der Maulwurf stellte fest, das Zwicky »in mantrischer Wiederholung und geringfügiger Variation« im Glarner Dialekt seiner alten Heimat immer wieder nuschelte: »Ihr dummä Siächä, das verschtünd ihr ja eh nüd« (Baron 2008). Man nahm Zwicky nicht ernst, und sein Postulat unsichtbarer Materie geriet in Vergessenheit.

Rund zwanzig Jahre später allerdings bestätigte die junge Astronomin Vera Rubin in ihrer Diplomarbeit durch detaillierte spektroskopische Messungen der Bahngeschwindigkeiten von Sternen Zwickys Beobachtungen. Sie verwendete dafür ein Verfahren, dass auf dem Dopplereffekt beruht und den Radarfallen ähnelt, mit denen die Geschwindigkeit von PKWs ermittelt wird (Rubin 1951). Allerdings wurde Rubin als 22jährige Nachwuchsastronomin vom wissenschaftlichen Establishment noch weniger ernst genommen als zuvor Zwicky. Man gewährte ihr keinen direkten Zugang zum Palomar-Observatorium in Kalifornien. Sie war bei ihrer Arbeit auf die Beobachtungen ihrer männlichen Kollegen angewiesen, deren Arbeitsräume sie als Frau nicht einmal betreten durfte. Die Bedeutung ihrer Arbeit wurde erst viele Jahre später erkannt. 1981 wurde sie in die National Academy of Sciences aufgenommen. 1997 wurde ein Asteroid nach ihr benannt. Sie wurde vielfach ausgezeichnet, zuletzt 2004 mit der James Craig Watson Medal.

Im Laufe der Jahre häuften sich die Indizien, dass Zwicky den richtigen Riecher gehabt hatte. Offenbar besteht ein beträchtlicher Teil des Universums tatsächlich aus unsichtbarer Materie unbekannter Beschaffenheit. Anders lassen sich weder die beobachtete Bewegung von Sternen in Galaxien noch die großräumige Dynamik von Galaxien in Galaxienhaufen erklären. Endgültige Klarheit brachten die Beobachtungen der oben bereits erwähnten Satelliten COBE, WMAP und Planck (Ade et al. 2016). Die Menge der »Dunklen Materie« im

Universum ist jüngsten Erkenntnissen zufolge etwa fünfmal größer als die der sichtbaren Materie, aus der Sonne, Mond, Erde und auch wir Menschen bestehen.

Aber wie ist die unsichtbare Materie aufgebaut, und warum hält sie sich so hartnäckig verborgen? Bisher können wir uns ihr nur über ihre gravitative Wirkung nähern. Immerhin wissen wir, dass große Massen nicht nur auf andere Massen, sondern auch auf das Licht wirken. Physiker beschreiben diese Wirkung als Gravitationslinse. Deren Effekt war schon 1919 bei einer Sonnenfinsternis beobachtet (Dyson/Eddington/Davidson 1920) und als spektakuläre Bestätigung der Allgemeinen Relativitätstheorie Einsteins gefeiert worden. Viele astronomische Beobachtungen unserer Zeit zielen nun darauf ab, der Dunklen Materie anhand ihrer Wirkungen auf die sichtbare Welt auf die Schliche zu kommen. Zu den wichtigsten Projekten dieser Art zählen MACHO (Search for MAssive Compact Halo Objects) und EROS (Expérience pour la Recherche d'Objets Sombres). Dabei wurden zwar einige Kandidaten für die unsichtbare Materie gefunden, aber wir stehen erst am Anfang der Suche, und von einem echten Verständnis des Wesens der Dunklen Materie sind wir noch weit entfernt. Wir können die Dunkle Materie zwar immer genauer lokalisieren, aber wir wissen noch nicht, woraus sie eigentlich besteht. In Laborexperimenten, zum Beispiel am Europäischen Kernforschungszentrum CERN in Genf, versucht man mit großem Energieeinsatz, die Bausteine der Dunklen Materie nachzuweisen, aber bisher gibt es auch hier noch keine konkreten Ergebnisse.

5.   Ende des Universums

Der rätselhaften Dunklen Energie, die die Expansion des Universums mutmaßlich beschleunigt, steht also die unsichtbare Dunkle Materie gegenüber, die das Universum zusammenhält. Einstein hat uns zwar gelehrt, dass Energie und Masse letztlich dasselbe sind. Die Frage aber ist, welche Materieform im Kampf um die Zukunft des Universums gewinnen wird. Dominiert die Dunkle Energie, wird sie erst die Galaxienhaufen auseinanderreißen, dann einzelne Galaxien wie unsere Milchstraße und schließlich auch Sternensysteme wie unser Sonnensystem. Zuletzt werden sogar die Atome zerrissen werden, und die Welt wird wieder öd und fast leer sein. Dieses Szenario (»Big Rip«) wirkt erschreckend. Gewinnt aber die Dunkle Materie, so wird, wie schon von Newton befürchtet, das Universum kollabieren (»Big Crunch«). Was auch immer passieren mag, es wird noch einige hundert Milliarden Jahre dauern, bis es so weit ist. Es besteht also kein unmittelbarer Grund zur Beunruhigung.

Literatur

Ade, Peter A. R et al. [weitere 260 Autorinnen und Autoren] (2016): Planck 2015 Results. XIII. Cosmological Parameters. Astronomy & Astrophysics 594, A13.

Baron, Ulrich (2008): Wie der kleine Fritz zum Himmelsstürmer wurde. Tages-Anzeiger, 10.10.2008. https://www.tagesanzeiger.ch/kultur/buecher/wie-der-kleine-fritz-zum-himmelsstuermer-wurde/story/14638385 (zuletzt abgerufen am 25.07.2018).

Dyson, Frank W./Eddington, Arthur S./Davidson, Charles (1920): A Determination of the Deflection of Light by the Sun's Gravitational Field, from Observations Made at the Total Eclipse of May 29, 1919. Philosophical Transactions of the Royal Society of London A 220, S. 291–333.

Einstein, Albert (1916): Die Grundlagen der Allgemeinen Relativitätstheorie. Annalen der Physik, IV. Folge, Band 49. Berlin.

Eötvös, Roland (1891): Über die Anziehung der Erde auf verschiedene Substanzen. Mathematische und Naturwissenschaftliche Berichte aus Ungarn. Achter Band 1889–1890. Berlin – Budapest, S. 65–68.

Friedman, Alexander (1922): Über die Krümmung des Raumes. Zeitschrift für Physik 10 (1), S. 377–386.

Grupen, Claus (2018): Einstieg in die Astroteilchenphysik. Heidelberg.

Hubble, Edwin (1929): A Relation between Distance and Radial Velocity among Extra-Galactic Nebulae. Proceedings of the National Academy of Sciences 15 (3), S. 168–173.

Newton, Isaac (1687): Philosophia Naturalis Principia Mathematica. Manuskript der Royal Society. Cambridge, GB.

Overbye, Dennis (2015): Black Hole Hunters. New York Times, 08.06.2015. https://www.nytimes.com/2015/06/09/science/black-hole-event-horizon-telescope.html (zuletzt abgerufen am 25.07.2018).

Rubin, Vera C. (1951): Differential Rotation of the Inner Metagalaxy. Astronomical Journal 56, S. 47–48.

Zwicky, Fritz (1957): Morphological Astronomy. Berlin – Göttingen – Heidelberg.

Martin Herchenröder[*]

Zumutungen. Orgelmusik nach 1962: eine Provokation?

Der »Urknall«: György Ligeti, *Volumina*

Die Hörer, die sich am 4. Mai 1962 im Konzertsaal von Radio Bremen eingefunden hatten, trauten ihren Ohren nicht: Sie waren gekommen, um ein Orgelkonzert anzuhören, aber was hier an ihre Ohren drang, klang wie elektronische Musik oder gar wie Naturgeräusche: Keine Melodie, die einem Orientierung bot, nicht einmal ein nachvollziehbarer Rhythmus war zu erkennen, und statt wohlgeordneter Harmonien waberten amorphe Klangwolken durch den Raum. Die Werke von Bengt Hambraeus (*Interferenzen*), Mauricio Kagel (*Improvisation ajoutée*) und György Ligeti (*Volumina*, CD: Klangbeispiel 1) stellten wirklich alles auf den Kopf, was man bislang von der Orgel gehört und demnach von ihr erwartet hatte. »Die Orgel als Elefant oder Königin« betitelte Wolf-Eberhardt von Lewinski seine Konzertrezension in der Zeitschrift *Christ und Welt* (Lewinski 1962, S. 20) und überließ es damit wohlweislich dem kultivierten Leser, in Gedanken den nicht erwähnten Porzellanladen zu ergänzen, in dem sich die unverfrorene Musik-Avantgarde traditionszertrümmernd breitgemacht hatte. Man fühlte sich provoziert.

Nicht, dass man es nicht hätte ahnen können, und einige wenige hatten es offenbar in der Tat vorhergesehen: Ursprünglich hatte das Konzert nämlich im Bremer Dom stattfinden sollen, aber den Domherren wurde es im Vorfeld mulmig, und so sagten sie das Konzert kurzfristig ab, was dazu führte, dass es ins Funkhaus verlegt werden musste. Zwar sind uns die Gründe für die Absage nicht zweifelsfrei überliefert, aber man geht heute davon aus, dass sich das Domkapitel im Vorfeld des Ereignisses genauer mit den Komponisten der Uraufführungen zu befassen begann, und da gab es Grund genug, alarmiert zu sein: György Ligeti zum Beispiel hatte im Sommer des Vorjahrs auf dem Europäischen Forum in Alpbach für einen handfesten Skandal gesorgt, als er, eingeladen zu einem

* Univ.-Prof. Martin Herchenröder, Universität Siegen, Fakultät II (Bildung – Architektur – Künste), Musiktheorie.

Vortrag über »Die Zukunft der Musik«, sein Publikum zehn Minuten notorisch anschwieg, was nach kurzer Zeit zu Unruhe und dann zu Tumulten führte. Wer garantierte, dass er sich nicht als nächstes die große Domorgel zu Bremen und damit den ehrwürdigen Dom vornehmen würde? Den Raum, in dem am Karfreitag 1868 das Deutsche Requiem von Johannes Brahms uraufgeführt worden war? Das Domkapitel ging auf Nummer sicher und lud ihn zusammen mit den anderen Komponisten kurzerhand wieder aus.

Da im Funkhaus keine Orgel zur Verfügung stand, war nun guter Rat teuer. Hambraeus, damals Redakteur beim schwedischen Rundfunk, bot an, die Stücke auf der Orgel des Göteborger Konzerthauses aufzunehmen und in Bremen vom Tonband abspielen zu lassen. Doch auch das misslang: Die Göteborger Konzerthausorgel – elektrische Spieltraktur, 1937 – war den großen Strommengen, die bei den Tonmassen in *Volumina* bewegt werden, nicht gewachsen und verweigerte nach wenigen Sekunden Spiel den Dienst. Es war Wochenende, kein Orgelbauer für Reparaturen greifbar, und so entschied man sich nach kurzem Überlegen, die Aufnahme nach Stockholm zu verlegen, wo sie schließlich gelang. Der fabulierfreudige Organist der Uraufnahme, Karl-Erik Welin, erzählte später Ligeti, der selbst in Göteborg nicht zugegen gewesen war, dass bei dem massiven Initialklang seines Stücks die Sicherung herausgeflogen sei und es nach verbranntem Gummi gerochen habe. Als der Komponist daraufhin dem Publikum in Bremen in seiner Werkeinführung erklärte, die Göteborger Orgel sei beinahe abgebrannt, war der Skandal perfekt: Die neue Orgelmusik ließ nicht nur die ganze orgelmusikalische Tradition in Rauch aufgehen, sondern fackelte auch noch gleich die Orgeln mit ab (alle Details der legendenumwobenen Vorgeschichte in Herchenröder 1999, S. 29–33).

Muss man also die Domherren nicht verstehen mit ihren Bedenken? Nehmen wir wieder nur den Fall Ligeti und vernachlässigen, dass seinerzeit Mauricio Kagel, dessen Aufführungen das Publikum regelmäßig an die Grenzen seiner Verständnisbereitschaft führten, sicherlich das eigentliche *enfant terrible* des Trios war. Es war die Zeit des beginnenden Fluxus, und Ligeti war in diese Anfänge eng verwoben: Seine *Trois Bagatelles* waren fester Bestandteil der ersten Fluxus-Festivals in Wiesbaden (September 1962, sie wurden dort bezeichnenderweise von Karl-Erik Welin uraufgeführt) und den Niederlanden (Amsterdam und Den Haag, Juni 1963). Anders als bei John Cage, zu dessen berühmtem Tacet-Stück *4:33* (1952), in dem der Interpret keinen willkürlichen Klang erzeugt, Ligetis Komposition einen ironischen Kommentar bildet, spielt der Pianist immerhin einen Ton und nimmt damit gleichermaßen den Konzertbetrieb als solchen mit seinen standardisierten Hörerwartungen als auch andererseits den zeitgenössischen Neue-Musik-Betrieb mit dessen Faible für bedeutungsgeladene Pausen und bis ins Äußerste fragmentierte Expressivität aufs Korn. Das war eine Rundum-Provokation, und sie war so gemeint. Noch mehr gilt dies für Ligetis

Poème symphonique (Uraufführung am 13. September 1962 in Hilversum), in dem zehn Musiker 100 Metronome anstellen, sich danach von der Bühne machen und so das Publikum mit den zu Musikinstrumenten erklärten Maschinen allein lassen. Auch wenn die Domherren die beiden Stücke noch gar nicht kennen konnten: Aus der Rückschau muss man zugeben, dass sie durchaus Grund hatten, eine Provokation für möglich zu halten. Umso mehr, wenn man Ligetis Verhaltensweise beim Alpbacher Schweigevortrag noch einmal genauer unter die Lupe nimmt:

Auf die Zumutung, über etwas zu reden, was er erstens »unmöglich, zweitens aber sinnlos und uninteressant« fand (zitiert nach Nordwall 1971, S. 38), hatte er mit einer Provokation der Zuhörer und Veranstalter reagiert. Geradezu listig hatte er dabei die Reaktion des Publikums einkalkuliert und sie durch zwischenzeitlich an die Tafel geschriebene Aufforderungen wie »piú forte«, »silence«, »Bitte Nicht Lachen und Trampeln« oder »Laßt Euch Nicht Manipulieren« noch zugespitzt und gewissermaßen mitinszeniert: Pro-Vokation als Hervor-Rufen einer Reaktion, die man in diesem Zusammenhang wie die spontane Aufführung einer extemporierten kollektiven Komposition auffassen kann (bezeichnenderweise nahm Ligeti den Vortrag deshalb in die Auflistung seiner Werke mit auf, vgl. dazu Dibelius 1994, S. 279), darin eingeschlossen großes Abschluss-Crescendo und opernartiges Finale mit Stretta, Allegro tumultoso.

Liest man Ligetis Kommentare zur Entstehungsgeschichte von *Volumina*, so erschließen sich interessante Parallelen. Fest steht, dass er den Auftrag, ein Orgelstück zu schreiben, wohl ebenfalls als Zumutung empfunden haben muss. So schreibt er einige Jahre später ausführlich über die Mängel des Instruments, seine »Unbeholfenheit, Steifheit, Eckigkeit«, und vergleicht es mit einer »riesigen Prothese«, bei der es herauszufinden gelte, ob und inwieweit man mit ihr »von neuem gehen lernen kann« (Ligeti 1966, S. 311). Genau wie im Alpbacher Schweigevortrag nutzte er die »Zumutung« des Auftrags auch bei der Komposition von *Volumina* als Sprungbrett der kreativen Auseinandersetzung mit Möglichkeiten, anders an die Aufgabe heranzugehen, als es nahegelegen hätte. Und auch hier kam er zu unerwarteten Lösungen, die das Publikum herausforderten. Es lohnt ein Blick darauf, was genau das war:

Ligetis Werk verzichtet auf Melodik, Rhythmik und Harmonik im traditionellen Sinn, indem es sich auf die musikalische Bearbeitung eines einzigen Materials beschränkt: dichte Tontrauben (»Cluster«). Dies hat einen bemerkenswerten Effekt: Der über Jahrhunderte auf die Erzeugung deutlich voneinander unterscheidbarer Melodien hin kultivierte Orgelklang, nunmehr getrübt durch ungezählte Interferenzen und Mikrointervalle, die sich durch die Dichte der Tonballungen ergeben, verschwimmt ins Geräuschhafte, nähert sich dem Klangbild elektronischer Musik oder gar Naturgeräuschen wie Windgetöse und Wasserrauschen. Man verlor also praktisch mit einem Schlag die Errungenschaften der gesamten Orgelmusikgeschichte, melodische Konturiertheit, kontrapunktische Präzision, harmonische Klarheit. Verständlich, dass das für den unvorbereiteten Hörer eine Zumutung sein musste. Aber: Auf der anderen Seite gewann man etwas ganz Neues, Unerhörtes: eine bisher unbekannte feine Differenzierbarkeit des Klangs und damit ganz neue Ausdruckswelten, Atmosphären und Charaktere.

Denn Ligeti verwendet zwar nur Cluster, diese aber werden so phantasievoll, komplex und dramaturgisch geschickt eingesetzt, dass daraus ein viertelstündiges Klanggemälde von gewissermaßen sinfonischer Vielgestaltigkeit und Architektur entsteht: Wie ein traditionelles Thema stellt er das Cluster anfangs als lautstarke statische Klangfläche vor, um es im Verlauf immer weiter und feiner zu differenzieren – es ändert seine Lautstärke und wird farblich abwechslungsreicher, beginnt im Tonraum zu wandern, spaltet sich in mehrere kleinere Klangbänder auf, die sich umeinanderranken, beginnt sich allmählich auch intern zu bewegen, und schließlich entwickelt sich aus dem initialen Klangkontinuum ein Gewitter an disparaten Kleinstclustern, die in verschiedenster Farbe und Lautstärke wild umherwirbeln, um am Schluss in einem trüben Schlussgeräusch aus ganz hohen und ganz tiefen Klangbestandteilen allmählich ins Nichts zu verebben. Eine klassische Steigerungsform mit beruhigendem Ende also, aber komponiert mit einem auf der Orgel neuartigen musikalischen Grundmaterial.

Eine Provokation? Zweifellos ein Infragestellen traditioneller Hörgewohnheiten, indem der Komponist hier weit über das hinausging, was selbst ein so experimentierfreudiger Innovator wie Olivier Messiaen ein Jahrzehnt zuvor in seiner *Messe de la Pentecôte* und in seinem *Livre d'Orgue* gewagt hatte. Eine Zumutung sicherlich auch, wenngleich in einem durchaus doppeldeutigen Sinn: Ligeti mutet der Zuhörerschaft zu, die Orgel neu zu erfahren und hörend zu entdecken, dabei zwar auf bekannte und bewährte Hör-Gewohnheiten zu verzichten, aber mit der Aussicht darauf, sich hierdurch ganz neue, lohnende, unbekannte Erlebnisbereiche zu erschließen. Das provokative Potenzial dieses Ansatzes war ihm zwar völlig bewusst: »Die Musiksprache meines Orgelwerkes ist untraditionell. Solch ein kompositorischer Standpunkt ist problematisch, wenn man bedenkt, daß die Orgel mehr als jedes andere Instrument durch Tradition vorbelastet ist« (Ligeti 1966, S. 313). Aber nicht die Provokation eines im Sinne der damaligen Avantgarde gewissermaßen modischen »épater le bourgeois« war sein Ziel, sondern etwas anderes, das er andeutet, wenn er im gleichen Text vom »übergroßen Reichtum an bisher noch unerforschten Klangfarben-Möglichkeiten« der Orgel spricht (Ligeti 1966, S. 311): das vorurteilslose Erkunden neuer Klangpotenziale auf dem durch Tradition am meisten belasteten Instrument.

Was dabei herauskam, war aber nicht nur für das Publikum neu. Auch die Spieler standen vor ungewohnten Aufgaben: Um die Tontrauben wiedergeben zu können, muss der Organist Handballen und -kante, Faust und sogar die Unterarme benutzen. Jahrzehntelanges Training der Finger nützt ihm hier nichts, er muss sich völlig neue Spieltechniken erschließen. Manchmal ist es sogar sinnvoll oder notwendig, Tastengewichte zur Hilfe zu nehmen, um Klänge zu halten, während man mit Händen und Füßen dazu spielt (Abb. 1). Und selbst die Notation musste Ligeti neu erfinden: Da es für ein Tasteninstrument unmöglich wäre, Tausende von kleingliedrigen Tonveränderungen detailliert mit traditioneller Notenschrift rhythmisch und melisch präzise wiederzugeben, entwickelte der Komponist eine vereinfachte grafische Notation, die zwar ausreichend genau ist, um die gewünschten Verläufe charakteristisch zu bezeichnen, andererseits aber ausreichend Freiräume lässt, um realisierbar zu bleiben (Abb. 2). Eine Zumutung für die damaligen Organisten, die deshalb das Stück nur zögerlich annahmen, so dass es eine Generation lang etwas für Spezialisten blieb. Mittlerweile ist *Volumina* gleichwohl zu einem festen Bestandteil des Repertoires geworden, und die dafür nötigen Spieltechniken werden an den Hochschulen in aller Welt gelehrt.

Abb. 1: Clusterspiel mit Handballen und Tastengewichten. Foto: Mustafa Kizilcay

Auch wenn die Umstände kurios gewesen waren – oder vielleicht gerade deshalb –, so wirkte das Konzert am 4. Mai 1962 in Radio Bremen wie ein Katalysator: Mit einem Mal stand die Orgel im Mittelpunkt des Interesses der an Neuer

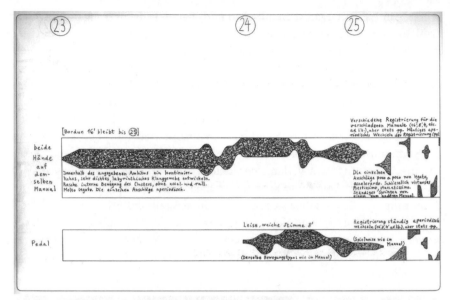

Abb. 2: György Ligeti, *Volumina* (Partiturausschnitt). © 1962 Henry Litolff's Verlag (Abdruck mit freundlicher Genehmigung C. F. Peters Ltd & Co. KG, Leipzig)

Musik interessierten Öffentlichkeit, vor allem aber: im Interesse der Komponisten. Hambraeus, Kagel und Ligeti hatten gezeigt, dass ein unvoreingenommener Zugriff auf die Klangpotenziale des Instruments Unerhörtes zutage zu fördern imstande war, und so machte sich die Avantgarde daran, das von ihnen erschlossene Terrain genauer zu untersuchen. In den folgenden Jahren und Jahrzehnten entstand so ein Corpus an neuen Werken, die, auf unterschiedliche Weise forschend und gestaltend, die Klang- und Ausdrucksmöglichkeiten der Orgel erweiterten. Und immer wieder hat man dabei der Zuhörerschaft, der ehrwürdigen Tradition des Instruments und nicht zuletzt auch der Kirche zugemutet, gewohnte Einstellungen und Denkmuster zu hinterfragen.

Japanische Hofmusik in der Kirche: Bengt Hambraeus, *Shogaku*

Einer der Innovativsten unter denen, die sich mit der Orgel befassten, war Bengt Hambraeus, der schon in den 1950er Jahren mit Experimenten auf der Göteborger Konzerthausorgel die Techniken vorbereitet hatte, die Ligeti in *Volumina* verwendete. Mit seinen *Interferenzen* hatte er zum Bremer Konzert ein anderes Schlüsselwerk der Neuen Orgelmusik beigetragen, und für nahezu 15 Jahre erweiterte er nun in praktisch jeder seiner nachfolgenden Orgelkompositionen den Ambitus dessen, was bisher auf der Orgel für möglich gehalten worden war.

Eines der ersten dieser Stücke war *Shogaku* (1967; CD: Klangbeispiel 2). Der Titel fügt zwei japanische Begriffe neu zusammen, *shō* und *gagaku*: *Shō* ist die japanische Variante einer in Asien verbreiteten Instrumentenfamilie, die man in Europa als Mundorgel bezeichnet (Abb. 3): Der Spieler bläst durch ein seitliches Mundstück in eine Windkammer, wo die Luft wie in einem Magazin gesammelt und bei Bedarf an die oberhalb aufgesteckten 17 Pfeifen abgegeben wird, die man durch Fingerbewegung zum Klingen bringt. Das Instrument, eine Durchschlagzunge ähnlich der Mundharmonika, eignet sich gut für leise, aber durchdringend hörbare gehaltene Akkorde und wird dementsprechend in der japanischen Hofmusik (*gagaku*) als Harmonieträger genutzt.

Abb. 3: Shō (aus dem Gifu Castle Museum). Foto: Jnn. https://commons.wikimedia.org/wiki/File:Gifujyou5846.JPG (Public domain; abgerufen am 01.08.2018)

Auf der europäischen Orgel sind durchschlagende Zungen zwar so gut wie unbekannt, aber durch die Kombination verschiedener Register kann man ihren Klang imitieren. Das nutzt Hambraeus aus und ahmt in den initialen Liegeklangpartien seines Stücks japanische Akkordfolgen, wie sie in Gagaku-Stücken vorkommen, detailgenau nach. Und zumindest von ihrer Klanglichkeit her erinnert die später dazukommende Melodie an die oboenartige japanische *Hichiriki*, eines der Soloinstrumente im Gagaku-Orchester. Insgesamt ist der über weite Strecken meditative Gestus der Komposition mit ihren langanhaltenden Liegeklängen hörbar von asiatischer Musikästhetik geprägt. Gesprächsweise erläuterte mir der Komponist, dass darüber hinaus selbst der geheime »Plot« des

Stücks fernöstlich sei, handle es sich doch um das »Wecken des Drachen«, ein japanisches Frühlingsritual, das in den wilden Clustergewittern der Schlusspartie zur Geltung kommt: Der Komponist hatte den Satz für Karl-Erik Welin geschrieben, der seinerzeit mit schwerer Krankheit in einer Klinik lag, und erhoffte sich, mit dem Stück, seiner Botschaft und dem darin enthaltenen Anreiz, Orgel zu spielen, die Lebensgeister des genialen Organisten wieder zum Leben erwecken zu können (was übrigens gelang).

Der kompositorische Ansatz, musikalisches Material und Gedankengut aus einer anderen Musikkultur in die eigene zu übertragen, erscheint uns Heutigen, die in einer globalisierten, medial vernetzten Welt leben, recht normal. Das war 1967 noch nicht so, doch selbst jenseits dessen und selbst heute strapaziert dieses Stück auf eine sehr grundsätzliche Weise die kulturellen Vorstellungen der Hörerschaft: japanische Klänge auf dem europäischsten aller Klangkörper, Hofmusik auf dem Kircheninstrument schlechthin? Hambraeus provoziert mit seiner musikalischen Japanreise all diejenigen, die die Orgel primär als Werkzeug und Dienerin des Kultes verstehen, für die auf der Orgel, weil sie primär in Kirchen zu finden ist, nichts erklingen sollte, was mit der Bestimmung einer Kirche nichts zu tun hat. Eine Zumutung in einem sehr viel tiefer gehenden Sinne war – und ist – dieses Stück also, sehr viel mehr als nur die Verletzung von Hörgewohnheiten, indem es grundlegend kulturelle Vorstellungen und Praktiken in Frage stellt. Auch hier aber, wie in *Volumina*, war die Intention des Komponisten nicht die Provokation, sondern das Aufsuchen und die Erkundung neuer Ausdruckspotenziale des Instruments, aus denen sich gleichwohl sekundär unter bestimmten Blickwinkeln eine Provokation ergab.

Die Entzauberung des königlichen Blabla: Mauricio Kagel, *Rrrrrrr...*

Noch weitaus entschiedener als Hambraeus spielt Mauricio Kagel mit unseren Vorstellungen über die Orgel in seinem Zyklus *Rrrrrrr...* (1980/81). Die Sammlung gibt sich harmlos als musikalisches Lexikon von sieben Orgelstücken, die alle mit dem gleichen Buchstaben beginnen, aber sie hat es in sich: Praktisch jedes Stück nimmt einen Aspekt der Orgel aufs Korn, der uns geläufig und vertraut ist und gewissermaßen selbstverständlich erscheint, es aber doch eigentlich gar nicht ist. Der erste Satz, *Râga* (CD: Klangbeispiel 4) zum Beispiel entfesselt eine rasche, durchwegs einstimmige Melodie, die uns exotisch vorkommt. An diesem Stück stimmt jedoch irgendwie gar nichts: Ein Râga ist ein Improvisationsmodell in der indischen Musik, hier wird er – typisch europäisch – komplett ausnotiert, geschrieben für ein einzelnes Instrument, das (heutzutage) in einer Kirche steht, nicht – wie es für einen echten Râga normal wäre – für ein mehrköpfiges Instrumentalensemble, das im Freien musiziert. Die Orgel wird hier nicht sonderlich ernst genommen, ihre quasi unbegrenzten Möglichkeiten zur Mehrstimmigkeit werden einfach ignoriert. Zu allem Überfluss ist der Râga noch nicht einmal ein wirklicher Râga, er kommt uns nur so vor: Kagel verwendet für seine Melodie eine sogenannte »Zigeunertonleiter«, eine Skala, die man im 19. Jahrhundert in Europa zu nutzen begann, wenn man exotisches Kolorit brauchte; Bizet verwendet sie zum Beispiel in seiner Oper *Carmen*. Zigeuner haben diese Leiter seinerzeit weder erfunden noch benutzt, und mit Indien hat sie schon gar nichts zu tun, aber Kagel kann darauf zählen, dass in unseren Köpfen beim Hören sofort Bilder tanzender Derwische oder turbangeschmückter Schlangenbeschwörer aktiviert werden, einfach aufgrund unserer Hörerfahrungen, in denen diese Leiter für genau solche Kontexte codiert ist. Eine intelligente, doppelbödige Provokation, die durch ihre mehrgleisigen Irritationen Denkanstöße gibt: Einerseits stellt Kagel unsere Vorstellungen von dem in Frage, was auf einer Orgel sinnvoll und angemessenerweise gespielt werden sollte, andererseits ist das, was gespielt wird, selbst ein Klischee, das wiederum unser musikalisches Vokabular als solches hinterfragt.

Nicht weniger hintersinnig kommt der *Ragtime-Waltz* (CD: Klangbeispiel 5) daher. Auch hier kratzt der Komponist an einem Tabu: Können wir erlauben, auf einem Kircheninstrument einen Tanz zu spielen, noch dazu einen Paartanz wie den Walzer? Paare kommen zum Heiraten in die Kirche, nicht zum Walzen. Darf die »Königin der Instrumente« sich überhaupt so volkstümlich geben? Aber Kagel treibt es noch schlimmer, denn auch hier ist hinter den Kulissen alles schief. Das beginnt mit dem Rhythmus beziehungsweise dem Takt: Ein Walzer ist bekanntlich ein mehr oder weniger flotter Dreierrhythmus, ein Ragtime hingegen steht im geraden Takt. Der Komponist zwingt beide hier in einen ungeraden Takt zusammen, wobei vom Ragtime nur noch die typische Betonungsverschiebung (Synkope) übrigbleibt. Die aber ist so penetrant, dass das ganze Stück hiervon seinen Charakter bekommt. Erst daran wird einem klar, dass hier zwei vom Ursprung her einander völlig fremde musikalische Zutaten verrührt werden, bürgerliche Musik des 19. Jahrhunderts und eine Vorform des »schwarzen« Jazz. Zu allem Überfluss ist die Musik aber nicht einmal Walzer oder Ragtime. Die Begleitung scheint mit ihren standardisierten Kadenzformeln ein klares h-Moll vorzugeben, aber die Melodie gerät durch zahllose und zunehmend wildere Tonveränderungen immer häufiger aus der harmonischen und tonalen Spur, so dass sich krasse, unaufgelöste Dissonanzen häufen und den tonalen Kontext allmählich aushebeln. Der Tonfall wird dadurch weinerlich und schmerzhaft, Melodie und Begleitung passen so wenig zusammen, als leide der Spieler an motorischen Störungen und Aussetzern. Merkwürdige synkopierte Ausreißer in der Melodie klingen zudem wie die tonmalerische Imitation eines aufstoßenden Alkoholikers. All dies, Unterhaltungsmusik, Tanz, Suff, konfligiert aufs Heftigste mit der Würde des Instruments und der Heiligkeit des Ortes. Diese

Musik ist eine wirkliche Provokation, die durch ihre Doppelbödigkeit beim Hörer Konnotationskonflikte auslöst und Tabus verletzt. Die Entmythologisierung der Orgel ist in allen Orgelwerken Kagels Programm; in einem Brief an Dieter Schnebel schreibt er schon zu seinem ersten Orgelwerk, *Improvisation ajoutée*, es gehe darum, »die gewöhnliche Majestät des könglichen Blabla« zu zerstören (zitiert nach Schnebel 1970, S. 92).

Orgelmusik als Zeitkapsel: Bengt Hambraeus, *Extempore*

Eine interessante provokatorische Dimension ist in einem weiteren Schlüsselwerk der Neuen Orgelmusik enthalten, Bengt Hambraeus' *Extempore* (1975; CD: Klangbeispiel 3). Ein Blick in die Partitur (Abb. 4) verdeutlicht, warum: Hambraeus schuf hier eine Universalpartitur, in der Notationen und Zitate vom Mittelalter bis in die Neuzeit zusammengefügt sind (detailliert hierzu Jacob 1996). Ihre Anordnung ist mobil, und so hat der Spieler die Aufgabe, dieses scheinbare Chaos in eine geordnete Architektur und Dramaturgie zu bringen. Dabei hat er große Freiheiten, die von der Festlegung der Aufführungsdauer (zwischen 10 und 50 Minuten) bis hin zu Entscheidungen darüber reichen, welche Elemente er verwenden will und wie er die gewählten Elemente sukzessiv oder simultan kombiniert.

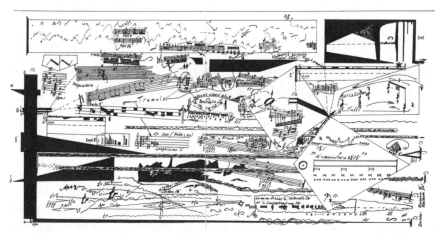

Abb. 4: Bengt Hambraeus, *Extempore*. © Gehrmans Musikförlag AB (Abdruck mit freundlicher Genehmigung Gehrmans Musikförlag AB, Stockholm)

Diese Offenheit beziehungsweise Flexibilität der Form sprengt unsere Vorstellung vom traditionellen Kunstwerk als einer abgeschlossenen, fertig geschaffenen und reproduzierbaren »Gestalt«: Die Komposition kann nie zweimal auf die gleiche Weise erklingen, sie wird gewissermaßen immer wieder uraufgeführt. Hambraeus berichtet, dass diese Offenheit ihn bei der Uraufführung, die er selbst spielte, zu einer sogar für den Komponisten überraschenden Interpretation seiner eigenen Musik führte (Hambraeus 1997, S. 189).

Was am Ende herauskommt, fordert aber nicht nur Spieler und Zuhörerschaft heraus, die sich in dieser Abbreviatur der europäischen Musikgeschichte zurechtfinden müssen. Es war und ist recht eigentlich und in viel größerem Maße eine Zumutung für die avantgardistischen Komponistenkollegen: Ist das noch eine Komposition, oder ist das ein Ragout, eine beliebige Collage ohne Stil- und Formwillen? »*Épater l'Avantgarde*« hatte Ligeti augenzwinkernd die Haltung seines Horntrios kommentiert, das ebenfalls gegen scheinbar feststehende »Gesetze« der Avantgarde verstößt (DIE ZEIT 1993), und damit eine interessante Frage aufgeworfen: Auch wenn das Publikum, über mehrere Jahrzehnte immer aufs Neue und zu Genüge provoziert, schon an alles gewöhnt ist, wie aber steht es um die Offenheit der Avantgarde? *Extempore* stellt mit seinen Zitaten und Anspielungen und der Universalität seiner Bezüge die seit den 1950er Jahren in der europäischen Neuen Musik über lange Zeit vorherrschende Autonomieästhetik und Materialkohärenz in Frage und verweist stattdessen auf die Allverfügbarkeit praktisch aller, selbst zeitlich und räumlich disparater Musik in unserem Bewusstsein und in unseren kulturellen Praktiken. Das Stück gerät hier gewissermaßen zu einer Art Zeitkapsel, in der kulturelle Erinnerungen aufbewahrt und vernetzt sind. Ist das noch etwas, das die Hüter der Avantgarde als Komposition durchgehen lassen, oder hatte Hambraeus damit den Boden des *Common Sense* der Neuen Musik verlassen? Diese Fragen sind im Zusammenhang mit seinem Schaffen und seinen theoretischen Schriften kritisch diskutiert worden (ausführlich dazu z. B. Broman 1999). Hambraeus selbst hingegen hat durch seine verbale oder – wie in *Extempore* – künstlerische Positionierung auf die Gefahr der Ideologisierung verwiesen, die immer dort wächst, wo ästhetische Paradigmen und Übereinkünfte als allgemeingültig hingestellt werden. Unter diesem Blickwinkel kann man *Extempore* als großangelegte, unbekümmerte Provokation der Avantgarde verstehen, deren Grundüberzeugungen hier aus der eigenen Mitte heraus hinterfragt werden.

Wie langsam ist »langsam«? – John Cage, *Organ*² / *ASLSP*

Zumutungen dieser Dimension (wenn auch nicht unbedingt dieser Art) hätte man sich eigentlich von John Cage erwartet, dessen *4:33* seinerzeit nicht nur einen handfesten Uraufführungsskandal beim überforderten Publikum auslöste, sondern auch eine Paradigmendiskussion innerhalb der Avantgarde einleitete.

Aber die sanften Klangfolgen von *Organ²* / *ASLSP* (1987, CD: Klangbeispiel 6) scheinen beim ersten Hören keinen provokativen Sprengstoff zu bergen.

Das Stück entstand, als der deutsche Organist Gerd Zacher, einer der engagiertesten Interpreten der Neuen Orgelmusik seit den 1960er Jahren, der bereits mehrere Cage-Kompositionen auf der Orgel gespielt hatte, Cage um ein neues Orgelwerk bat: Cage kam damals die Idee, sein zwei Jahre zuvor geschriebenes Klavierstück *ASLSP* auf die Orgel zu übertragen. Der rätselhafte Titel ist gleichzeitig eine Anspielung auf eine Textstelle aus James Joyces *Finnegan's wake* (»Soft morning city. Lsp!«) als auch eine abgekürzte Anweisung, wie das Stück zu spielen ist: *as slow(ly) as possible*. Was das bei einem Klavierstück bedeutet, ist relativ klar: Wenn, wie es Cage vorschreibt, die Komposition so klingen soll, wie die Partitur aussieht, dann muss, da keine Pausen notiert sind, ein neuer Klang immer dann angeschlagen werden, sobald der letzte verklungen ist. Das führt dazu, dass *ASLSP* etwa 20 Minuten dauert. Das Stück besteht aus liegenden Klängen, die sich weder entwickeln noch im Sinne von Gestalt und Variante aufeinander beziehen und so zur Wahrnehmung von Klang und Zeitfluss als Eigenwert anregen. Das versetzt unsere Vorstellung von dem, was Musik sei, mit einem Fragezeichen und ist insofern eine Provokation der Hörerschaft (die deshalb in Bezug auf diesen Komponisten immer wieder einmal aufs heftigste reagiert hat), aber nur insoweit, als unsere Hörgewohnheiten und -erwartungen durch ein völlig andersgeartetes ästhetisches Konzept (das auf Wahrnehmung ausgerichtet ist) infrage gestellt werden – mitnichten handelt es sich um einen platten Versuch, mit abwegigen Klangexperimenten die Ohren des Publikums zu malträtieren.

Was geschieht nun, wenn man ein derartiges Konzept auf die Orgel überträgt? Anders als beim Klavier verklingt ein Orgelakkord ja nicht, er ertönt so lange, wie die Tasten gehalten werden und Luft für die Pfeifen vorhanden ist. Plötzlich muss der Organist für sich entscheiden, wie langsam »as slow as possible« für ihn ist oder in einer Aufführungssituation sein soll. Das Stück mutet also dem Spieler zu, seine Möglichkeiten oder seine Bereitschaft auszuloten, sich der absoluten musikalischen Langsamkeit auszusetzen, gewissermaßen eine meditative Disziplinierungsübung. Natürlich gilt das in der Konzertsituation dann genauso für die Zuhörerschaft, die sich auf den verlangsamten Zeitfluss psychologisch einstellen muss.

Interessanterweise dauern oft auch Orgelaufführungen von *Organ²* / *ASLSP* etwa 20 Minuten (so auch die Konzertaufnahme auf der CD, die diesem Text beigegeben ist), so als wäre hier eine psychische Schwelle erreicht, die nur mit größerer Mühe überschritten werden kann. Sicher spielen aber auch pragmatische Überlegungen eine Rolle, etwa die übliche Dauer eines Konzerts oder der Wunsch nach Abwechslung im Programm.

Diese an sich ja willkürlichen Einflussfaktoren, die so gar nicht aus dem Geist des Stücks kommen, brachten eine Gruppe von Organisten und Cage-Fans vor zwanzig Jahren auf eine Idee: Was, wenn man Cages Anweisung für dieses Stück im Sinne des Instruments Orgel radikal ernst nähme? Dann entspräche die Aufführungsdauer der Komposition der Lebensdauer einer Orgel, denn erst wenn dem Instrument die Luft ausgeht, wäre das Stück zu Ende. Dieser Gedanke war die Geburtsstunde dessen, was heute als Halberstädter Cage-Projekt Berühmtheit erlangt hat: In der dortigen Burchardikirche wird seit dem 5. September 2001 (Cage, der 1992 gestorben war, wäre an diesem Tag 89 geworden) *Organ²* / *ASLSP* wirklich »so langsam wie möglich« aufgeführt, oder doch zumindest äußerst langsam, denn die Aufführung ist auf 639 Jahre konzipiert. Die willkürlich anmutende Dauer, die so aussieht, als hätte man sie auf dem Trossinger Symposium, während dem 1997 die Idee Gestalt annahm, auf gut cagesche Manier durch Würfelwurf ermittelt, ist so willkürlich nicht. Man nahm das gesicherte Entstehungsjahr der ersten dokumentierten Großorgel mit moderner Tastatur, die 1361 im Halberstädter Dom errichtet worden war, rechnete bis zum Jahr 2000 und setzte das Ergebnis – 639 Jahre als antizipierte Lebensdauer einer Orgel – für das Cage-Projekt fest.

Seither erklingt Cages Komposition in einer gegenüber herkömmlichen 20-Minuten-Aufführungen etwa 800.000-fachen zeitlichen Vergrößerung. Die Tasten werden durch Gewichte niedergedrückt, und die Orgel ist nicht einmal fertig gebaut, vielmehr entstehen die Pfeifen nach und nach, so, wie sie gebraucht werden. Klänge bleiben oft über Jahre unverändert (der längste 58 Jahre), selbst die kürzesten von ihnen (kleine Vorschlagsnoten) dauern Monate; und ganz so, wie es Cage gefallen hätte, begann die Aufführung mit einer 17-monatigen Stille, da der erste Akkord nicht unmittelbar zu Beginn des ersten Notensystems platziert ist, das Stück also gewissermaßen mit einer Pause beginnt (Abb. 5).

Jenseits der Tatsache, dass ein Besuch der Halberstädter Burchardikirche mittlerweile ein Insidertipp für Event-Touristen geworden ist (Youtube ist voll von Erlebnisberichten), was dem Stück wie dem Projekt vordergründig ihr provokatives Potenzial zu nehmen scheint, indem die Sensation all das überdeckt, was einen nachdenklich machen kann, wirft die Idee doch eine Reihe von Fragen auf, angefangen von rein technischen wie der, ob man in 639 Jahren noch Strom produzieren (können) wird, um den Orgelmotor für die Windversorgung zu speisen, über ästhetische, ob man dauerhaft das künstlerische Konzept des Projekts für so bedeutsam halten wird, dass man die Orgel weiter spielen lässt, bis hin zu grundsätzlichen, ob zum Beispiel zum errechneten Endzeitpunkt überhaupt noch eine Menschheit existieren wird und ob diese Menschheit dann bereit gewesen ist, 639 Jahre für ein solches Projekt zu sorgen, oder ob sie es geschafft hat, die Orgel in Konflikten, Kriegen und Katastrophen vor Zerstörung oder Stilllegung zu schützen. Man kann, auch dies wieder sehr cage-mäßig, das

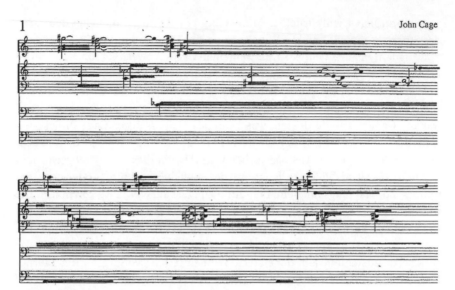

Abb. 5: John Cage: *Organ²* / *ASLSP* (Partiturausschnitt). © 1987 Henmar Press Inc. (Abdruck mit freundlicher Genehmigung C. F. Peters Ltd & Co. KG, Leipzig)

ganze Projekt in dieser Perspektive als eine große optimistische Provokation unseres Zivilisationspessimismus lesen. Dass darüber hinaus alle Gewohnheiten im Zusammenhang mit geläufigen Konzertpraktiken hinterfragt werden, verkommt angesichts dieser großen Unbekannten fast zu einer Randnotiz, denn immerhin geht es hier ja auch noch um Fragen wie die nach dem Sinn von Musik oder um das Verständnis dessen, was ein Musikstück oder ein Konzert sei. Provokation als Hervorrufen von Fragen: Das Halberstädter Cage-Projekt provoziert auf tiefgründige, grundsätzliche und weitreichende Weise auch all das, was wir in Bezug auf unseren Umgang mit Musik (oder sollten wir lieber neutraler »Klang« sagen?) für gegeben gehalten hatten. Das war von Cage so nicht vorgesehen, aber, darüber sind sich alle einig, die ihn kannten oder sich ausgiebig mit seinem Schaffen und Denken beschäftigt haben, es hätte ihm sehr gefallen.

Provokation?

Liest man die Geschichte der »Neuen Orgelmusik« unter dem Blickwinkel der ihr innewohnenden Zumutungen, so erscheinen die 25 Jahre von *Volumina* bis zu *Organ²* / *ASLSP* wie eine Genealogie des Fallens aller nur denkbarer Tabus – die Musik provozierte die Hörerwartungen und -erfahrungen des Publikums, stellte die Gebundenheit der Orgel an musikalische Tradition und ihre Funktion im Dienste der Kirche in Frage, machte sich schließlich an Tabus wie die Würde des

Instruments und wurde im Halberstädter Cage-Projekt am Ende zu einem Werkzeug, das kulturelle Grundüberzeugungen unserer Zivilisation auf den Prüfstand stellt. Nicht immer kann man dabei das, was in den Kompositionen als Zumutungen an Hörer, Spieler oder Kollegen aufbrach, als intentionale Provokationen auffassen, oft (*Volumina, Shogaku, Organ² / ASLSP*) ging es den Komponisten stattdessen um die Erweiterung und Erforschung von neuen Ausdrucksmitteln (Ligeti, Hambraeus) oder von grundsätzlichen ästhetischen Modalitäten (Cage). Da dabei aber gewohnte Denk- und Wahrnehmungsmuster infrage gestellt, verändert oder erweitert wurden, ist die Neue Orgelmusik immer wieder auch vorwurfsvoll aufgenommen worden. Den Begriff des »Pro-Vocare« kann man deshalb durchaus im ursprünglichen doppelten Wortsinn als »Hervor-Rufen« verstehen, als Hervorrufen von bisweilen ablehnenden Hörerreaktionen ebenso wie als Erzeugen von erweiterten oder ganz neuartigen Wahrnehmungsstrategien.

Zeitgenössische Musik für eine historische Orgel: Martin Herchenröder, *zeit raum*

Eine interessante Fortsetzung erfährt diese Geschichte auf einem Feld, das in den letzten 25 Jahren zunehmend an Bedeutung gewonnen hat, der Komposition zeitgenössischer Orgelmusik für historische Orgeln. Noch mehr als ohnehin schon, wenn die Avantgarde sich an die »Königin der Instrumente« macht, liegt hier Provokation in der Luft, denn neben der Ehrfurcht vor der Würde des Instruments an sich steht hier die Scheu vor dem Alter der individuellen Orgel, ihrer sicht- und hörbaren Verflochtenheit in die Geschichte der Religion und der Musik zur Disposition. Ein Beispiel mag dies abschließend verdeutlichen.

In den 1740er Jahren beauftragte die Stadtkirche St. Wenzel in Naumburg den Orgelbauer Zacharias Hildebrandt mit dem Neubau einer großen dreimanualigen Orgel. Man hatte das Projekt im Vorfeld durch mehrere Gutachten renommierter Sachverständiger vorbereiten lassen, darunter eines von Johann Sebastian Bach. Bachs Stellungnahme ist zwar leider verschollen, aber es sprechen mehrere gute Gründe dafür, dass er durch sein Votum die Verantwortlichen dazu bewogen hatte, dem jungen und mit derartigen Großaufträgen bisher noch nicht sonderlich erfahrenen Hildebrandt den Zuschlag zu geben. Jedenfalls ist es das einzige Instrument, in dem Bachs Vorstellungen (die wir kennen) von einer großen und schönen Orgel verwirklicht erscheinen, denn der Thomaskantor hatte zeitlebens keine Gelegenheit, an einer seiner Arbeitsstellen ein neues Instrument nach eigenem Konzept realisieren zu lassen.

Wie damals üblich, wurde die Naumburger Orgel nach erfolgter Errichtung in einem aufwendigen Verfahren geprüft, und zwar durch Hildebrandts Lehrmeister Gottfried Silbermann, den wohl berühmtesten Orgelbauer der damaligen Zeit, sowie auch durch Johann Sebastian Bach, der das Instrument am 27. September 1746 abnahm und vermutlich, wie es bei solchen Anlässen Usus war, mit einem kleinen Konzert einweihte. Wie in den allermeisten Fällen blieb die Orgel in den nachfolgenden Jahrhunderten nicht von Versuchen verschont, sie dem Geschmack der jeweiligen Gegenwart anzupassen. Die letzte große Adaption fand 1933 statt, man änderte damals zum Beispiel die Windversorgung, die Spieltraktur wurde elektrifiziert und der Tonumfang erweitert. Ein aufmerksamer Zeitgenosse merkte jedoch, dass man dabei war, ein historisches Monument zu zerstören, und dokumentierte vor dem Umbau den damals aktuellen Zustand in einer beispiellos detaillierten Beschreibung aller Einzelheiten.

60 Jahre später hatte sich das Bewusstsein geändert, nun wollte man zurück zum Original. In einem jahrelangen, gewissermaßen kriminologisch-detektivischen Rechercheprozess und nicht zuletzt mit Hilfe der Dokumentation von 1933 gelang es, ein so genaues Bild der Originalorgel zu gewinnen, dass eine praktisch lückenlose Zurückrestauration auf den Urzustand möglich erschien. Doch es regte sich Widerstand: Den Naumburgern war klar, dass sie nach einer solchen Maßnahme zwar Bachs Idealinstrument haben würden, aber niemals mehr würde man auf ihm Reger oder gar Messiaen spielen können, deren Musik nach dem Umbau 1933 hier aufführbar geworden war. Den Gewinn historischer Authentizität würde man mit einem massiven Verlust an Flexibilität bezahlen. Die Verantwortlichen kamen deshalb auf eine Idee: Man entschied sich für die Rekonstruktion der originalen Hildebrandt-Orgel, aber um zu zeigen, dass auch auf einem solchen historischen Instrument nicht nur die Musik seiner Entstehungszeit gespielt werden kann, vergab man einen Kompositionsauftrag: aktuelle Musik für eine historische Orgel.

Welch ein wundervoller Anlass für eine neue Komposition! Schon der historische Bezugsrahmen lädt ja ein, in die Erfindung einbezogen zu werden, und so ist der siebensätzige Zyklus *zeit raum*, mit dem ich auf den Auftrag reagierte, unter anderem eine Auseinandersetzung mit der Geschichte der Orgelmusik im Allgemeinen und dieser Orgel im Besonderen.

Man kann das schon an den Titeln sehen, die auf überlieferte Satztechniken oder Formen Bezug nehmen – der Satz *Orgel-Punkte* (CD: Klangbeispiel 9) etwa bezieht sich auf die Technik des Orgelpunkts, das heißt langer Liegetöne beziehungsweise vielfach repetierter Einzeltöne, die schon in der Musik der Bachzeit längeren Satzpartien zugrunde lagen und sie harmonisch zusammenhielten. Freilich werden diese alten Techniken unter den kompositorischen und ästhetischen Bedingungen unserer Zeit neu durchdacht, was zu ganz neuartigen Klanggebilden führt. In diesem Satz beispielsweise agglomerieren die repetierten Orgelpunkt-Töne erst zu Akkorden, schließlich zu dichten Clustern, die den Melodien nicht mehr Grundlage oder Widerpart sind, sondern sie am Ende dynamisch überwuchern.

In der Tat kann die Neuinterpretation alter Formen bis zur Provokation gehen, so zum Beispiel im Satz *Intonation* (CD: Klangbeispiel 8). Der Titel ist ein Wortspiel: Intonation ist einerseits das, was der Orgelbauer tut, wenn die Orgel komplett aufgebaut ist – die einzelnen Pfeifen werden dann gestimmt und klanglich homogenisiert, damit jedes Register so sauber und einheitlich klingt, als sei es ein eigenständiges Instrument. Intonation ist andererseits eine musikalische Form, nämlich ein kleines Choralvorspiel, das zur Einstimmung der Gemeinde auf ein gemeinsames Lied gespielt wird. Die *Intonation* aus *zeit raum* spielt mit dieser doppelten Wortbedeutung, indem sie einerseits die erste Zeile des Chorals *Nun bitten wir den heiligen Geist* durchführt, die, in Einzeltöne fragmentiert, in die durcheinanderwuselnden Akkorde eingebettet ist: ein modernes Choralvorspiel also. Andererseits werden in diesem Satz alle Register nur halb gezogen. Das führt dazu, dass die Pfeifen nicht ausreichend Luft bekommen, weshalb sie keine klaren Tonhöhen, sondern faulig-schöne Klänge und Geräusche produzieren, ähnlich elektronischer Musik, was die komponierten Harmonien klanglich völlig deformiert. Statt Intonation also Detonation des Orgelklangs, und das bei der Einweihung einer gerade frisch restaurierten, gewissermaßen erneut gebauten Orgel! Hat der Orgelbauer nicht richtig gestimmt? Oder hat die Neue Orgelmusik einmal wieder eine Orgel demoliert? Glücklicherweise ist das Procedere für die Orgel völlig idiomatisch und ungefährlich, es offenbart lediglich eine klangliche Dimension des Instruments, die in der orgelmusikalischen Tradition nicht genutzt worden war.

Bezüge auf die Tradition, auch auf die spezielle Geschichte dieser Orgel, reichen bis in die Verwendung einzelner Akkorde – der erste Satz, *Fantasie*, zum Beispiel (CD: Klangbeispiel 7), beginnt mit einem lang gehaltenen C-Dur-Akkord. Er ist der Schlussklang von Bachs großer Fuge BWV 547, die der Komponist möglicherweise hier zum Abschluss der Orgelprüfung gespielt, vielleicht sogar uraufgeführt hat. Es ist so, als hätte die machtvolle Harmonie seit diesem Tag in diesem Raum gehaust, geschlafen und nur darauf gewartet, wieder zum Leben erweckt zu werden. Aber auch hier stimmt etwas nicht: Sie scheint sich ins Unendliche zu dehnen, wird länger, als ein tonaler Akkord in einem barocken Stück jemals sein könnte, saugt sich wie ein Hurrikan mit immer mehr Energie voll, bis sie am Ende in einen wilden Wirbel lautstark tobender Bewegung ausbricht.

Der Zyklus hielt für die Zuhörerschaft der Uraufführung also durchaus eine Reihe von Zumutungen bereit, die ihre Erwartungen in Bezug auf den – bei einem solchen Kompositionsauftrag allfälligen – Traditionsbezug ebenso revidieren mussten wie ihre mitgebrachten Vorstellungen von dem, was Orgelmusik sei. Die eigentliche Provokation aber lag ganz woanders: Es war die Orgel, die den Komponisten provozierte. Dies weniger durch die Einschränkungen und Besonderheiten, die eine Zurückrestauration auf den barocken Urzustand mit sich brachte (also etwa die reduzierten Tastaturumfänge oder das historische – »wohltemperierte« – Stimmungssystem), als vielmehr im Sinne eines Hervor-Rufens von Entdecker- und Forscherdrang, denn, was vorher niemandem so klar gewesen war, wurde erst deutlich, als das Instrument fertig aufgebaut in der Kirche stand: Man hatte etwas rekonstruiert, das kein Mensch des 20. Jahrhunderts jemals gehört hatte und hätte voraussagen können. Indem man auf eine Klanglichkeit zurückging, die im Laufe der Jahrhunderte immer mehr verändert worden und schließlich verloren gegangen war, schuf man durch Rekonstruktion eine Orgel, die für Hörer, Spieler und Komponisten des 20. Jahrhunderts so neu war wie ein völlig neu erfundenes Instrument. Die Herausforderung und der Anreiz für den Komponisten waren, dieses in seinen Möglichkeiten und Besonderheiten zu erforschen und in darauf bezogener neu erfundener Musik in seinen Eigenheiten hörbar zu machen. Jeder Satz des Zyklus tut das auf seine Weise, *Fantasie* zum Beispiel in den blitzschnellen Registerwechseln in der zweiten Satzhälfte, *Intonation* über die Poesie der durch Windreduktion verformten Akkorde, *Orgel-Punkte* in der Erforschung der Möglichkeiten der Klangdifferenzierung durch verschiedene gleichzeitige Anschlagsarten und den Effekten dynamischer Klangüberlagerung. Die Provokation des Publikums ist also auch in diesem Zyklus nur eine sekundäre, denn der Impuls des Komponierens ging aus von der Erkundung der »Persönlichkeit« dieser Orgel, die den Komponisten vielmehr selbst mit ihren zahlreichen offenkundigen oder verborgenen, auf jeden Fall aber immer wieder verblüffenden Klangpotentialen herausforderte. So reiht sich *zeit raum* gewissermaßen organisch in die Geschichte der Neuen Orgelmusik ein, in der die Komponisten sich aufmachten, die klanglichen Möglichkeiten der Orgel voraussetzungs- und vorbehaltlos zu erforschen, und dabei Publikum und Spieler zumuteten, ihre gewohnten Hör- und Denkweisen infrage gestellt zu sehen.

Literatur

Broman, Per F. (1999): »Back to the Future«. Towards an Aesthetic Theory of Bengt Hambraues. Göteborg.
Dibelius, Ulrich (1994): György Ligeti. Eine Monographie in Essays. Mainz.
Hambraeus, Bengt (1997): Aspects of Twentieth century Performance Practice. Memories and Reflections. Uppsala.
Herchenröder, Martin (1999): Struktur und Assoziation. György Ligetis Orgelwerke. Schönau.

Jacob, Andreas (1996): Bengt Hambraeus: Extempore. Musik und Kirche 66 (4), S. 229–233.

Ligeti, György (1966): Die Orgel sprengt die Tradition. Melos 33 (10), S. 311–313.

Ligeti, György (1993): Lasst mich tun, was ich will. Interview mit Eckhard Roelcke. Die Zeit vom 28. 05. 1993.

Nordwall, Ove (1971): György Ligeti. Eine Monographie. Mainz.

Schnebel, Dieter (1970): Mauricio Kagel. Musik – Theater – Film. Köln.

von Lewinski, Wolf-Eberhard (1962): Die Orgel als Elefant oder Königin. Die neuesten Experimente der Musik-Avantgardisten in Bremen. Christ und Welt 15 (22), S. 20.

CD »Zumutungen«

1 György Ligeti (1923–2006): Volumina (1961, rev. 1966)
2 Bengt Hambraeus (1928–2000): Shogaku (1967)
3 Bengt Hambraeus (1928–2000): Extempore (1975)
4 Mauricio Kagel (1931–2008): Zwei Stücke aus Rrrrrr... (1980/81): Raga
5 Mauricio Kagel (1931–2008): Zwei Stücke aus Rrrrrr... (1980/81): Ragtime-Waltz
6 John Cage (1912–1992): Organ^2 / ASLSP (1987)
7 Martin Herchenröder (geb. 1961): Drei Stücke aus *zeit raum* (1996/2001): Fantasie (Sonnenton-Sturmerschütterung)
8 Martin Herchenröder (geb. 1961): Drei Stücke aus *zeit raum* (1996/2001): Intonation (Traumwandlungen)
9 Martin Herchenröder (geb. 1961): Drei Stücke aus *zeit raum* (1996/2001): Orgel-Punkte (Mondschwere – Erdfinsternis)

Martin Herchenröder, Orgel
Gabriel Isenberg und Torben Zepke, Assistenten (1, 3, 8)

Die Aufnahmen sind Konzertmitschnitte aus dem Studio für Neue Musik der Universität Siegen.
Technik und Master: Universität Siegen, ZIMT (Harald Becker, Oliver Lenk)
Orte und Daten: Martinikirche Siegen, 26. 04. 2009 (2), Nikolaikirche Siegen, 02. 11. 1997 (4, 5), St. Joseph, Siegen Weidenau, 23. 09. 2003 (1, 3, 6–9).

Gustav Bergmann[*]

Retropolitische Provokation und was wir dagegen tun können

In diesem Essay wird die Provokation als Stilmittel einer Retropolitik beschrieben. Problematisiert wird der Umgang mit Wahrheit, Wirklichkeit und
Realität. Letztlich wird versucht, einen klärenden Beitrag zu leisten, wie der
Politik der *fake news* und Unvernunft begegnet werden kann. Es geht dabei nicht
nur um eine »vernünftige« Vorgehensweise und Appelle an Einsicht, sondern um
die Infragestellung unseres widersprüchlichen Gesellschafts- und Wirtschafts-
systems.

1.   Aktueller Hintergrund

»If you are not my opinion, you are wrong.« Diese Aussage eines amerikanischen
Präsidenten bringt es auf den Punkt. Er ist ein Beispiel dafür, wie man mit den
Mitteln der Provokation an die Macht kommt, und so bestimmt er über richtig
und falsch, Freund und Feind, legal und illegal. Schon im Wahlkampf fütterte er
die Medien mit lauter Falschmeldungen, lauter provozierenden Äußerungen,
sodass ihm schließlich alles erlaubt erschien, während seine Gegenkandidatin
Mühe hatte, Verfehlungen aus der Vergangenheit medial zu kommentieren.
Ungeheuerlichkeiten in Form von rassistischen, frauenfeindlichen, sexistischen
und gewaltverherrlichenden Sprüchen und Reden, offensichtliche Lügen, Kri-
minalisierung unbescholtener Bürger und eben seiner Gegenkandidatin, ein
Pakt mit finsteren Gesellen aus der reaktionären bis faschistischen Ecke sowie
eine offensichtliche Politik für Millionäre, das alles wurde ihm erlaubt, verziehen
oder man war noch mit Richtigstellungen und Faktencheck beschäftigt, während
der von einer Minderheit »gewählte« Präsident weitere *fake news* produzierte.
Im Amt arbeitet er weiter mit Provokationen und bringt die Welt an den Ab-

---

[*] Univ.-Prof. Dr. Gustav Bergmann, Universität Siegen, Fakultät III (Wirtschaftswissenschaften
– Wirtschaftsinformatik – Wirtschaftsrecht), Lehrstuhl Innovations- und Kompetenzmana-
gement.

grund. Er rempelt und rüpelt auf politischer Ebene, provoziert, lenkt den Staat über Twitter-Nachrichten, hält sich nicht an Anstandsregeln und Diplomatie. Die Aufkündigung des Klimaabkommens wird dabei weniger problematisiert als seine sexistischen Sprüche. Es geht ganz unter, dass die Regierung Trump eine Politik für Superreiche mit nationalistischem Gepräge praktiziert, eine weitere Deregulierung der Finanzmärkte und Steuersenkungen betreibt und folglich die segregierte Gesellschaft noch mehr spaltet.

Die deutsche Variante dieser provozierenden Retropolitik zeigt sich in Akteuren der AfD. Höcke, Gauland und Weidel sondern immer wieder menschenverachtende, rassistische, verfälschende, schlicht negativ provozierende Äußerungen ab, die dann von ihnen zuweilen etwas relativiert, aber in keinem Fall zurückgenommen werden. Von »Schandmälern« wird geredet und das »Völkische« will man wieder etablieren. Den Nationalsozialismus mit Kriegstreiberei und Holocaust, in Folge 50 Millionen Tote, als »Vogelschiss in über 1.000 Jahren erfolgreicher deutscher Geschichte« (so Gauland am 02.06.2018 in seinem Grußwort beim Bundeskongress der AfD-Nachwuchsorganisation Junge Alternative über Hitler und die Nazis) zu beschreiben, ist schlicht kriminell. Es wird ausgetestet, wie weit man gehen kann, bis man Akteure der bürgerlichen Gesellschaft (und der anderen Parteien) so weit bringt, diese Denkweise zu adaptieren – oder zumindest die Wortwahl. Interessanterweise wird der anthropogene Klimawandel geleugnet und die Erbschaftssteuer will man ganz abschaffen, um dann eine autoritäre Ordnung zu errichten. Mit emotionalen Pseudo-Themen bringt man Menschen hinter sich, arbeitet aber gegen ihre wahren Interessen.

Die Rapper Farid Bang und Kollegah bedienen sich der negativen Provokation wahrscheinlich in erster Linie, um die Umsätze ihrer »musikalischen« Werke zu forcieren. Sie sollen bei einem Besuch von Oswicem/Birkenau nun doch etwas betroffen gewesen sein. Die provozierenden Texte haben ihnen aber genügend Aufmerksamkeit bereitet. Mission accomplished.

Der US-amerikanische Rapper Kanye West behauptete kürzlich, dass »400 Jahre Sklaverei« wohl mit der »freien Entscheidung der Schwarzen« zusammenhänge. Er nannte Trump seinen Freund und lebt von der Provokation: Sein neuestes musikalisches Angebot ist eine nur 23 Minuten während Belanglosigkeit, allerdings mit wiederum grenzwertigen Texten. Auch hier gelingt die Werbung durch Provokation.

Alle diese Akteure sind keine »Einzeltäter«, sondern Ausdruck des Systems. Es würde nun gar nichts nutzen, diese Personen an den Pranger zu stellen und auszutauschen. Kurz danach würden andere eine ähnliche Rolle übernehmen. Mit Marx kann man auch von »Charaktermasken« sprechen: »Es handelt sich hier um die Personen nur, soweit sie die Personifikation ökonomischer Kategorien sind, Träger von bestimmten Klassenverhältnissen und Interessen«, für die es keinen Sinn hätte, »den einzelnen verantwortlich [zu] machen«, (Marx 2013, S. 16). Menschen sind Rollen und Symptomträger und dabei strukturell determiniert. Diese Strukturen sind aber auch von Menschen gestaltet und insofern potenziell veränderbar.

2.   Die Begrifflichkeit der retropolitischen Provokation

2.1   Was ist Retropolitik?

Bauman (2017) nennt als Hauptursache für Retrotopien – also die Hinwendung zu Ideen der Vergangenheit als gesellschaftliche Zukunftsvision – die Zunahme an Verunsicherung und Ängsten. Diese wiederum sind Folge eines ungerechten und zerstörerischen Systems. Es drängt den Einzelnen zum Schutz in die kleine, exklusive Nachbarschaft, in die identitären Bewegungen und in den Nationalismus. Aus Angst entsteht eine scheinbar unauflösliche Spirale der Gewalt, die Bauman klar, ausführlich und sorgfältig beschreibt. Diese Angst wird von Retropolitikern und Populisten geschürt.

Retropolitik ist eine populistische Strategie, die mit Lügen, Verdrehungen, Vereinfachungen, scheinbaren Gewissheiten und Unwahrheiten arbeitet, um Anhänger zu gewinnen, ihnen eine heile Welt verspricht, die es nie so gegeben hat und die die Retropolitiker auch gar nicht anstreben, weil sie ihre eigentlichen Ziele verdecken. Eine letzte Hoffnung sieht Bauman in einer »Kultur des Dialogs«.

2.2   Wie funktioniert Provokation?

Provokation kann sich besonders eignen, eine Entwicklung auszulösen. Provokation kennt man deshalb aus der Wirtschaft, der Psychotherapie, der Kunst, den Medien und der Politik. Die Provokation beschreibt ein Hervorrufen: Es soll ein Verhalten angestoßen, eine schnelle, abrupte Veränderung erzielt werden. Provoziert werden kann durch Regelverletzungen, Übertreibungen, Konfrontationen und Devianz. Der *agent provocateur* lässt Situationen eskalieren und grenzt sich ab. Ein plötzlicher Normbruch löst Veränderung aus. Der Ausgang der Provokation ist ungewiss, nicht steuerbar, weniger behutsam als die Evokation oder gezielte systemische Intervention. Provoziert wird, um auf wichtige Belange aufmerksam zu machen, sich in Szene zu setzen und letztlich die Szenerie zu bestimmen. Man schickt Versuchsballons, testet die Lage.

»*[Der Provokateur] nimmt ein Stigma auf sich, er stigmatisiert sich selbst. Gleichzeitig aber ist es das Ziel der Provokation, Stigmata abzuwerfen und auf andere umzuwälzen. Nicht der Normbrecher, sondern die Normhüter und -durchsetzer sollen letztlich als die eigentlich Schuldigen dastehen.*« (Paris 1998, S. 58)

»*Provokationen fordern Reaktionen heraus, die ihrerseits wieder als Provokationen aufgefasst werden können (…). Es gibt eine Dynamik der Provokation, die, einmal in Gang gesetzt, die Akteure »automatisch« in typische Zugzwänge bringt (…).*« (Paris 1998, S. 57)

Provokation kann also gute wie auch schlechte Intentionen und Folgen haben und so existieren zwei Versionen von Provokation: Missstände ändern oder Missstände hervorrufen. Die soziale Welt ist eng vernetzt und kontingent, alles hängt mit allem zusammen, jeder Eingriff hat Auswirkungen, vieles überrascht und geschieht scheinbar zufällig. So kann die Provokation mit guten oder schlechten Absichten eingesetzt werden und doch immer unintendierte Folgen haben.

Als Gegenteil von Provokation (»etwas hervorrufen«, »herausfordern«) lassen sich verschiedene Begriffe wählen. Dies erhellt den pluralen Gehalt des Konstruktes Provokation. So ist Evokation (»etwas herausrufen«) das Vor-dem-geistigen-Auge-erscheinen-lassen, das Sich-vorstellen-können. Argumentatives Überzeugen, Verständigung, Deliberation oder Mitgestaltung wären weitere.

Provokation wurde und wird in der Kunst eingesetzt, um neue Sichtweisen zu erzeugen, die Lethargie zu bekämpfen, aufzurütteln. Lange haben die »fortschrittlichen«, »linken« und »revoltierenden« Politiker und Aktivisten die Provokation für sich gepachtet. Kunst und Kultur galten einmal als Mittel der Veränderung, als progressiv und gegen das Establishment gerichtet. Sie wollten aufrütteln und in der Studentenbewegung der 1968er Jahre den »Muff unter den Talaren« beseitigen, Kreativität anregen, Lähmung überwinden, eine gerechtere Welt schaffen, protestieren gegen Krieg, Umweltzerstörung und Ungerechtigkeit. Doch nun scheinen sich die Reaktionären gerade dieser »Kulturtechniken« zu bedienen, Kunst und Kultur sind nicht mehr »links«, »aufklärerisch« oder »progressiv«: In den letzten Jahren ist zu beobachten, dass reaktionäre Kräfte und Retropolitiker sich der Sozial- und Kulturtechniken der Progressiven bemächtigen. Sie haben sich die Techniken des Widerstands, der Revolte und der verstörenden Provokation einverleibt. Sie erzeugen Aufruhr ohne Verantwortung für die Folgen. Die subversiven, anarchistischen Methoden der Revolte, Rebellion, der Provokation sind in ihrer Wirksamkeit erkannt und werden nun für Retropolitik genutzt (Bauman 2017). Es werden »Fakten« kreiert. »Blinder als blind ist der Ängstliche. (…) Aber die beste und sicherste Tarnung ist immer noch die blanke und nackte Wahrheit. Komischerweise. Die glaubt niemand« – so formulierte Max Frisch (1958) in »Biedermann und die Brandstifter«. Die

Retropolitiker schüren Ängste und sagen ziemlich genau, was sie vorhaben. Das war im Übrigen auch schon vor der Machtergreifung der Nationalsozialisten so.

Noch vor wenigen Jahren wurde scherzhaft skandiert, dass es nicht ausreiche, die Welt nur neu zu dekonstruieren, sondern wir sie verändern müssten. Das Interessante ist, dass dekonstruktivistische und radikal konstruktivistische Theorien und Denkweisen in pervertierter Form genutzt werden, um die Vernunft zu diskreditieren. Es ist ein Denken des Nicht-Denkens. Es wird alles in Zweifel gezogen, nur nicht die eigene Meinung oder Überzeugung. Es ist eine an sich un-philosophische, apodiktische Einstellung mit dem Ziel der Anomie, der Unordnung, Regellosigkeit, der Durchsetzung des Rechtes der Stärkeren und Skrupellosesten. Jeder kämpft für sich, jeder denkt an sich, so ist allen geholfen. Es wird eine Weltordnung kreiert, die als Mythos verklärt, was eigentlich geschieht. Im Jargon der Eigentlichkeit von Adorno (1964) wird den Entrechteten eine Welt versprochen, die in der Vergangenheit verortet und verklärt wird. Schon eilen reaktionäre Intellektuelle herbei, die den Diskurs mit »halben« Zustimmungen vernebeln, Popanze aufbauen und mit relativierenden Äußerungen Unsicherheit verbreiten (Weiß 2017; Keßler 2018).

Das Problem ist die inhärente Widersprüchlichkeit des gegenwärtigen Diskurses. Zwar problematisierte die postmoderne Rekonstruktion, der radikale Konstruktivismus, das überkommene »rationale« Weltbild und differenzierte es deutlich. Der Verfasser hat selbst begeistert die Ideen der Systemtheoretiker und Konstruktivisten (z. B. von Foerster/von Glasersfeld 2004 oder bereits die Gedanken von Kant in seiner »Kritik der reinen Vernunft«, dass das »Ding an sich« – so wie es wirklich ist – nicht erkennbar sei, wohl aber das Ding, so wie es sich für uns Menschen darstellt) aufgesogen. Zum einen entsteht also eine tiefgreifende Toleranz, wenn man akzeptiert, dass Geschehnisse historisch, aktuell und bezogen auf die Zukunft, reine Kreationen auf Basis autobiografisch geprägter Wahrnehmung sind, dass andere Menschen ein Recht auf eine eigene Sichtweise haben, dass man die Erlebniswirklichkeit hin zu einem Common Ground zunächst aushandeln muss. Dies findet Eingang in Konzeptionen wirksamen sozialen Handelns als Teil einer Theorie der Organisationsentwicklung, wie sie auch der Verfasser niederlegt (Bergmann 1999; 2014; 2015). Toleranz ist dann ein Interesse am anderen und für anderes. Doch wurde die multiversale, weltoffene, multiperspektivische Sichtweise aufgeweicht zu einem gefährlichen Relativismus und einer repressiven Toleranz. Nun erscheint zum anderen alles irgendwie wahr, jeder hat seine Wirklichkeit, jede Meinung, jede einfache Doxa (eine als gegeben hingenommene soziale Wirklichkeit) steht gleichwertig neben tief begründeten Aussagen und Erkenntnissen. Bauman hat das schon früh mit einer Tendenz zur Adiaphorisierung beschrieben, alles wird gleich gültig, es entsteht Verantwortungslosigkeit (Bauman 1997, S. 231). Nach Marcuse existiert eine objektive Wahrheit. Im Dialog aller soll sich eine demo-

kratische Gesellschaft entfalten. Die Idee der Freiheit bedeutet aber keine un-
eingeschränkte Toleranz gegenüber *rückschrittlichen Bewegungen*. Duldende
Toleranz schütze in Wirklichkeit die bereits etablierte Form der Diskriminierung
(Marcuse 1965).

> »*Toleranz gegenüber dem radikal Bösen erscheint jetzt als gut, weil sie dem Zusam-
> menhalt des Ganzen dient auf dem Wege zum Überfluß oder zu größerem Überfluß. Die
> Nachsicht gegenüber der systematischen Verdummung von Kindern wie von Erwach-
> senen durch Reklame und Propaganda, die Freisetzung von unmenschlicher zerstö-
> render Gewalt in Vietnam, das Rekrutieren und die Ausbildung von Sonderverbänden,
> die ohnmächtige und wohlwollende Toleranz gegenüber unverblümtem Betrug beim
> Warenverkauf, gegenüber Verschwendung und geplantem Veralten von Gütern sind
> keine Verzerrungen und Abweichungen, sondern das Wesen eines Systems, das Toleranz
> befördert als ein Mittel, den Kampf ums Dasein zu verewigen und die Alternativen zu
> unterdrücken.*« (Marcuse 1965, S. 94)

Dieses Zitat spiegelt die Kontroversen der damaligen Zeit wieder, enthält aber
auch weitere aktuelle Problemlagen wie den Konsumismus, die Ablenkung durch
Spektakel und die mangelnde Kultivierung des Diskurses. Heute stehen sich eine
idiosynkratische Correctness (Streit um die dritte Toilette und das »*innen«)
und die verrohende Banalität und Hassrede gegenüber. Dazu konstatiert
Marcuse:

> »*Diese im Hintergrund wirkenden Beschränkungen der Toleranz gehen normalerweise
> den expliziten und juristischen Beschränkungen voraus, wie sie festgelegt werden durch
> Gerichte, Herkommen, Regierungen usw. (zum Beispiel ›Notstand‹, Bedrohung der
> nationalen Sicherheit, Häresie). Im Rahmen einer solchen Sozialstruktur läßt sich To-
> leranz üben und verkünden, und zwar*
>
> *(1) als passive Duldung verfestigter und etablierter Haltungen und Ideen, auch wenn
>   ihre schlagende Auswirkung auf Mensch und Natur auf der Hand liegt; und*
> *(2) als aktive, offizielle Toleranz, die der Rechten wie der Linken gewährt wird, ag-
>   gressiven ebenso wie pazifistischen Bewegungen, der Partei des Hasses ebenso wie
>   der der Menschlichkeit. Ich bezeichne diese unparteiische Toleranz insofern als
>   ›abstrakt‹ und ›rein‹, als sie davon absieht, sich zu einer Seite zu bekennen – damit
>   freilich schützt sie in Wirklichkeit die bereits etablierte Maschinerie der Diskrimi-
>   nierung.*
>
> *Die Toleranz, die Reichweite und Inhalt der Freiheit erweiterte, war stets parteilich
> intolerant gegenüber den Wortführern des unterdrückenden Status quo.*« (Marcuse
> 1965, S. 95)

Arendt hat in ihrem Buch über den Dialog betont, dass nicht jede einfache Doxa
gleichwertig zum Dialog zugelassen ist (Arendt 2016). Jeder, der behauptet, die
Erde sei eine Scheibe, die Frau sei aus der Rippe von Adam erschaffen, Menschen
entschieden immer rational, ewiges materielles Wachstum sei auf einem endlichen Planeten möglich oder es gäbe verschiedene Menschenrassen, kann nicht

wirklich zum Diskurs zugelassen werden, weil es Unsinn ist, der durch kein wirkliches Argument begründet werden kann. Nur, es gibt kaum noch Zutrittsbarrieren zum öffentlichen Dialog.

2.3 Anomie als ultimative Provokation

Wenn Provokation vor allem durch Regelbruch zustande kommt, dann ist der Abbau von gemeinsam demokratisch entwickelten Regeln vielleicht die größte Provokation. Der entfesselte Markt, die Herrschaft des Kapitals im Kapitalozän erscheint dem Verfasser als eine der größten Provokationen. Die Deregulierung ist ein kollektiver Regelbruch und die Aufgabe des sozio-kulturell Erreichten. Die ausgelöste Anomie evoziert in Folge einen Rückfall in längst überwundene Unkultiviertheit.

Anomie (griech. für Nicht-Ordnung) bezeichnet einen Zustand fehlender oder schwacher sozialer Normen, Regeln und Struktur. Durkheim benutzte den Begriff, um die pathologischen Auswirkungen der sich im Frühkapitalismus rasch entwickelnden Sozial- und Arbeitsteilung zu beschreiben (Durkheim 2004). Merton (1949) hat das Konstrukt von Durkheim verfeinert und spricht von Dissoziation. Er nennt fünf mögliche Reaktionsmuster des Menschen auf diese Dissoziation (Meier 2005, S. 57–58):

- Konformität: auf die Ziele fokussieren, die mit gebilligten Mitteln erreicht werden können.
- Innovation: kulturell missbilligte Mittel gebrauchen.
- Ritualismus: vorgeschriebene Mittel nutzen bis hin zur Ignoranz der negativen Konsequenzen dieser Mittel (das Ritual um des Rituals willen durchführen) und auf die Erreichung der kulturellen Ziele verzichten.
- Rückzug: auf vorgeschriebene Ziele sowie geforderte Mittel verzichten.
- Rebellion/Revolte: Ziele und Mittel und Betonung eines neuen, sozial missbilligten Systems von Zielen und Mitteln zurückweisen.

Die Anomie zeigt sich im Zusammenbruch der sozialen Kontrolle, also in der Auflösung der institutionalisierten Mittel zur Sicherung der anerkannten Verhaltensregeln. In einer stabilen, gerechten Gesellschaft besteht noch ein relativ großes Gleichgewicht zwischen den sozial-kulturellen Zielen und den akzeptierten Wegen dorthin. Von Anomie spricht man erst dann, wenn diese Beziehung gestört ist.

Mertons (1949) Differenzierung der Reaktionsmuster erlaubt eine Analyse des abweichenden Verhaltens in verschiedenen Milieus und Klassen. Es lässt sich kaum rechtfertigen, einigen Wenigen Regellosigkeit zu gewähren, die als persönliche Freiheit verkauft wird. Die Regellosigkeit verdirbt jedes Spiel: Es ist wie ein Monopoly-Spiel, bei dem einige wenige Mitspieler schon die wesentlichen Straßen besitzen, neue Mitspieler kein Budget haben und mit Schulden beginnen, die kontinuierlich ansteigen. Die Folgen sind Situationen der Agonie, Formen der Anarchie, alles außer Rand und Band.

Es entsteht so eine Unordnung, wo zuvor schon Ordnung war, die demokratisch erzeugt wurde. Eine Anomie ist der Rückfall in wenig kultivierte Zeiten: Das Unanständige, Unmäßige, Selbstgewisse und Skrupellose wird wieder zum formgebenden Prinzip. Retrotopische Provokateure arbeiten mit solchen Heilserwartungen: Jegliche Errungenschaften der Aufklärung, jegliche gegenseitige Zähmung scheint aufgehoben, damit sich die freien Kräfte der Märkte entfalten können, die Eurosklerose überwunden werden könne, die Dynamik des Kapitalismus weiteres Wachstum schaffen könne. Doch wo mehr Privateigentum und Markt geschaffen wird, wird weniger demokratisch kontrolliert. Entschieden wird dann dezentral nach der Maßgabe der Eigentümer als nur einer Anspruchsgruppe von vielen. In der Anomie gibt eine Gesellschaft alles auf, was mühsam erstritten, aufgebaut und entwickelt wurde.

Es ist kaum zu erklären, warum Menschen bereit sind, ein System zu dulden, in dem die Skrupellosesten am meisten belohnt werden, wo Leistung nicht mehr zählt, sondern Zufall, Gelegenheit oder geschickte (auch legale) Plünderung zu Reichtum führen. Oder dulden sie es gar nicht mehr und wenden sich mit Grausen ab? Provozierend erscheint, eine Welt zu versklaven, damit wenige Akteure Kapital akkumulieren können und damit vollends undemokratisch über die Welt verfügen. Je mehr privatisiert ist, desto weniger kann demokratisch geregelt werden. Je mehr Bereiche durch Märkte »reguliert« werden, desto weniger hat die »Polis« zu entscheiden. Im (Finanz-)Kapitalismus wird die Demokratie unterhöhlt, die wesentlichen Entscheidungen werden außerhalb des öffentlichen politischen Diskurses in den Entscheidungsgremien der Konzerne getroffen.

3.   Strategien gegen retropolitische Provokation

Was ist nun Wirklichkeit? Was ist wahr, was nehme ich wahr? Und die Realität? Was sind Fakten, faktisch, postfaktisch, wahr, falsch, Lüge?

Wirklichkeit ist, was auf mich wirkt, sagte schon der Mystiker Meister Eckhart. Wirklichkeit ist, was ich als Wirkung wahrnehme. Wenn ich meine Wahrnehmung einschränke, schäle ich Bereiche aus meiner Wirklichkeit. Es entsteht das Problem der Erkenntnisblase. Wirklichkeit beruht auf autobiografischer Wahrnehmung. Realität kann als die vereinbarte, soziale Wirklichkeit beschrieben werden. Wahrheit ist die objektive Gegebenheit, die durch menschliche Subjekte nicht (allein) erfassbar ist.

Es ist also gar nicht so einfach, wirkliche Fakten zu identifizieren. Einfacher erscheint es, Unwahrheiten, Lügen und *fake news* zu identifizieren: Dies sind wissentliche Falschdarstellungen, also Formen mangelnder Wahrhaftigkeit.

3.1   Ansatzpunkte zum angemessenen Handeln

Kürzlich diskutierten auf dem internationalen Festival der Philosophie in Köln, der *phil.Cologne,* einige Experten über adäquate Reaktionsweisen auf Falschredner und Hassprediger. Der Kommunikationswissenschaftler Bernard Pörksen kam zu dem Schluss, dass Entgleisungen nicht mit »Widerhall« belohnt werden sollten. Die Philosophin Marie-Luise Frick bot »kluge Ignoranz« und »Entlarvung durch Argumentation« sowie »gezieltes Nachfragen« an. Man war sich einig, dass nichts an der Demokratie selbstverständlich sei und dass es für viele Akteure der Bildungseliten überraschend sei, auf so viel Widerspruch zu stoßen. Die sozialen Medien haben die Einstiegshöhe in die Debatte deutlich gesenkt. Jeder kann seine Pöbelei, seinen *shitstorm* und seine *fake news* ungebremst und direkt in die Debatte werfen. Der zivilisierte Streit ist etwas anderes als ein distinktiver Dialog der Intellektuellen. Vielleicht ist es wirklich notwendig, Humor, Satire, Ironie und Kritik wieder riskanter einzusetzen, auf jeden Fall auch mehr zu diskutieren und sich kennen und schätzen zu lernen, über alle Milieugrenzen hinweg.

Eine weitere Form sind Gegenaufklärungen und Gegenprovokationen, die Revolte, also der friedliche Widerstand. Beispielhaft hat der Moderator Böhmermann mit seiner »Reconquista Internet« eine Netzkampagne in Gang gesetzt, die Retropolitikern aufzeigt, dass sie grundgesetzwidrig agieren. Das rechtsextreme Netzwerk »Reconquista Germanica« (zu deutsch: germanische Rückeroberung) schloss sich im Sommer 2017 mit dem Ziel zusammen, die Bundestagswahl zu Gunsten der AfD zu beeinflussen. Dazu vereinbarten die radikalen Aktivisten in geschlossenen Foren Uhrzeiten, Hashtags und Ziele ihrer Kampagnen, so wurden Algorithmen der sozialen Medien manipuliert und der politische Online-Diskurs beeinflusst. Ein Beispiel war die Hetze gegenüber einem Blogger (Fries 2018): Seit über vier Jahren macht Rayk Anders Videos über Politik und hat bei YouTube fast 100.000 Nutzer. Im September 2017 kritisierte er in einem Video die AfD, daraufhin geriet er ins Visier des rechtsradikalen Reconquista Germanica und erhielt innerhalb von nur zwei Tagen zweieinhalbtausend bedrohliche Hasskommentare. Böhmermann reagierte darauf mit einer Reconquista Internet, die binnen kurzer Zeit eine Bürgerrechtsbewegung mit mehreren Zehntausend Anhängern (»Followern«) entstehen ließ. Das Manifest dieser Gegenkampagne betont: »Wir sind nicht GEGEN etwas. Wir sind FÜR Liebe und Vernunft und ein friedliches Miteinander« (zitiert nach Fries 2018).

> »*Wer forschen will, forscht nach, wie viel Liebe und Vernunft in diesen Listen steckt, wie die einzelnen Twitter-Profile miteinander verbunden sind und wie sie untereinander kommunizieren. Wer handeln kann, verbreitet Liebe und Vernunft in die Blase. Wer Ruhe und Kraft braucht, benutzt diese Listen als Blocklisten für ein bisschen weniger Angst und Hass im Internet.*« (Fries 2018)

Wichtig ist meines Erachtens, die Retropolitiker zu entlarven, dass sie die Ängste der Menschen nicht wirklich ernst nehmen. Sie bieten Kopftuchverbot und »Ausländer raus«, Moscheeverbote und Polizeigesetze, wo den Menschen durch mehr Gerechtigkeit zu helfen wäre (vgl. die Vorschläge zur »Sicherheit durch Gerechtigkeit« bei Bergmann 2017). Niemand überwindet seine Arbeitslosigkeit oder kann seinen Kindern bessere Bildungschancen eröffnen, indem Kreuze aufgehängt, Burkas verboten und Flüchtlinge kaserniert werden. Ginsburg (2018) hat einen Reisebericht zu den Reichsbürgern unternommen und stellt klar, dass die Menschen, die er dort getroffen hat, nicht homogen, nicht dämonisch und nicht alle gewalttätig sind. Es sind ganz gewöhnliche Menschen, die vor allem voller Angst, Einsamkeit und Ungewissheit leben und sich in der angebotenen Gemeinschaft radikalisieren. Ginsburg kommt zu dem Ergebnis, dass es wie in der NS-Zeit nur eine dünne Schicht ist, die allmählich durchbrochen wird.

Es geht darum, die wichtigen Fragen wieder in den Mittelpunkt zu rücken und die Diskurse wieder zu öffnen, ohne auf Nebenthemen auszuweichen. Die alles dominierenden Themen sind soziale Gerechtigkeit, die den gesellschaftlichen Zusammenhalt erst möglich macht, und die Beendigung des Krieges gegen die Natur. Dabei hat der moderne Liberalismus einen deutlichen Widerspruch produziert: Man bekommt zurzeit Weltoffenheit, Toleranz und Demokratie nur in Kombination mit einem verschärften Wirtschaftsliberalismus. Die deregulierte Marktgesellschaft konterkariert jedoch die gerechte Gesellschaft und schafft eine Mehrheit von Verlierern. Die Rhetorik von der sozialen Marktwirtschaft hat kaum etwas mit den Widersprüchen im Finanzkapitalismus gemein. Die Demokratie, wenn auf Stimmabwurf in zeitlich großen Abständen reduziert, diskreditiert sich selbst. Längst werden wichtige Entscheidungen nicht mehr im Parlament, sondern über Lobbyismus beeinflusst oder gleich in den Konzernzentralen getroffen. Zudem verschärft der Wirtschaftsliberalismus die ökologische Krise. Die westliche Lebensart und Wirtschaftsweise ist nicht vereinbar mit einer Permanenz menschlichen Lebens auf dem Planeten.

3.2 Ansatzpunkte zum Beeinflussen des Diskurses

Wie kann man der Vernunft den Weg bahnen? Vielleicht hilft ein wenig abgeklärte Aufklärung, eine kritische Systemtheorie, die die Schwächen oder Missverständnisse des radikal-konstruktivistischen oder dekonstruktivistischen Denkens behebt. Vernunft ist nicht dasselbe wie Rationalität. Wir sind beschränkt rationale Wesen: Irrationales, aber auch Unbewusstes bestimmen unser Handeln maßgeblich. Reine Zweckrationalität übersieht, dass wir nur dann vernünftig entscheiden und handeln, wenn wir auch die Gefühle und die unterschiedlichen Wirklichkeiten mit berücksichtigen. Vernunft entsteht relational, als respektvoller Austausch über Sichtweisen, Interessen und Wahrnehmungen zwischen Menschen, nicht nur in einem »intelligenten« Gehirn.

Der Unsicherheit und der Suche nach Orientierung und Hilfe setzt der Systemwissenschaftler Arnold (2018) in seinem Buch »Ach, die Fakten« metafaktische Kompetenzen entgegen. In zehn Schritten entwickelt er Möglichkeiten zur Vermeidung »schwachen Denkens« bei sich selbst und stellt Kriterien für den verantwortungsvollen Umgang mit der Wirklichkeit vor (Arnold 2018, S. 19–25):

– Akzeptanz: Sind die Argumentationen, Entwürfe und Erlebnisse verstehbar, handhabbar und sinnhaft, also rückgebunden an die Lebenszwecke der Menschen? Wahrheit verbreitet sich bei sozialer Kohärenz, sie kann nicht methodisch oktroyiert werden.

– Mitwirkung und Beteiligung: Gesellschaftliche Gleichheit ist grundlegende Bedingung. Werden die Fakten und Interpretationen kommunikativ anschlussfähig präsentiert? Ist ein menschliches Maß verwirklicht, sodass Menschen den Eindruck haben, ihre Belange würden berücksichtigt und sie können in angemessener Weise partizipieren?

– Selbstdistanz: Inwieweit sind die eigenen Befunde erwartungsgemäß und wird eine Vorerwartung durch spezifische Besonderheit in Frage gestellt? Wie kann ich mich selbst beobachten bei meiner Beobachtung?

– Eindeutigkeit: Wo könnte ein Sphärenirrtum vorliegen, sodass von einer Subjekt- Objekt Trennung ausgegangen wird? Die soziale Welt lässt sich nicht unterkomplex (durch Mathematisierung, einfache Kausalität) angemessen beschreiben.

– Strukturdeterminiertheit: Wir erkennen nur, was wir kennen. Wir sind strukturdominierte Wesen. Wie kann ich anderes außer »meiner Welt« wahrnehmen?

– Zirkularität: Glaube an den Kausalnexus ist Aberglaube. Bin ich demzufolge in der Lage, meine eigene Bobachtung und daraus abgeleitete Handlungsimpulse zu relativieren und mich als Teil eines komplexen Wirkungsgefüges zu verstehen? Es sind vernetzte, zirkuläre Ursachen zu beachten.

- Erkenntnis und Interesse: Inwieweit ist meine Erkenntnis interessengeleitet? Konformitäts-, Karriere-, Vorteilsdenken, Auftragsdenken?
- Weltbildstatus: Inwieweit versuche ich, erkenntnis- und beobachtertheoretisch zu reflektieren, wie ich zu Gewissheiten gelange?
- Reflexivität: Was sagen meine Beobachtungen sowie meine Interpretationen über mich selbst aus?
- Kontemplation: Beobachte, denke und Schlussfolgere ich »from the past« oder bin ich darum bemüht, das Faktische der Antizipation durch kontemplative Reflexion zu relativieren, zu ergänzen und zu überschreiten?

Insgesamt geht es zunächst um die Schaffung eines nicht-ausgrenzenden Diskursstils als Voraussetzung dafür, dass der Diskurs insgesamt wieder auf eine breitere Basis gestellt wird – oder, wie Arnold (2018, S. 19) es ausdrückt, »popularisiert« wird.

3.3   Ansatzpunkte zur Bewältigung der Krisenursachen

Wir haben unsere Beziehungen zur Welt zerstört. Wir haben uns von uns selbst, von anderen, ganz anderen, der Natur und den Dingen entfremdet; wir scheinen die Resonanz nicht mehr zu spüren, sehnen uns aber nach Ruhe, Ausgleich, Frieden, Liebe und Freundschaft. Im Zeitalter des Anthropozäns wirken Menschen intensiv auf die natürliche Mitwelt ein. Die »Natur« wird zum Teil irreversibel und substanziell verletzt und sie reagiert. Es ist eine deutliche Wechselwirkung eingetreten. Wir können die Natur nicht mehr abspalten und sie »objektiv« betrachten. Sie spricht mit uns: Der anthropogene Klimawandel wird von 97 % aller Klimaforscher und 100 % aller unabhängigen Klimaforscher bestätigt (Klimaretter 2018). Es ist wundersam, dass sich die Kritiker der Klimaforscher auf offensichtlich interessengeleitete, nicht unabhängige »Forscher« berufen.

Nur: Wer ist »wir«? Zum einen leben die meisten Menschen nachhaltig, weil sie gar nicht die »Chance« haben, mehr Ressourcen zu verbrauchen, sie sind die Besitzlosen. Zum anderen sind es immer strukturelle Zwänge, die menschliches Verhalten bestimmen. So ist die nächste Stufe mit dem Kapitalozän erreicht. Die menschliche Existenz wird auf die Belange des Kapitals, also die Belange weniger Investoren, ausgerichtet. Während die meisten Menschen entfremdet und entrechtet leben (müssen), werden zur Kapitalvermehrung in wenigen Händen soziale und ökologische Verwerfungen, systemische Krisen und Katastrophen ausgelöst. Wie Latour schreibt, wird die Mutter Erde, die »Gaia«, irreversibel geschädigt (Latour 2017). Dabei sind wir alle Teil dieser Erde und sind dabei, unser »Raumschiff« zu zerstören, alle Tanks leer zu fahren, Passagiere zu versklaven, nur damit in der Luxussuite weiter getanzt werden kann.

Aber stehen denn wirklich alle Zeichen auf Krise und Untergang? Es sind ja auch positive Entwicklungen zu verzeichnen. Die Kindersterblichkeit sinkt, die Anzahl der Hungernden soll abnehmen, die Lebenserwartungen ist in den meisten Ländern gestiegen, der Analphabetismus konnte deutlich reduziert werden, der Rhein ist wieder voller Fische, die Anzahl der kriegerischen Konflikte und der Gewalttaten nimmt in den letzten Jahrzehnten deutlich ab. In China hat sich das Durchschnittseinkommen deutlich erhöht, auch die unteren Schichten haben mehr Einkommen zur Verfügung. Doch gerade hier zeigt sich ein Paradox: Während es statistisch aufwärts geht, sieht die reale Situation vieler Menschen in China schlechter aus. Die Menschen leben jetzt nicht mehr in Dorfgemeinschaften, sondern in Hochhäusern, die Selbstversorgung mit Gärten und Kleinbauernschaften ist kaum mehr möglich, die ökologische Situation hat sich deutlich verschlechtert. Viele der Errungenschaften betreffen nur wenige, während die meisten darunter leiden. Auch haben wir es neben den unbestreitbar positiven Entwicklungen mit irreversiblen Schäden zu tun, die zudem überraschend eintreten. Dieses Risikoparadox hat Renn (2014) differenziert und sehr sachlich erforscht. Er kommt zu dem Schluss, dass wir zahlreiche Risiken überschätzen und einige Erfolge nicht genügend anerkennen. Zugleich sehen wir uns mit systemischen Risiken konfrontiert, die wir wenig beeinflussen können und die irreversiblen Charakter aufweisen (Renn 2014). Ghosh (2017) spricht hier von einer »großen Verblendung«: Nur, um das kapitalistische Modell der Marktgesellschaft aufrecht zu erhalten, werden die katastrophalen Folgen ausgeblendet. Es wird weiter für Freihandel und außergerichtliche Schiedsverfahren eingetreten, die einseitig die Interessen der westlichen Investoren schützend die weltweite Ungleichheit erhöhen. Die Naturzerstörung und der Klimawandel sind so weit fortgeschritten, dass es zu einer sich selbst beschleunigenden, nicht mehr aufzuhaltenden Entwicklung kommen kann. Fast jede Woche kommen neue Erkenntnisse hinzu, die eine weitere Verschlechterung bezeugen. Dennoch sehen viele Menschen, die an der Zerstörung mitwirken, keinen Anlass, irgendetwas an ihrer Haltung zu ändern. Weiter wird schamlos die Erde übernutzt, von Politikern und Wirtschaftslenkern wird das weitere Wachstum forciert. Gerade Menschen, die es besser wissen können und die in der Lage sind, Änderungen zu bewirken, handeln weiter verantwortungslos oder ignorant. Sie meinen, ihnen stünde die Welt als Ressource zur Verfügung, und auch die Medien haben ihren Anteil an der Verblendung: »Wir steuern im Irrsinnstempo auf eine unbeherrschbare globale Situation zu, die Risiken erhöhen sich quasi stündlich, aber viele Medien berichten nur noch mit gequälter Beiläufigkeit darüber« (Schellnhuber 2018). Im Pariser Klimaabkommen gibt es nur unverbindliche

Empfehlungen, die Enzyklika »Laudato si'« des Papstes weist hingegen auf die verwerfliche Konzeption der ungeregelten kapitalistischen Wirtschaft hin:

> *»Die Umwelt ist ein kollektives Gut, ein Erbe der gesamten Menschheit und eine Ver-*
> *antwortung für alle. Wenn sich jemand etwas aneignet, dann nur, um es zum Wohl aller*
> *zu verwalten. Wenn wir das nicht tun, belasten wir unser Gewissen damit, die Existenz*
> *der anderen zu leugnen.«* (Papst Franziskus 2015, Abschnitt 95)

Wie kann man dies aber in einer rivalisierenden, auf Egoismus gepolten Gesellschaft erwarten? Milton Friedman behauptete einmal, es gäbe keine »freie« Gesellschaft ohne Gier. Nur meinte er eine öbszöne Freiheit der Grenzenlosigkeit. Seit Adam Smith haben die »liberalistischen« Ideologen eine simple Ausrede parat: Wenn jeder seinem Egoismus folgt, ist an alle und alles gedacht. Es ist eine triviale Ideologie, eine Mixtur aus »unsichtbarer Hand«, »die Märkte regeln alles«, »wir folgen alle unserem Nutzen«, und zwar »zweckrational«. Doch wenn jedes Verhalten den Nutzen steigert, ist das Konzept zirkulär oder genauer nichtssagend. Die liberalistische Ideologie oder die »Ökodizee«, wie es Vogl (2010) formuliert hat, ist eine säkulare Religion, eine einfache Ausrede für den real praktizierten Egoismus.

Die Kultivierung der Menschen besteht doch schon immer in einer freiwilligen Begrenzung oder, wie Kant es ausdrückte, in einer ethischen Grundhaltung und einer Selbstbefreiung von den eigenen Begierden. Kant appellierte damit an den Einzelnen und übersah, dass die Systemlogik es kaum gestattet, sich anders zu verhalten. Freiheit findet ihre Grenzen immer dort, wo sie die Freiheit anderer beschränkt (Kant 1999; Hoffe 2000). Eine Freiheitskonzeption ist zwingend überindividuell zu denken, um eine freie Gesellschaft zu gestalten. Gleichheit ohne Freiheit endet in Tyrannei und Ödnis. Freiheit ohne Gleichheit führt in die Freiheit für wenige und deren Herrschaft über alle anderen. Dann entfernen sich die Sphären der Reichen und Mächtigen immer weiter von den Lebenswelten der anderen. Zurzeit vollzieht sich dieser Prozess in den USA und vielen anderen Staaten: Die Ungleichheit der Einkommen und Vermögen nimmt weltweit zu. Scheinbar ergeben sich Verbesserungen im Vergleich der Staaten – so verringert sich der Abstand von einigen Schwellenländern zu den höher entwickelten Ländern –, doch die reale Lebenssituation nicht nur nach Einkommen ist insgesamt problematischer zu beurteilen und in den Staaten bilden sich kleine Einkommens- und Vermögenseliten (Milanović 2016). Die bodenlose, obszöne Ungerechtigkeit wird durch eine Spektakel-, Event- und Konsumkultur sowie die Aussicht auf Aufstiegsmöglichkeiten kaschiert. Der Mittelstand löst sich auf.

Doch Freiheit ist erst dann verwirklicht, wenn alle Lebensformen vollständig toleriert werden, sich Menschen wirklich frei bewegen und gebärden dürfen, soweit sie anderen nicht schaden. Sie müssen aber auch aktiv am gesellschaftlichen Prozess teilhaben und sich als gleichberechtigte Akteure einbringen können. Bei großer Ungleichheit schwindet diese positive Freiheit zunehmend und verliert sich im Gegenteil. Es bedarf gleicher Freiheit für alle, damit alle am gesellschaftlichen Leben aktiv teilhaben können (Balibar 2012; Rosanvallon 2013). Pettit (2015) beschreibt dies mit dem Begriff »gerechte Freiheit«. Freiheit heißt für ihn Abwesenheit von Beherrschung. Frei ist ein Mensch erst, wenn er nein sagen kann. Wenn er sich wie die Romanfigur Bartleby, einem Schreibgehilfen in der New Yorker Geschäftswelt des 19. Jahrhunderts (Melville 2004), verweigern kann gegenüber den Zumutungen der Mächtigen. Kein Mensch ist frei, der nicht über sich bestimmen darf.

Eine Gesellschafts- und Wirtschaftsordnung, die das Begehren zum Prinzip macht, kann auf einem begrenzten Planeten nicht überleben. Die rapide Zerstörung der Natur, die Extraktion, die Verelendung, die Entwurzelung, die Ungleichheit haben Rückwirkungen auf uns, selbst wenn wir zunächst nicht unmittelbar betroffen sind. Auch dadurch steht wahrscheinlich die große Metamorphose bevor, wie es Beck (2017) formulierte: Wir müssen nun aber andere retten, um uns selbst zu retten.

4. Fazit

Für mich besteht die größte Provokation in der Arroganz der Mächtigen, der Ignoranz gegenüber sozialen und ökologischen Krisen und Problemen, der Missachtung und Ausbeutung auch im globalen Maßstab. Deren Folgen führen zu Angst bei den Betroffenen.

Angst für die eigenen Zwecke – bis hin zur Anomie – zu instrumentalisieren, ist ein effektives Herrschaftsmittel für die retropolitischen Provokateure. Sie diskriminieren Randgruppen, kreieren »Sündenböcke« und »Schuldige«, statt wirkliche Lösungen anzubieten. Sie nutzen es aus, dass sich die Menschen in ihrer Unsicherheit mit Ähnlichdenkenden zusammentun werden, häufig auch die »falschen« (weil nicht problemlösenden) Mittel und Ziele wählen werden, gegen ihre »objektiven« Interessen votieren werden, sich auf eigentümliche Weise für das Falsche, Finstere einsetzen werden. Aber die angstbehafteten Menschen fühlen sich ausgegrenzt, wenig respektiert, entfremdet oder schlicht ausgebeutet.

Wenn die zugrunde liegende unbalancierte Realität nicht beendet wird, hilft auch keine hochnäsige Belehrung. Die Welt ist aus den Fugen, selbstherrliche Despoten bestimmen das Bild. Eine andere Politik, die sich an die Errungenschaften der Aufklärung erinnert und die die Dialektik der Aufklärung beachtet, könnte den Demagogen den Boden entziehen. Diese Politik bestünde allerdings in einer Änderung des Systems mit seinem inneren Widerspruch des Liberalismus, der formale Freiheit propagiert, aber Freiheit des Kapitals forciert.

Freiheit gibt es nur in Verbindung mit Gleichheit und Solidarität. In einem libertinären Kapitalismus erscheint das nicht realisierbar.

Der Nährboden für die Retropolitik und ihre Provokationen sind die bodenlosen Ungerechtigkeiten des Systems. Es ist für mich die größte Provokation, dass ein System errichtet wurde, das hinter unsere Erkenntnisse zurückgeht und das einen kultivierten und schonenden Umgang mit der Mitwelt extrem erschwert, statt ihn zu ermöglichen. Jede soziale Ordnung ist gestaltet und kann deshalb auch revidiert werden. Es erscheint zuweilen kaum möglich, aber wir sollten es dennoch versuchen, eine Veränderung zu bewirken. Lösungsvorschläge werden mit vielen Kollegen gemeinsam erarbeitet oder zusammengetragen (z. B. Bergmann/Daub 2012; 2015; Bergmann/Daub/Özdemir 2018). Es kann ja durchaus sein, dass die zunehmende soziale und ökologische Krise eine globale Zusammenarbeit und eine Ablösung eines zukunftsblinden Systems erfordert oder erzwingt.

Literatur

Adorno, Theodor W. (1964): Jargon der Eigentlichkeit: Zur deutschen Ideologie. Frankfurt am Main.

Arendt, Hannah (2016): Sokrates. Apologie der Pluralität, Berlin.

Arnold, Rolf (2018): Ach, die Fakten! Wider den Aufstand des schwachen Denkens. Heidelberg.

Balibar, Étienne (2012): Gleichfreiheit. Politische Essays. Berlin.

Bauman, Zygmunt (1997): Postmodernity and its Discontents. New York.

Bauman, Zygmunt (2017): Retrotopia. Berlin.

Beck, Ulrich (2017): Die Metamorphose. Berlin.

Bergmann, Gustav (2014): Die Kunst des Gelingens. Wege zum vitalen Unternehmen – Ein Lernbuch. 3. Aufl. Sternenfels.

Bergmann, Gustav (2015): Mit-Welt-Gestalten: Versuch über die relationale Entwicklung. In: Habscheid, Stephan/Hoch, Gero/Schröteler-von Brandt, Hilde/Stein, Volker (Hrsg.), Zum Thema: Gestalten gestalten. DIAGONAL Heft 36. Göttingen, S. 123–134.

Bergmann, Gustav (2017): Der Beitrag von Kultivierung und Gerechtigkeit zur Sicherheit. In: Hoch, Gero/Schröteler-von Brandt, Hildegard/Schwarz, Angela/Stein, Volker (Hrsg.), Zum Thema: Sicherheit. DIAGONAL Heft 38. Göttingen, S. 279–294.

Bergmann, Gustav/Daub, Jürgen (2012): Das menschliche Maß. Entwurf einer Mitweltökonomie. München.

Bergmann, Gustav/Daub, Jürgen (2015): Wunderbare Welt? Wege in eine mitweltgerechte Gesellschaft und Wirtschaft. Berlin – Münster.

Bergmann, Gustav/Daub, Jürgen/Özdemir, Feriha (Hrsg.) (2018): Wirtschaft demokratisch. Göttingen (in Vorbereitung).

Durkheim, Émile (2004): Le suicide. Étude de sociologie. Paris.

Fries, Stefan (2018): Jan Böhmermanns »Reconquista Internet«. Bürgerrechtsbewegung aus Versehen. http://www.deutschlandfunk.de/jan-boehmermanns-reconquista-inter

net-buergerrechtsbewegung.2907.de.html?dram:article_id=417573 (zuletzt abgerufen am 11.06.2018).

Frisch, Max (1958): Biedermann und die Brandstifter. Ein Lehrstück ohne Lehre. Frankfurt am Main.

Ghosh, Amitav (2017): Die große Verblendung. Der Klimawandel als das Undenkbare. München.

Ginsburg, Tobias (2018): Die Reise ins Reich. Unter Reichsbürgern. Berlin.

Hoffe, Ottfried (2000): Grundlegung zur Metaphysik der Sitten. Ein kooperativer Kommentar. Frankfurt a. Main.

Kant, Immanuel (1998): Kritik der reinen Vernunft. Hamburg (1781).

Kant, Immanuel (1999): Grundlegung zur Metaphysik der Sitten. Hamburg (1785).

Keßler, Patrick (2018): Die »Neue Rechte« in der Grauzone zwischen Rechtsextremismus und Konservatismus? Protagonisten, Programmatik und Positionierungsbewegungen. Münster.

Klimaretter (2018): Klimawandel: »97-Prozent-Studie« bestätigt. http://www.klimaretter. info/forschung/nachricht/21052-klimawandel-97-prozent-studie-bestaetigt (zuletzt abgerufen am 12.06.2018).

Latour, Bruno (2017): Kampf um Gaia. Acht Vorträge über das neue Klimaregime. Berlin.

Marcuse Herbert (1965): Repressive Toleranz. In: Wolff, Robert Paul/Moore, Barrington/Marcuse, Herbert (Hrsg.), Kritik der reinen Toleranz. Frankfurt am Main, S. 91–128.

Marx, Karl (2013): Das Kapital. Marx-Engels-Werke Band 23. Berlin.

Meier, Bernd-Dieter (2005): Kriminologie. München.

Melville, Herman (2004): Bartleby, der Schreiber: Eine Geschichte aus der Wall Street. Berlin.

Merton, Robert K. (1949): Social Theory and Social Structure. Toward the Codification of Theory and Research. Glencoe, IL.

Milanović, Branko (2016): Die ungleiche Welt. Berlin.

Papst Franziskus (2015): Laudato si'. Über die Sorge für das gemeinsame Haus. Die Umwelt-Enzyklika mit Einführung und Themenschlüssel. Stuttgart.

Paris, Rainer (1998): Stachel und Speer: Kleine Machtstudien. Frankfurt am Main.

Pettit, Pierre (2015): Gerechte Freiheit. Berlin.

Renn, Ortwin (2014): Das Risikoparadox. Warum wir uns vor dem Falschen fürchten. Frankfurt am Main.

Rosanvallon, Pierre (2013): Die Gesellschaft der Gleichen. Hamburg.

Schellnhuber, Hans Joachim (2018): Der Klimawandel ist wie der Einschlag eines Asteroiden. Süddeutsche Zeitung vom 14.05.2018. http://www.sueddeutsche.de/kul tur/hans-joachim-schellnhuber-der-klimawandel-ist-der-einschlag-eines-asteroiden-1.3979674 (zuletzt abgerufen am 13.06.2018).

Vogl, Joseph (2010): Das Gespenst des Kapitals. Zürich.

von Foerster, Heinz/von Glasersfeld, Ernst (2004): Wie wir uns erfinden. Eine Autobiographie des radikalen Konstruktivismus. Heidelberg.

Weiß, Volker (2017): Die autoritäre Revolte. Stuttgart.

Danksagung

Vielmals danke ich Feriha Özdemir und Jürgen Daub für Anregungen, Korrektur, Kritik und Diskussion zu diesem Text.

Horst Groenewald[*]

Als Expatriate nach Japan ... und das vor mehr als 300 Jahren!

1. Einleitung

In der globalisierten Wirtschaft ist die Entsendung von Führungskräften in Schlüsselpositionen von Auslandsniederlassungen allgegenwärtige Praxis. Delegiert ein europäisches Unternehmen einen Expatriate nach Japan (und welche besonderen kulturellen Herausforderungen für Europäer damit verbunden sind, zeigt Moosmüller 2003), so wird die Flugreise in das Land der aufgehenden Sonne heutzutage etwa 11 bis 12 Stunden dauern, für eine (zugegeben unübliche) Schiffsreise dorthin – zum Beispiel als Passagier auf einem Containerschiff – müsste man 26 bis 32 Tage kalkulieren.

Vor rund 300 Jahren konnte die Seereise eines Japan-Expatriates dagegen alles in allem ein Jahr und länger in Anspruch nehmen, allerdings meist mit einem »stopover« in Kapstadt und einem zweiten Zwischenaufenthalt in Batavia, dem heutigen Djakarta. Wenn der Reisende dort der Malaria oder anderen Infektionskrankheiten entkommen war und Taifune oder Skorbut auf dem langen Seeweg überlebt hatte, konnte endlich im Dunst einer großen Meeresbucht das Reiseziel Nagasaki auftauchen. Seine Company war die erste nahezu global tätige Aktiengesellschaft, die »Vereenigde Oost-Indische Compagnie« (VOC), die den Fernhandel zwischen den Niederlanden, Kapstadt und der Magellanstraße dominierte und ab 1602 mit rasch zunehmenden Erfolgen vor allem Profite im Gewürzhandel erwirtschaftete. Sein Zielpunkt Dejima war eine kleine künstliche Insel, die wie ein gestrandetes Schiff direkt vor Nagasaki aus dem Meer ragte (Abb. 1). Da die Japaner die Insel streng bewachten und Besuche auf dem Festland durchweg unterbunden wurden, fühlte sich der Expatriate eher in der Rolle eines Gefangenen als der eines weltläufigen Kaufmanns. Und dennoch war er, wie in diesem Beitrag nachfolgend zu zeigen sein wird, trotz seiner be-

[*] Univ.-Prof. Horst Groenewald, Universität Siegen, Fakultät III (Wirtschaftswissenschaften – Wirtschaftsinformatik – Wirtschaftsrecht), vormals Lehrgebiet Allgemeine Betriebswirtschaftslehre und Personalmanagement.

schränkten Handlungsmöglichkeiten ein ganz wesentlicher Mittler zwischen der abendländischen – vor allem der niederländischen – und der japanischen Kultur. Dejima war für Europa das Guckloch ins Land der aufgehenden Sonne, aber ebenso das Fernrohr Japans nach Europa (vgl. auch Szimm 2011, S. 38).

Abb. 1: Die Bucht von Nagasaki mit Dejima (eigene Markierung). Postkarte eines Gemäldes von Kawahara Keiga (1820), gescannt von Fraxinus2. https://commons.wikimedia.org/w/index. php?curid=18690489 (Public domain; abgerufen am 18.07.2018)

Im 17. Jahrhundert befand sich Japan von internationalen Kooperationen noch in einem Zustand der selbstgewählten Abschottung gegen externe kulturelle Einflüsse. Vor diesem Hintergrund scheint die Konstellation der damaligen »Auslandsentsendung« niederländischer Kaufleute in dieses Land noch eine weitere Facette zu haben: den Kulturkontakt zwischen den »modernen« Europäern und der »traditionsverhafteten« japanischen Elite, den diese als Zumutung empfand. Paradox erscheint die japanische Reaktion, die extreme Isolation der Ankommenden planmäßig mit einem Schlupfloch für intensive Kontakte zu kombinieren. Die daraus resultierende »Gleichzeitigkeit des Ungleichzeitigen« (Bloch 1973, S. 104) müsste aufgrund ihrer inhärenten Widersprüche eine Herausforderung für die Durchführung darstellen – was damit im eigentlichen Wortsinne »provokativ« (von lat. provocare = [Gegenreaktionen] hervorrufen) ist. Der Beitrag thematisiert daher neben der Frage, wie die damalige Auslandsentsendung unter den gegebenen Restriktionen stattfinden konnte, eine zweite Frage: Inwieweit lässt sich die Institutionalisierung des hier stattfin-

denden interkulturellen Kontakts als Geschichte einer wechselseitigen unbe-
wussten oder bewussten Provokation der Akteure deuten?

2.   Die Niederländische Ostindien-Kompanie (VOC) im Japan des 17. Jahrhunderts

2.1   Japans Weg in die Isolation

1543 kamen die ersten Europäer nach Japan – Portugiesen, die auf der Südinsel
Kyushu gelandet waren. In den nächsten Jahrzehnten folgten den Portugiesen
und den ihnen nacheifernden Spaniern, die Chancen im Handel sahen, auch
immer mehr Missionare, die mit wachsendem Erfolg die Christianisierung in
südlichen Teilen des Landes vorantrieben. Dies führte bei dem ab 1603 herrschenden Shogun Tokugawa Ieyasu zu der nicht ganz unberechtigten Befürchtung, dass insbesondere die eifrig missionierenden Jesuiten und ihr europäisches Gedankengut zu Unruhen im Land und zur Gefährdung seines Herr-
schaftssystems beitragen könnten. Nachfolgend wurden Christen massiv
verfolgt, 1638 wurde ihr letzter Widerstand auf der südwestjapanischen Festung
Shimabara durch Beschuss mit Schiffsgeschützen gebrochen, die holländische
Schiffe dem Heer des Shoguns zur Verfügung gestellt hatten (vgl. Jung 2002,
S. 46).

Shogun Ieyasu hatte Japan inzwischen hermetisch nach außen abgeschlossen.
Fremden war das Betreten des Landes bei Androhung der Todesstrafe verboten,
die gleiche Strafe drohte Japanern, die ihr Land verlassen wollten. Landsleuten in
Übersee wurde die Rückkehr ins Heimatland strikt untersagt. Der Bau hoch-
seetauglicher Schiffe musste eingestellt werden, japanische Handelsniederlassungen in den ost- und südostasiatischen Ländern wurden geschlossen, der
eigene Außenhandel Japans ging zwangsläufig zu Ende.

Die systematische Abschließung des Landes ließ nachfolgend nur zwei Aus-
nahmen zu: Chinesische Dschunkenhändler hatten eine streng kontrollierte,
punktuell begrenzte Möglichkeit, Waren anzulanden. Daneben wurde den Niederländern die Türe nach Japan einen Spalt breit geöffnet – nicht zuletzt, weil sie
den Shogun vor Shimabara unterstützt hatten, vor allem aber, weil die protes-
tantischen Holländer keinerlei Missionierungsambitionen verfolgten, sondern
einzig und allein an einem gewinnbringenden Handel interessiert waren. Sie
bekamen einen eng begrenzten Handelsplatz zugewiesen, zuerst im beschauli-
chen Hirado im Nordwesten Kyushus, später auf der vor Nagasaki gelegenen
Insel Dejima.

2.2   Die VOC – Vorreiterin der Globalisierung

Kurz nach der Gründung der britischen »East India Company« (EIC) im Jahre 1600 wurde in den Niederlanden im März 1602 die Niederländische Ostindien-Kompanie (im Niederländischen: »Vereenigde Oost-Indische Compagnie«, VOC) etabliert. Die niederländische Handelsgesellschaft war die erste moderne Aktiengesellschaft der Welt: Über den Kauf von Anteilen konnte sich jeder Bürger beteiligen, den enormen Chancen des zunehmenden Überseehandels standen jedoch schlecht kalkulierbare Risiken gegenüber.

Von zentraler Bedeutung war das der VOC staatlicherseits zugestandene Privileg, als einzige Privat- oder Rechtsperson der Niederlande mit »Ostindien« Handel treiben zu dürfen. Anders als dem britischen Konkurrenzunternehmen wurden der VOC zudem von Anfang an dezidierte Souveränitätsrechte zugestanden, etwa das Recht, Flotten und Truppen zusammenzustellen, Festungen zu errichten, Gouverneure zu bestellen und völkerrechtlich bindende Verträge abzuschließen.

Die Handelsrouten der VOC erstreckten sich längs der afrikanischen und asiatischen Küsten, Schwerpunkte lagen zudem in der Inselwelt des Malaiischen Archipels. Nach und nach gelang es ihr, durch geschicktes Verhandeln mit den regionalen Herrschern oder durch militärischen Druck eine Kette von Handelsniederlassungen und Faktoreien aufzubauen. Gehandelt wurde mit allem, was in Europa selten und kostbar war, wobei Gewürze wie Muskat, Gewürznelken, Zimt oder Pfeffer im Fernhandel mit Europa zunächst im Vordergrund standen. Sehr schnell wurde parallel hierzu ein Regionalhandel innerhalb der asiatischen Welt etabliert: Über ein komplexes Beziehungsgeflecht, das bis auf die lokale Ebene hinabreichte, wurden Tee, Seide und Porzellan aus China, Teppiche aus Persien, Kupfer und Edelsteine aus Siam oder Stoffe aus Bengalen in jede Region Asiens verschifft, in der sich eine Nachfrage abzeichnete. Ein erheblicher Anteil der nach Europa exportierten Güter wurde durch Gewinne aus diesem Regionalhandel – in dem die VOC bis zu 80 eigene Schiffe einsetzte – finanziert.

Das Jahrzehnt von 1660 bis 1670 war mit einem durchschnittlichen Jahresgewinn von mehr als 1,6 Millionen Gulden die erfolgreichste Phase der Kompanie. Die beiden nachfolgenden Jahrzehnte erbrachten in der Summe nur noch 5,4 Millionen Gulden Gewinn, ab 1690 rutschte die VOC dann in die Verlustzone ab (vgl. Schmitt/Schleich/Beck 1988, S. 87; Nagel 2011, S. 117). Die nachfolgenden Ausführungen beziehen sich primär auf die erfolgreichen Jahrzehnte zwischen 1660 und 1690, in denen die VOC bis zu 11.000 Bedienstete beschäftigte (vgl. van Gelder 1997, S. 33).

Eine wesentliche Voraussetzung für die erfolgreiche Verknüpfung der verschiedenen Handelsströme war eine effiziente asiatische Hauptverwaltung: Mit

Batavia wurde ab 1619 das regionale Verwaltungszentrum aufgebaut, in dem alle Fäden des maritimen, kommerziellen und administrativen Netzwerkes zusammenliefen (vgl. Gaastra 1988, S. 27). Hier wurden Produkte des innerasiatischen Handels gestapelt, und der zu jeder Jahreszeit gut erreichbare Hafen war der zentrale Anlaufpunkt für die aus dem Mutterland eintreffenden Schiffe sowie Sammelpunkt für die jährliche Retourflotte nach Europa.

Weite Teile Batavias waren planmäßig angelegt. Öffentliche Gebäude wie Kirchen, der Gouverneurssitz, Rathaus und Waisenhäuser prägten das Bild der von Kanälen durchzogenen und mit einer Stadtmauer befestigten Siedlung. Die hier stationierte mächtigste Garnison in Asien umfasste zeitweise mehrere tausend Mann. Aufgrund des tropischen Klimas und der mangelhaften hygienischen Bedingungen kam den Hospitälern eine zentrale Bedeutung zu, Krankheiten und häufige Todesfälle gehörten zum Alltag.

2.3   Dejima – eine streng bewachte Handelsniederlassung

Ab 1641 konnten die Niederländer als einzige europäische Macht über ihre Niederlassung Dejima mit dem Reich des Shoguns Handel treiben. Die fächerförmige künstliche Insel – gerade mal 600 Schritt lang und 200 Schritt tief – wies einen massiven Staketenzaun, einen bei Tag und Nacht bewachten Zugang zum Festland und eine Seepforte zum Be- und Entladen von Dschunken und Schaluppen auf, die zwischen den auf Reede liegenden VOC-Schiffen und der Niederlassung pendelten (vgl. Schmitt/Schleich/Beck 1988, S. 172). Auf dem engen Raum der Insel waren alle notwendigen Lager, Wohnhäuser und Wirtschaftsgebäude der Niederländer, aber auch ein Auktionshaus, in dem die angelandeten Waren zu bestimmten Terminen zum Verkauf angeboten wurden, zusammengedrängt. Dennoch war Platz für einen kleinen Garten sowie für eine bescheidene Viehzucht zur Selbstversorgung ausgespart worden (Abb. 2).

Der Handelsplatz vor Nagasaki war also keineswegs mit anderen großen VOC-Niederlassungen zu vergleichen. Während jene oft von Gouverneuren geleitet wurden, stand in Dejima ein Direktor (»Opperhoofd«) an der Spitze. Dieser konzentrierte sich primär auf das kaufmännische Kerngeschäft. Eine zweite exponierte Position nahm der Mediziner der Handelsstation ein. Beide waren von der VOC für eine begrenzte Zeit als Expatriates nach Japan delegiert. Acht bis maximal fünfzehn weitere niederländische Mitarbeiter ergänzten die VOC-Mannschaft.

Auf und vor der Insel hatten die Japaner zudem zahlreiches lokales Personal eingesetzt und eine enorme Bürokratie aufgebaut. Der Arzt Engelbert Kaempfer berichtet, dass zu seiner Einsatzzeit von 1690 bis 1692 rund 270 Japaner in

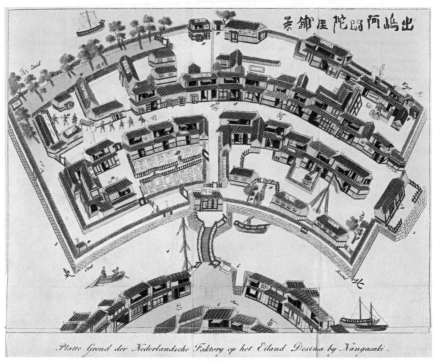

Abb. 2: Grundriss der niederländischen Handelsniederlassung auf der Insel Dejima bei Najasaki.
Japanischer Holzblockdruck von Toshimaya Bunjiemon (1780) in Isaac Titsinghs »Bijzonder-
heden over Japan«. https://commons.wikimedia.org/wiki/File:Plattegrond_van_Deshima.jpg
(Public domain; abgerufen am 18.07.2018)

verschiedenen Funktionen für die VOC-Niederlassung tätig waren, vor allem als
Wachpersonal, aber auch (etwa 150!) als Dolmetscher (vgl. Nagel 2011, S. 119).

Wurden verheiratete VOC-Mitarbeiter nach Japan entsandt, so durften sie
nicht mit ihren Frauen auf Dejima leben, diese blieben häufig in den Niederlanden oder in Batavia (vgl. Schmitt/Schleich/Beck 1988, S. 174). Allerdings
hatten sogenannte »galante Mädchen« aus ausgewählten Teehäusern in Nagasaki
tageweise Zutritt zur Insel. Eine besondere Vorgabe der japanischen Administration besagte, dass der Sonntag definitiv als Arbeitstag zu gelten habe – wohl,
um christliche Rituale zu unterbinden. Im Übrigen durften auf Dejima keine
Toten begraben werden.

Um 1670 bis 1680 legten jährlich fünf bis sieben Handelsschiffe vor Dejima an.
Speziell nach Japan importierten sie vor allem Wolltuche, Samt, Lederhäute,
Glaswaren, Uhren sowie vereinzelt technische Geräte aus Europa. Zudem ver-
sorgte die VOC ihre Mitarbeiter »vor Ort« mit ausgewählten europäischen Le-
bensmitteln und Gebrauchsgütern für den Eigenbedarf. Aus dem regionalen
asiatischen Handel der VOC wurden nach Japan primär Seide, Tee und Porzellan

aus China, hochwertige Stoffe aus Bengalen, Gewürze von den Molukken, Zimt aus Ceylon und Sandelholz von Timor eingeführt. Japan exportierte seinerseits im 17. Jahrhundert noch Gold und Silber, vor allem aber Kupfer nach Europa, zudem Kampfer, Reisschnaps, Arita-Porzellan und kunsthandwerkliche Erzeugnisse wie Kleinmöbel, Paravents, Lack- und Perlmuttarbeiten, die in europäischen Kuriositätenkabinetten als exotische Sammlerstücke begehrt waren (vgl. Schmitt/Schleich/Beck 1988, S. 176).

3. VOC-Expatriates in ihrem Einsatz in Japan

3.1 Aufgaben des Leiters einer Handelsniederlassung in Japan

Die VOC-Zentrale in Amsterdam und die Verantwortlichen in der asiatischen Hauptverwaltung in Batavia hatten im Blick auf diplomatische, strategische und kommerzielle Entscheidungen zwar generelle Vorgaben definiert, dennoch waren die Leiter von Handelsniederlassungen für viele relevante Fragestellungen weitgehend auf sich selbst gestellt (vgl. Nagel 2011, S. 51). Da die Zentrale in Übersee nicht den gesamten asiatischen Bereich hinsichtlich Angebot und Nachfrage zeitnah überblicken konnte und die wechselseitige Informations- und Entscheidungsabstimmung zwei Jahre und länger dauern konnte, trugen die Kontore in der Region notgedrungen weitgehende Eigenverantwortung für die Auswahl der Handelsgüter sowie für Warenbeschaffung und -versand. Zudem wurden Planungen innerhalb Asiens durch die Monsunabhängigkeit und die jährliche Taifunsaison erschwert.

Weitere Aufgaben der Niederlassungsleitung lagen im Bereich der Verwaltung der Waren und des Lagerhauses, der Zurüstung und Reparatur sowie in der Verproviantierung einlaufender Schiffe. Spätestens 1680 erkannten die VOC-Verantwortlichen in der Amsterdamer Zentrale, dass ihnen die Kontrolle über viele Geschäfte aus den Händen glitt und die Buchhaltung verbessert werden musste (vgl. Gaastra 1988, S. 31). Dies zwang jedes Kontor zu einer differenzierten Rechnungslegung.

Ansonsten hatte sich der operative Ablauf von Aktivitäten der VOC-Niederlassung nach einer strikt vorgegebenen Routine zu vollziehen. Als Beispiel sei ein von Kaempfer beschriebenes Procedere zitiert, das bei der Ankunft von VOC-Schiffen einzuhalten war: Bei der Einfahrt in die Bucht von Nagasaki wurden den Ankömmlingen

»... drei Angestellte der Kompanie mit einer japanischen Eskorte ... entgegengeschickt, die dem Kapitän des Schiffes die Instruktionen überbrachten, wie er sich bei dem Einlaufen nach Landesbrauch zu verhalten habe. Der Dolmetscher und der Leiter der

japanischen Eskorte nahmen ein genaues Verzeichnis der gesamten Ladung, die Liste
der Besatzungsmitglieder sowie alle Briefe der Kompanie in Empfang. Die Dinge wurden
dem Statthalter zur Einsicht übergeben, danach dem Residenten der Kompanie über-
stellt. ... Dann legten sich zwei Wachbarken mit einem starken Soldatenkontingent
neben (das) Schiff, sie blieben dort bis zum Auslaufen. Am folgenden Tag erschienen
weitere Beamte und ... stellten eine strenge Musterung der Besatzung nach der ihnen
zugestellten Liste an... Die zum Wasser liegende Pforte wurde in einer feierlichen Ze-
remonie ... geöffnet, durch die dann bis zu 300 Tagelöhner ...die Waren an Land
schafften, die mit Dschunken ... vom Schiff geholt wurden. Japanische Beamte kon-
trollierten die Waren anhand der ihnen eingereichten Listen, ... danach wurden die
Waren ... bis zum Verkauf weggeschlossen. Die Waren wurden dann an wenigen, von den
japanischen Behörden benannten Tagen auf der Insel an japanische Kaufleute verkauft.«
(zitiert nach Schmitt/Schleich/Beck 1988, S. 172–173)

Kommerzielle Kontakte und Verkäufe konnten dabei nur über offiziell akkre-
ditierte japanische Händler erfolgen (vgl. Nagel 2011, S. 66). Waren zunächst
Auktionen üblich, bei denen variierende – oft recht hohe – Preise erzielt wurden,
so verschlechterten sich in den 1670er Jahren die Bedingungen für die VOC, da
die japanische Obrigkeit dazu überging, die Preise für sämtliche Importgüter
einseitig festzusetzen (vgl. Gaastra 1988, S. 47).

3.2   Die jährliche Hofreise

VOC-Bedienstete durften das japanische Festland nur während der regelmäßigen jährlichen Reise an den Hof des Shoguns nach Edo, dem heutigen Tokyo,
betreten. An diesem pflichtgemäßen Besuch musste neben dem Opperhoofd
auch der Medicus der Niederlassung teilnehmen, eskortiert von einem um-
fangreichen Tross japanischen Begleitpersonals. Insgesamt wurden auf dieser
mehrwöchigen Reise circa 3.000 km zu Land und zu Wasser zurückgelegt.

Das Audienzzeremoniell ließ keinen Zweifel daran bestehen, dass es um mehr
als eine Höflichkeitsvisite ging: Die Holländer hatten dem Shogun gebührend zu
huldigen (vgl. Jung 2002, S. 190–191) und ihre Ehrerbietung mit Präsenten –
häufig waren dies seltene Tiere wie Elefanten, Kamele, Rassepferde, exotische
Vögel oder Windhunde – zu unterstreichen. Verschiedentlich wurden sie auf-
gefordert, niederländische Eigenarten zur Schau zu stellen, zum Beispiel zu
singen, zu tanzen, zu schreiben, zu malen oder Betrunkene nachzuahmen.

Die Niederländer erstatteten zudem über politische Ereignisse – vornehmlich
in der westlichen Welt – ausführlich Bericht, wobei die Expansionsbestrebungen
Portugals, aber auch die territorialen Eroberungen der Spanier offensichtlich
besonders interessierten. Aus VOC-Sicht waren die jeweiligen Gespräche über
Handelsfragen von zentraler Bedeutung, ging es doch darum, die Monopol-

stellung im Handel mit Japan immer wieder abzusichern, drohende Limitierungen von Mengen und Preisen sowie Zölle möglichst einzugrenzen. In diesen Fragen waren die Verhandlungskunst und das diplomatische Geschick des Opperhoofd besonders gefragt.

Sehr bedeutsam war auch der Part des zweiten Expatriates, des begleitenden Medicus. Er musste Berichte über Entwicklungen in der westlichen Medizin beisteuern, erkrankte Würdenträger am Hof untersuchen und gegebenenfalls behandeln. Zudem war er für die führenden japanischen Mediziner und Naturwissenschaftler ein gefragter Gesprächspartner.

Auch während dieser jährlichen Reisen und des mehrwöchigen Aufenthalts in Edo wurde strikt darauf geachtet, dass die VOC-Repräsentanten an der Sammlung systematischer Erkenntnisse über gesellschaftliche und politische Aspekte sowie über Einzelheiten der Topographie gehindert wurden. So durfte etwa der für den Tross exakt vorgegebene Reiseweg nicht per Kompass erfasst und nachgezeichnet werden, da dies im Sinne der Vorbereitung einer möglichen Eroberung des japanischen Herrschaftsgebiets als Bedrohung aufgefasst wurde und für die japanische Elite eine weitere Provokation darstellte.

Dennoch: Diese jährliche Reise vermittelte viele plastische Eindrücke über das »Reich der aufgehenden Sonne«. Sie stellte sich allerdings für die VOC auch als erheblicher Kostenfaktor dar, musste die Faktorei Dejima doch selbst für die Aufwendungen der Hofreise aufkommen (vgl. Jung 2002, S. 189).

3.3 Rekrutierung des VOC-Personals

Für das gigantische Handelsunternehmen VOC fuhren im Laufe des 17. Jahrhunderts circa 300.000 Bedienstete nach Asien – als Seeleute, Seesoldaten, Handwerker, Kaufleute, Juristen, Ärzte und Geistliche – und nur rund 100.000 davon kehrten zurück (vgl. Schmitt/Schleich/Beck, S. 204). In vielen Jahren konnte der aufkommende VOC-Bedarf nicht alleine mit den Bewerbern aus den Niederlanden gedeckt werden, demzufolge musste zusätzliches Personal im benachbarten Ausland angeworben werden, häufig in deutschen oder skandinavischen Ländern. Waren diese Personen dann zufällig für einen Einsatz auf Dejima vorgesehen, wurde ihnen nahegelegt, Holländisch zu lernen, um von den Japanern als »Niederländer« akzeptiert zu werden.

In den Rekrutierungsverträgen wurde eine Dienstzeit von fünf Jahren festgeschrieben. Diese Zeitspanne galt ausschließlich für den Dienst in Asien; die Zeiten für die Hin- und Rückreise – oft bis zu zwei Jahre – wurden nicht angerechnet (vgl. Gaastra 1988, S. 30).

Die Hierarchie der kaufmännischen Bediensteten kleinerer Niederlassungen war in die Ebenen Opperhoofd/Kontorleiter, Unterkaufmann und Assistenten unterteilt. Aufgrund der erheblichen gesundheitlichen Risiken (Malaria, Ruhr, Typhus, Syphilis etc.) war den meisten Handelsplätzen zudem ein Arzt zugeteilt. Die dennoch beträchtliche Mortalität und häufigere Versetzungen an andere asiatische Standorte konnten des Öfteren den raschen Aufstieg von Nachwuchskräften in vakante Positionen der höheren Ebenen befördern. Einer der Gründe für Personalwechsel auf Dejima lag in einer von japanischer Seite durchgesetzten Regel, nach der dem Kontorleiter an diesem Standort lediglich eine Verweildauer von einem Jahr zugestanden wurde. Danach musste er die Insel verlassen, konnte von der VOC für das nächste Jahr in Batavia oder in einem anderen asiatischen Handelskontor eingesetzt werden, danach dann aber für weitere zwölf Monate in die Leitungsfunktion auf Dejima zurückkehren. Dagegen konnte der Medicus durchgehend mehrere Jahre seinen Dienst auf Dejima verrichten.

Aus den bisherigen Ausführungen können zudem Rückschlüsse auf zentrale Anforderungen an die leitenden Expatriates abgeleitet werden: Da diese entscheidungsrelevante Informationen selten zeitnah beschaffen konnten, waren Risikobereitschaft und Eigenverantwortlichkeit zwingend erforderliche Persönlichkeitsmerkmale. Im alltäglichen Aufeinandertreffen zweier gegensätzlicher Kulturen musste der Opperhoofd zudem ausgeprägte diplomatische Fähigkeiten gegenüber der japanischen Obrigkeit, Verhandlungsgeschick gegenüber den lokalen Handelspartnern sowie Durchsetzungsvermögen in Richtung auf seine untergebenen Landsleute besitzen. Und schließlich musste ausnahmslos jeder VOC-Angestellte die Isolation auf der kleinen künstlichen Insel, die der Arzt Thunberg einmal als »zivilen Arrest« charakterisierte, als Gefühl der Verlorenheit fortwährend ertragen können (vgl. Jung 2002, S. 174).

Möglicherweise wurde dagegen als entlastend empfunden, dass es selbst für die leitenden Expatriates keineswegs notwendig war, die japanische Sprache zu erlernen, stand doch eine Vielzahl von Dolmetschern mit mehr oder weniger guten Kenntnissen der holländischen Sprache jederzeit zur Verfügung. Im Gegenteil: Von der japanischen Obrigkeit war den Niederländern das Erlernen der japanischen Sprache sogar strengstens verboten (vgl. Jung 2002, S. 162).

3.4   Kompensation der VOC-Bediensteten

Das Entgelt des Personals blieb in den zwei Jahrhunderten des Bestehens der Kompanie auf einem recht niedrigen Niveau. In Zeiten, in denen das maximale Monatseinkommen eines ungeschulten Arbeiters in den Niederlanden bei 20 Gulden lag (van Gelder 1997, S. 46), gewährte die VOC ihren Matrosen monatliche Bezüge von 9 bis 11 Gulden, den Unteroffizieren im Schiffsdienst 18 bis 24 Gulden, ihren Kapitänen 60 bis 80 Gulden, und ein Unterkaufmann kam auf 40

Gulden pro Monat (Gaastra 1988, S. 34–35). Van Gelder (1997, S. 38) zitiert eine Gehaltstabelle, nach der ein »Oberwundarzt« 32 bis 50 Gulden Monatslohn erhielt, der Opperhoofd des Handelspostens Dejima 100 Gulden, der Direktor von Bengalen 180 Gulden und der Gouverneur von Makassar 200 Gulden.

Selbst wenn man die allseits übliche freie Unterkunft und Verpflegung sowie die (unbedingt notwendige!) ärztliche Betreuung durch den Medicus der Handelsniederlassung zusätzlich berücksichtigt (vgl. Jung 2002, S. 160), war diese Kompensation kein Anreiz für das entbehrungsreiche Leben in Asien – und natürlich nicht im entferntesten mit den Konditionen zu vergleichen, die Expatriates in neuerer Zeit zugestanden werden (vgl. Groenewald/Stein 2012).

Die Mehrzahl der Europäer hatte das Ziel, durch das Abenteuer in Asien einen gehobenen Status und einen soliden Vermögensgrundstock zu erwerben. Allerdings war dies angesichts des bescheidenen Gehalts nur auf Umwegen zu erreichen, so etwa mit dem allseits praktizierten Privathandel, mit Schmuggel und mit Korruption (vgl. Gaastra 1988, S. 35–36). Nicht selten wurden zum Beispiel medizinische Instrumente, Lupen, Mikroskope, Quecksilber (zur Behandlung von Syphilis) und medizinische Fachbücher vom Medicus auf eigene Rechnung weitergenutzt (vgl. Jung 2002, S. 212). Genauso wurden Uhren, Linsenfernrohre, vergrößernde Spiegel, »Wettergläser«, Ölgemälde oder westliche Kuriositäten von leitenden Kaufleuten »als Eigenbedarf«, tatsächlich aber zum Zwecke des Privathandels, eingeführt. Es wurden Ladepapiere von Schiffen und Listen über Warenbestände vor Ort mittels »kreativer Buchführung« modifiziert. Retourflotten nach Europa waren mit als »Privatbesitz« deklarierten Beiladungen befrachtet, die in der Regel nützliche und kuriose asiatische Produkte umfassten, für die in Europa rege Nachfrage vermutet wurde. All diese Praktiken waren natürlich offiziell verboten, angesichts der kargen Besoldung wurde aber von der Spitze bis zu den untersten Chargen der VOC allgemein hingenommen, dass man sich mit Hilfe und bis zu einem gewissen Grad auch auf Kosten der Kompanie bereichern konnte (vgl. Gaastra 1988, S. 35 und S. 60).

Um die Relationen zwischen der monatlichen Besoldung und den Gewinnen aus dem Privathandel und anderen dubiosen Quellen zu verdeutlichen, sollen zwei bei Gaastra (1988, S. 35) erwähnte Extrembeispiele skizziert werden: Von dem ehemaligen Direktor einer Niederlassung in Bengalen – mit einer Besoldung von 200 Gulden pro Monat – wird berichtet, dass er bei seiner Rückkehr nach Europa 52.500 Gulden per Wechsel mittels des Kontors in Batavia nach Amsterdam überwiesen hat. In einer anderen Aussage geht es um einen Unterkaufmann mit einer monatlichen Besoldung von 40 Gulden, der per Wechsel 42.000 Gulden ins Mutterland transferieren wollte; in diesem Fall wurde die Auszahlung anfänglich verweigert. Beide Beispiele können zudem als Beleg dafür gewertet werden, dass eine von japanischer Seite als Provokation zu verstehende Übergriffigkeit der Niederländer gegenüber Japan nicht ganz von der Hand zu weisen ist, denn jeder verdiente Gulden wurde letztlich von Japanern gezahlt, die sich damit über die Isolationsregeln ihrer japanischen Elite hinwegsetzten und durch ihre interkulturellen Kontakte deren Befürchtungen noch mehr Nahrung gaben.

3.5   Abschluss des Auslandseinsatzes

Hatten die Expatriates das Ende ihrer Vertragszeit bei zufriedenstellender Gesundheit erreicht, so konnten sie zwischen drei Optionen wählen, die für sie die weitere Verlängerung ihrer Abwesenheit von der Heimat bedeuteten:

(1) Es konnte mit der VOC ein Anschlussvertrag in der Hoffnung abgeschlossen werden, in Asien weitere Stufen in der Karriereleiter aufzusteigen – entweder in der regionalen Hauptverwaltung in Batavia oder einer der anderen Handelsniederlassungen.

(2) Wenn Ehemalige mit langjähriger Asienerfahrung der VOC auch nach ihrem Abschied weiterhin verbunden blieben, erhielten sie verschiedentlich die Erlaubnis, unter dem Schutz ihres ehemaligen Arbeitgebers – wenn auch nicht in Japan, so doch zumindest im asiatischen Raum – ihren eigenen Handelsgeschäften nachzugehen (vgl. Nagel 2011, S. 59).

(3) Es war zudem möglich, dass ehemalige Kompaniemitarbeiter sich in der aufstrebenden Kolonie am Kap der Guten Hoffnung niederließen. Erwerbsmöglichkeiten gab es in der Landwirtschaft, die Lebensmittel für die Versorgung der VOC-Schiffe lieferte. Das Leben in der Kap-Region war im Vergleich zu bisherigen Einsatzgebieten in Asien mit geringeren gesundheitlichen Risiken verbunden.

Alternativ hatten die Expatriates die Option zur Rückkehr in die Niederlande.

4.   Komplexität der inhärenten Provokationsdynamik

Mit dem Blick auf das Thema »Provokation« war die Grundkonstellation des Auslandsgeschäfts mit Japan im 17. Jahrhundert höchst komplex. Denn zunächst wollte sich Japan – und dies war die zentrale Motivation seiner Abschottung gegenüber äußeren Einflüssen – als Land nicht selbst provozieren lassen. Es sah sich und sein System bedroht von neueren Ideen und zunächst wehrlos gegenüber den zunehmenden Bedrohungen der tradierten gesellschaftlichen Ordnung (vgl. Szimm 2011, S. 39). Japans Befürchtung, zumindest die des herrschenden Shoguns Ieyasu, verändert zu werden, war gleichzeitig gekoppelt mit dem Gefühl von Macht und Stärke. Die vollständige Abschottung signalisierte sowohl nach innen zur eigenen Bevölkerung als auch gegenüber den eindringenden Vertretern handeltreibender Nationen, dass es Japan nichts ausmachte, isoliert zu sein: Der in Kauf genommene Preis für die Nicht-Kommunikation über gesellschaftliche Veränderungen, nämlich der Verlust wirtschaftlicher Entwicklungschancen, war offensichtlich von vornherein mit einkalkuliert.

Paradoxerweise kann diese als rechtmäßig und keineswegs als provokativ angesehene Abschottung vor dem Provoziertwerden ihrerseits als unbewusste Provokation für die handeltreibenden Nationen, die daran interessiert waren, die neuen Märkte im Fernen Osten der Welt zu erschließen und sie – vor allem in Konkurrenz zu den anderen europäischen Seemächten – für sich zu belegen, interpretiert werden: Diese befanden sich im territorialen Expansionsmodus und stießen nun an Grenzen. Länder wie die Niederlande mit ihrer VOC wurden geradezu provoziert, das für sie Unerreichbare – und bisher auch Unerreichte – zu erreichen, nämlich, Japan als Markt »zu knacken«. Und dies versuchten die Opperhoofden zusammen mit ihrer weiteren Besatzung der Handelsniederlassung, zusätzlich motiviert durch die Chancen zur Mehrung ihres persönlichen Profits, vor Ort durch das kreative Ausreizen der sich ihnen ergebenden Kontakt- und Austauschmöglichkeiten mit den Japanern.

Dies wiederum provozierte eine Gegenreaktion der Japaner, nämlich ihre Kreativität, mit der sie sich gegen die ausländische Vereinnahmung zur Wehr setzen wollten. Dejima als streng bewachte Handelsniederlassung mit allen ihren restriktiven Regeln für die ankommenden Ausländer war ein Experiment, um die sich abzeichnenden wirtschaftlichen Entwicklungschancen doch zu nutzen. Hier entstand die zum Eingang dieses Beitrags benannte »Gleichzeitigkeit des Ungleichzeitigen«, denn die extreme Isolation wird ergänzt um ihr genaues Gegenteil, den intensiven Kontakt. Bereits konzeptionell erschien diese Gleichzeitigkeit nicht durchführbar zu sein, zumindest nicht auf mittlere Sicht hin.

Das von Japan ein klein wenig geöffnete Einfallstor des niederländischen Handels in die japanische Wirtschaft und Gesellschaft über die umfassend kontrollierte Handelsniederlassung Dejima brachte es folglich mit sich, dass sich faktisch erneut eine Provokation für Japan einstellen musste: Denn nun kam es wieder zu interkulturellen Kontakten zwischen Niederländern und Japanern und damit zu der Provokation, die ursprünglich der Grund für die Abschottung Japans gewesen war.

An dieser Stelle schließt sich der Kreis einer interessanten, eher unbewusst als bewusst ablaufenden Provokationsdynamik, hier dargestellt aus japanischer Perspektive:
(1) initiale Aktivität von außen: Fremde wollen in Japan Einfluss nehmen
(2) japanische Deutung als »Provoziertwerden« von außen: Japan fühlt, das Eigene werde herausgefordert

(3) japanische Reaktion auf das Provoziertwerden: durch Abschottung des Eigenen gegenüber dem Fremden

(4) damit verbundene japanische Gegenprovokation gegenüber den Fremden: Japan fordert die Fremden implizit zur Überwindung der Abschottung heraus

(5) Aktivität von außen: Fremde wollen die Abschottung tatsächlich überwinden und in Japan Einfluss nehmen

(6) japanische Deutung der verstärkten Eindringversuche als erneutes »Provoziertwerden« von außen

(7) japanische Reaktion auf das Provoziertwerden: Lösung des Dilemmas durch begrenztes Durchbrechen der Abschottung (Dejima!)

(8) wirksam werdende Aktivität von außen: Fremde nehmen in Japan Einfluss

Es zeigen sich in den Schritten (1) bis (8) sowohl die Inszenierung einer Ablenkung vom eigentlichen Problem Japans – nämlich der angenommenen Unfähigkeit zum konstruktiven sozialen Wandel am Übergang von Tradition zur Moderne – als auch die schädliche Selbstbeschränkung Japans wie letztlich die Überwindung der Ohnmacht durch kreative Lösungen. Die Motivation Japans, letztlich seine Strategie zu ändern, wird nicht zuletzt das Schädigungspotenzial gewesen sein, das sich aus einer Nicht-Öffnung auf längere Sicht ergeben hätte.

5.   Was bleibt? Nachwirkungen des VOC-Engagements auf Dejima

Über den Warenverkehr hinaus entwickelte sich trotz der Isolation der Handelsniederlassung Dejima zunehmend auch ein geistiger Austausch zwischen Japanern und Europäern. Die Expatriates aus dem Westen waren meist bemüht, möglichst viele Erkenntnisse über das »Reich der aufgehenden Sonne« in Erfahrung zu bringen. Dies war in begrenztem Maße in Gesprächen mit Verhandlungspartnern und Dolmetschern möglich, erweiterte Eindrücke konnten auf den jährlichen Hofreisen gesammelt werden. Besonders akribisch waren die Beobachtungen der naturwissenschaftlich ausgebildeten Expatriates, die als Ärzte in Japan tätig waren. Es sei zum Beispiel auf den Leipziger Chirurgen Caspar Schamberger (1649 bis 1651 auf Dejima eingesetzt) und den Lemgoer Stationsarzt Engelbert Kaempfer (1690 bis 1692) verwiesen, Letzterer konnte an zwei Hofreisen teilnehmen und schnell hohes Ansehen erreichen. Indem er wissbegierige Japaner über Arzneikunde, Mathematik und Astronomie informierte und diese seinerseits intensiv befragte, gelang es ihm, ein Kompendium des Tokugawa-Reiches zusammenzustellen, das über Sprache, Religion, Geschichte und Verfassung des abgeschlossenen Landes sowie über dessen Geographie, Fauna und Flora berichtete. Auf später nachfolgende herausragende Ärzte und Naturwissenschaftler sei hier nur ergänzend hingewiesen: Der Schwede Carl Peter Thunberg (1775) und der Würzburger Philipp Franz von Siebold (1823–1829) lieferten weitere beachtliche Forschungsbeiträge und rundeten das Japanbild des frühen 19. Jahrhunderts weitgehend ab.

Dem Bemühen der Europäer standen Bestrebungen der Japaner gegenüber, über die Kontakte zur Faktorei Dejima den Westen zu erkunden. Dabei spielten die vielen japanischen Dolmetscher, die in Nagasaki tätig waren, eine Schlüsselrolle. Ihr Interesse galt nicht nur der holländischen Sprache, sondern der westlichen Kultur im Allgemeinen. Sie entwickelten eine rege Nachfrage nach europäischen Büchern, die dann auch intensiv studiert wurden. Gerade die VOC-Ärzte wurden häufig mit unzähligen Fragen traktiert, die sich vor allem auf Gebiete der Medizin und der Naturwissenschaften bezogen. Nicht wenige Dolmetscher widmeten sich denn auch dem Studium der Medizin, sie waren über längere Zeit die einzigen Einheimischen, die eine Medizin nach europäischen Methoden und mit Medikamenten praktizierten, die in Europa üblich waren. Dies erlaubte ihnen, ein zusätzliches Einkommen und einen gehobenen Status zu erlangen (vgl. Jung 2002, S. 203). Da das Dolmetscheramt jeweils über Generationen in der Familie blieb, wurde in diesen Häusern ab der zweiten Hälfte des 17. Jahrhunderts ein beachtlicher Schatz an Wissen, Fähigkeiten, Schrifttum und Objekten akkumuliert.

So trafen auf Dejima die Interessen zweier Welten aufeinander: Das (wissenschaftliche) Interesse des Westens daran, Japan (immer besser) kennenzulernen, und das Bemühen des Tokugawa-Reiches – das, wie gerade noch einmal anschaulich ausgeführt, keine homogene Einheit bildete, sondern ebenso sehr zwischen Neugier und Abschottung aus Überlegenheitsgefühl oszillierte wie die Europäer in der Region –, die ferne Welt im Westen, ihre kulturellen Eigenarten und ihren wissenschaftlich-technischen Fortschritt zu verstehen. Letzteres führte zu der systematischen Entwicklung einer breit angelegten »Hollandkunde« (Rangaku). Insbesondere dank der so gesammelten naturwissenschaftlich-technischen Erkenntnisse war Japan nach dem durch die USA erzwungenen Ende der selbst auferlegten Isolation ab 1854 schnell in der Lage, eine radikale und zügige Modernisierung des Landes voranzutreiben (vgl. z. B. Inoue 1993).

1858 wurde die Handelsniederlassung der VOC in ein Konsulat umgewandelt. Als ab 1883 der Hafen vor Nagasaki um- und ausgebaut wurde, integrierten Aufschüttungen die künstliche Insel Dejima vollständig in das Festland (Abb. 3). Erst 1996 wurde damit begonnen, den Inselcharakter dieses Areals durch umlaufende Wassergräben wiederherzustellen und die frühere Bebauung eins zu eins zu rekonstruieren. Diese Vorhaben sind bisher nur teilweise abgeschlossen.

Doch das Ziel ist erkennbar: Mit der Rekonstruktion sollen sowohl der Austausch als auch die gegenseitige Provokation an diesem »Treffpunkt zweier Welten« für die Nachwelt dargestellt werden.

Abb. 3: Der Standort Dejima nach der Landgewinnung in Nagasaki (eigene Markierung). Luftaufnahme aus dem Jahr 1974. © National Land Image Information (Color Aerial Photographs), Mindstry of Land, infrastructure, Transport and Tourism of Japan. https://upload.wiki media.org/wikipedia/commons/c/c6/Port_of_Nagasaki_Aerial_photograph.1974.jpg (Public domain; abgerufen am 18.07.2018)

Literatur

Bloch, Ernst (1962): Erbschaft dieser Zeit. Erweiterte Ausgabe. Frankfurt am Main.

Gaastra, Femme S. (1988): Die Vereinigte Ostindische Compagnie der Niederlande – Ein Abriss ihrer Geschichte. In: Schmitt, Eberhard/Schleich, Thomas/Beck, Thomas (Hrsg.): Kaufleute als Kolonialherren. Die Handelswelt der Niederländer vom Kap der Guten Hoffnung bis Nagasaki 1600–1800. Bamberg, S. 1–89.

Groenewald, Horst/Stein, Volker (2012): Auslandsentsendung aktuell. Benchmarkingstudie zu den Entsendungsrichtlinien 38 führender deutscher Unternehmen. Siegen.

Inoue, Kiyoshi (1993): Geschichte Japans. Frankfurt am Main, New York.

Jung, Carl (2002): Kaross und Kimono. »Hottentotten« und Japaner im Spiegel des Reiseberichts von Carl Peter Thunberg. Stuttgart.

Moosmüller, Alois (2003): Expatriates in Japan: Die interkulturelle Herausforderung. In: Dorow, Wolfgang/Groenewald, Horst (Hrsg.), Personalwirtschaftlicher Wandel in

Japan. Gesellschaftlicher Wertewandel und Folgen für die Unternehmungskultur und Mitarbeiterführung. Wiesbaden, S. 201–221.

Nagel, Jürgen G. (2011): Abenteuer Fernhandel. Die Ostindienkompanien. 2. Aufl. Darmstadt.

Schmitt, Eberhard/Schleich, Thomas/Beck, Thomas (Hrsg.) (1988): Kaufleute als Kolonialherren: Die Handelswelt der Niederländer vom Kap der Guten Hoffnung bis Nagasaki 1600–1800. Bamberg.

Szimm, Rainer (2011): Guckloch in den Westen. SPIEGEL Geschichte 5/2011: Japan – Das geheimnisvolle Kaiserreich, S. 38–41.

van Gelder, Roelof (1997): Das ostindische Abenteuer. Deutsche in Diensten der Vereinigten Ostindischen Kompanie der Niederlande (VOC), 1600–1800. Bremerhaven.

Tobias M. Scholz / Anna Feldhaus / Karoline Braun*

Provokante Führung – eine fallbasierte Analyse

1. Einleitung

Jede Person, die auf der Karriereleiter hochklettert, wird sich irgendwann mit der Führungsfrage auseinandersetzen müssen: Wie motiviert man Mitarbeiterinnen und Mitarbeiter dazu, Bestleistung abzuliefern? Eine Aufgabe, die auf den ersten Blick einfach erscheint – im glücklichen Fall hat man im Studium eine der vielen Theorien kennengelernt und/oder eines der tausenden Ratgeberbücher gelesen. Was dort vermittelt wird: Führung ist stark durchstrukturiert und Spielregeln müssen von Führungskräften eingehalten werden, damit die Belegschaft tatsächlich zur Höchstleistung angetrieben wird (Hernez-Bromme/Hughes 2004; Lord/Hall 2005). Es scheint, man müsse sich nur an die Best-Practices halten – dann werde man schon irgendwie zu einer »guten« Führungskraft.

Deutlich erkennbar wird diese Ansicht, wenn man die grundlegende Unterscheidung in transaktionale Führung und die transformationale Führung (Burns 1978; Bass 1985) betrachtet. Beide unterscheiden sich vor allem im Hinblick auf die Interaktion zwischen der Führungskraft und der Belegschaft (Conger/Kanungo 1998): Bei der transaktionalen Führung ist die Kommunikation explizit, aufgabenorientiert und funktional (Kuhnert/Lewis 1987). Die transformationale Führung versucht zusätzlich, die Belegschaft zu selbstständigem Arbeiten und persönlicher Weiterentwicklung zu befähigen; die Führungskräfte erreichen dies beispielsweise durch die Schaffung einer bei möglichst vielen Mitarbeitern

---

* Dr. Tobias M. Scholz (Akademischer Rat), Universität Siegen, Fakultät III (Wirtschaftswissenschaften – Wirtschaftsinformatik – Wirtschaftsrecht), Lehrstuhl für Betriebswirtschaftslehre, insb. Personalmanagement und Organisation.
Anna Feldhaus, M.Sc., Universität Siegen, Fakultät III (Wirtschaftswissenschaften – Wirtschaftsinformatik – Wirtschaftsrecht), Lehrstuhl für Betriebswirtschaftslehre, insb. Personalmanagement und Organisation.
Dipl.-Kffr. Karoline Braun, Universität Siegen, Fakultät III (Wirtschaftswissenschaften – Wirtschaftsinformatik – Wirtschaftsrecht), Lehrstuhl für Betriebswirtschaftslehre, insb. Personalmanagement und Organisation.

positiv aufgenommenen Vision und durch Empowerment der Einzelnen (Bass 1985). Aufbauend auf dieser Logik hat sich eine wahre Flut an Literatur zum Verständnis des »richtigen« Führens (z. B. McCleskey 2014, S. 123; Yahaya/ Ebrahim 2016) ergeben.

Gleichzeitig scheint es so, dass als Führungskräfte Alphatiere (Hockling 2015) gefordert werden, die »auf den Putz hauen« (Slaghuis 2017). Gerade die teilweise »schrillen« Vor- und Querdenker gelten heutzutage als erfolgreiche Führungs- kräfte, wobei ein provokativer Führungsstil zum Charisma beiträgt (z. B. Hübler 2017): Man denke hierbei an Personen wie Elon Musk, Steve Jobs oder Richard Branson, und selbst Personen wie Bill Gates oder Mark Zuckerberg zeichnen sich dadurch aus, Normen zu brechen und »anders« zu führen.

Zur Erzielung von Führungseffektivität ist Charisma alleine nicht ausrei- chend, denn ohne den wirtschaftlichen Erfolg wird die Führungskraft scheitern. Tritt der wirtschaftliche Erfolg jedoch ein, führt ein provokanter Führungsstil oft dazu, dass die Führungsperson über die Unternehmensgrenzen hinaus bekannt wird. Es mag ein hohes Risiko darstellen, von traditionell-bewährten Füh- rungsregeln abzuweichen, aber bei Erfolg werden Teams zu Höchstleistung angetrieben und das Unternehmen sowie die Führungsperson erhalten mediale Aufmerksamkeit (z. B. o. V. 2007).

Dieses mediale Interesse beruht darauf, dass für die globalisiert-digitalisierte Wirtschaft mit ihrer bisher nicht gekannten Dynamik und insbesondere für den Wandel dorthin neue Rollenmodelle der Führung gesucht werden. Gerade die Digitalisierung erhöht den Druck, unter Unsicherheit und mit immer kürzeren Vorlaufzeiten der Planung Höchstleistung in einem sich kontinuierlichen ver- ändernden Unternehmenskontext zu erbringen. Gleichzeitig stehen die Füh- rungskräfte vor global verteilten Teams und sehen sich der Notwendigkeit ausgesetzt, in dezentralen Strukturen zu führen. Es kommt zu einer Verschie- bung von traditioneller Führung hin zur digitalen Führung (z. B. Ciesielski/ Schutz 2016): »Analoge« Konzepte wie die Führung durch Herumlaufen (ma- nagement-by-walking-around) scheinen in diesem dezentralen Kontext über- holt. In der Digitalisierung ist somit schon die erste Provokation zu erkennen, und zwar die Notwendigkeit, bestehende Führungsansätze zu überdenken. Das Konzept der provokanten Führung könnte dabei hilfreich sein, den Wandel von der traditionellen Führung hin zu der digitalen Führung zu bewältigen.

Die Zielsetzung des Beitrags ist es, provokante Führung definitorisch ein- zugrenzen sowie den Einsatz und die Berechtigung dieser Führungsform in der veränderten Arbeitswelt aufzuzeigen. Dies geschieht anhand von drei Fallbei- spielen zu konkreten Führungspersönlichkeiten: Jeff Bezos, Detlef Lohmann und Yvon Chouinard. Diese drei Personen zeichnen sich als provokante Füh- rungskräfte aus, aber was im Endeffekt das Eigentliche einer provokanten Führung ausmacht, soll anhand dieser Beispiele erarbeitet werden.

2. Provokation

2.1 Allgemeine Auseinandersetzung mit Provokation

In der Auseinandersetzung mit dem Begriff der Provokation liefert die wissenschaftliche Literatur eine Vielzahl an kontextbezogenen Sichtweisen zur Provokation. In der Medizin wird die Provokation beispielsweise genutzt, um Allergien zu diagnostizieren (z. B. Heppt/Heppt 2016, S. 479). Die provokative Psychotherapie verwendet eine humorvolle Provokation zur Darstellung von selbstschädigendem Verhalten und zum Hervorlocken und Stärken der Selbstverantwortung (Farrelly/Brandsma 2005, S. 74). Auch die Kunst entwickelte sich in der Moderne in Richtung einer Provokation: Nachdem nicht mehr, wie in der Vormoderne, mit dem Auftraggeber abgesprochen wurde, wie das Kunstwerk auszusehen hatte, bemühten sich die Künstler darum, provozierend zu irritieren. Sie wollten aufmerksam machen und Gewohntes hinterfragen (Koller 2007, S. 113–114). In der Literaturwissenschaft werden provokante Aspekte mit dem Ziel erforscht, die Prozesse der literarischen Rezeption als Provokation zu rekonstruieren (Müller 2005, S. 181).

In diesem Beitrag wird die Definition von Provokation nach Paris (1989) herangezogen. Wesentlicher Vorteil seiner Definition ist die allgemeine Thematisierung unterschiedlicher Bestimmungselemente einer Provokation sowie der daraus resultierenden Aktionen und Handlungsmuster. Gerade diese definitorische Allgemeinheit ermöglicht es, die Definition nach Paris auch in anderen Forschungskontexten einzugliedern: Basierend auf Paris' Definition setzt sich beispielsweise Oeltzen (2002) mit der Provokation in der Politik auseinander, Waldmann (2005) betrachtet Provokation im Terrorismus und Boudana und Segev (2017, S. 331) thematisieren Provokation in der Kommunikation. Provokation stellt für Paris »einen absichtlich herbeigeführten überraschenden Normbruch dar, der den anderen in einen offenen Konflikt hineinziehen und zu einer Reaktion veranlassen soll, die ihn, zumal in den Augen Dritter, moralisch diskreditiert und entlarvt« (Paris 1989, S. 33). Auf Basis dieser Definition erarbeitet Paris folgende fünf Bestimmungselemente der Provokation:

- *Provokation verletzt immer eine situativ geltende Norm.* Ein *Normbruch* verfolgt eine gezielte Schädigung und Bedrohung Dritter. Es kommt zu einer plötzlichen Störung der gesellschaftlichen Ordnung. Auch wenn die Provokation immer an einen Adressaten gerichtet ist, so müssen sich alle Beteiligten mit dem Normbruch und den daraus resultierenden Konsequenzen auseinandersetzen. Ziel des Normbruchs ist die kritische Auseinandersetzung mit der bestehenden Norm, was durchaus auch zur Illegitimität der Norm führen kann (Paris 1989, S. 34–35). Aber genau die Illegitimität stößt eine Veränderung bei den Beteiligten und deren Organisationsumfeld an.

- *Provokation erfolgt überraschend.* Die Intensität der Provokation ist umso höher, je unerwarteter provoziert wird. Die *Überraschung* führt zu einer unwillkürlichen Reaktion der Provozierten. Paris geht davon aus, dass nur aufgrund der Überraschung überhaupt eine Provokation gelingen kann. Resultierend aus dieser Annahme ist eine erneute Provokation nur bedingt bis gar nicht möglich oder »es gehört zum Wesen der Provokation, daß sie, ob sie erfolgreich war oder nicht, die interaktiven Bedingungen ihrer Wiederholung selbst untergräbt« (Paris 1989, S. 35). Deshalb ist das Provozieren auf Dauer schwierig, denn der Überraschungseffekt der Provokation sinkt mit jeder Anwendung.
- *Provokation will einen offenen Konflikt.* Die Ausgangssituation ist eine emotional aufgeladene und konfliktgeprägte Beziehung, in der die Provozierten die Rolle des Gegners einnehmen. Der Prozess startet mit einer gezielt kalkulierten Provokation, welche zu einer bewussten Eskalation der bestehenden Beziehung führt. Die Eskalation wird als ein Resultat der mit intendierter *Konflikterzeugung* behafteten Provokation angesehen. Auch hier nimmt die Provokation durch einen offenen Konflikt mit der Zeit an Wirkung ab, wenn nicht eine erneut eskalierende Provokation herbeigeführt wird (Paris 1989, S. 35–36).
- *Provokation ist auf eine Gegenreaktion angewiesen.* Provokationen, die ohne eine Gegenreaktion erfolgen, stellen die Provokateure als tragische Figuren dar. Die Provokateure haben nun die Möglichkeiten, das Misslingen der Provokation zu akzeptieren oder den Nötigungscharakter der Provokation und damit die Situation auf das Äußerste auszureizen. Die Nicht-Reaktion des Provozierten und die immer intensiver werdende aggressive Provokation können sich letztendlich in körperlicher Gewalt zwischen den Beteiligten entladen (Paris 1989, S. 36–37).
- *Provokation entlarvt die Provozierten.* Dabei ist die Entlarvung als *Funktionalität* zu verstehen, die aus der Überreaktion der Provozierten resultiert und diese demaskiert. Denn erst durch die Reaktion des Provozierten auf die Provokation kann der Provozierende tatsächlich einen Nutzen daraus ziehen. Die Entlarvung ist abgeschlossen, wenn eindeutig Transparenz darüber hergestellt ist, wer schuldig ist (Paris 1989, S. 37–38).

Deutlich wird bei Paris, dass die Provokation nur funktionieren kann, wenn es einen Provozierenden und einen Provozierten gibt. Selbst bei einem Normbruch muss es jemanden geben, der den Normbruch erfasst und darauf reagiert. Deshalb ist der Kontext Führung für die Anwendung von Provokation prädestiniert, denn auch hier gibt es eine Führungskraft, die jemanden führen und damit zu einer bestimmten Reaktion bringen soll.

2.2 Provokation im Führungskontext

Da der Schwerpunkt des Beitrags nicht ausschließlich auf der Provokation liegt, sondern eine Verbindung aus Provokation und Führung herstellt, ist das Konzept der Provokation konkret auf den Führungskontext in Unternehmen auszurichten. Dies bedeutet, die Führungskraft ebenso in den Blick zu nehmen wie die soziale Organisation »Unternehmen« – und damit die Bestimmungselemente, wie sie Paris (1989) vorgibt, zu konkretisieren und zu erweitern:

- *Provokation im Führungskontext hat eine unternehmenszielbezogene Funktionalität.* Dies verändert das von Paris genannte Bestimmungselement der »Entlarvung« als Frage nach dem »Schuldigen«. Im Führungskontext von Unternehmen soll letztlich eher transparent werden, wer »verantwortlich« ist für Entscheidungen und wer »erfolgreich leistet« (oder auch nicht), damit letztlich die Beiträge zur Erreichung der Unternehmensziele sichtbar werden – oder diese Beiträge sogar provoziert werden können.
- *Provokation im Führungskontext basiert auf individueller Authentizität.* Personen, die gemäß ihrer eigenen Werte, Gedanken, Emotionen, Überzeugungen und Bedürfnisse handeln, wird individuelle Authentizität zugesprochen (Harter 2002, S. 382). Für den authentischen Auftritt sind Faktoren wie Bewusstsein, Ehrlichkeit, Konsequenz und Aufrichtigkeit von Bedeutung (Goldman/Kernis 2006, S. 294–302). Gerade Ehrlichkeit und Aufrichtigkeit einer Führungskraft beeinflussen die Wirkung ihrer Provokation, besonders wenn sie sich der entstehenden Gegenreaktion der Geführten (Provozierten) ausgesetzt sehen, und tragen zur Standhaftigkeit der Führungskraft im eskalierenden Konflikt bei.
- *Provokation im Führungskontext ist organisational verankert.* Zur individuellen Führung kommt ergänzend die organisationale Ebene hinzu, also das Umfeld aller Strukturen, Prozesse, kulturellen Prägungen und Personen, die miteinander vernetzt sind und ihrerseits Führungswirkungen hervorrufen (Bennett et al. 2003, S. 7; Yammarino et al. 2012, S. 393–395). Eine Führungskraft benötigt für eine provokante Führung ein organisationales Umfeld, das diese mitträgt und die sich zur Verstärkung des provokanten Handelns nutzen lässt.

Aus der Zusammenführung der Bestimmungselemente von Paris und den Konkretisierungen beziehungsweise Erweiterungen kann nun ein Kriterienkatalog benannt werden, der zur Analyse von Provokation im Führungskontext dient:

(1) Normbruch
(2) Überraschung
(3) Konflikterzeugung

(4) Gegenreaktion
(5) Unternehmenszielbezogene Funktionalität
(6) Individuelle Authentizität
(7) Organisationale Verankerung

Er soll im weiteren Beitrag speziell auf provokante Führung angewendet werden.

Was ist nun »provokante Führung«? Provokante Führung ist die Methode, unter Nutzung der Provokation die Belegschaft eines Unternehmens aufzurütteln, ihre Akzeptanzbarrieren gegenüber einer Verhaltensänderung zu überwinden und sie damit in eine beabsichtigte neue Richtung zu führen. Provokante Führung ist mit der Erwartung einer wirtschaftlichen Verbesserung im Unternehmen verbunden.

Die sich stellende Frage lautet: Welche Provokations-Substanz enthält eine als provokant geltende Führung tatsächlich? Dazu werden im Folgenden die Fallbeispiele Jeff Bezos, Detlef Lohmann und Yvon Chouinard – drei Führungskräfte, die nach allgemeiner Meinung als provokante Führungskräfte gelten – im Einzelnen untersucht. Zunächst werden jeweils die Führungskräfte kurz beschrieben und es wird eingeführt, warum diese Personen als provokante Führungskräfte kategorisiert werden. Danach wird das Führungsverhalten dieser Führungskräfte anhand des Kriterienkatalogs analysiert. Dies erfolgt anhand von Fachliteratur, eigenen Aussagen und Berichten aus öffentlich zugänglichen Medien. Im Anschluss folgt eine kurze Zusammenführung der Erkenntnisse im Hinblick darauf, wie provokant die Führung dieser vermeintlich provokanten Führungskräfte tatsächlich ist. Die drei Fallbeispiele dienen dann als Grundlage für eine Gegenüberstellung und Beurteilung der Kriterien, bevor abschließend Rückschlüsse auf die provokante Führung gezogen werden.

3.   Fallbeispiele

3.1   Jeff Bezos (Amazon.com Inc.)

Jeff Bezos, der 1994 Amazon gründete und bis heute CEO ist (Kim 2018), gibt sich öffentlichkeitsscheu. Dadurch sind die wenigen öffentlichen Aussagen von hoher Bedeutung (Brandt 2013, S. 144). Seine Unternehmensgründung in einer Garage in Seattle sollte ein Gegenentwurf zu den damals existierenden Buchhandlungen sein: Er wollte Bücher über das Internet verkaufen und seiner Kundschaft ein einzigartiges Einkaufserlebnis bieten (Brandt 2013, S. 7–8). Amazon entwickelte sich rasant zu einer gigantischen e-commerce-Plattform. Das oberste Ziel von Bezos ist die Kundenzufriedenheit (Amazon, o. J. a). Um diese zu erreichen, werden immer wieder ungewöhnliche Strategien umgesetzt (Brandt 2013, S. 81), die Bezos durchaus provokant formuliert und einführt.

Bezos steht für einen immerwährenden *Normbruch:* Statt auf eine einfache digitale Buchhandlung, setzte er auf eine ausgefeilte Datenbank (Brandt 2013, S. 67). Seine Strategie ging auf, weil sie ungewöhnlich für die Branche war (Brandt 2013, S. 81). Ähnliches gilt für seine Offenheit, gute Ideen unabhängig von ihrer Herkunft (Brandt 2013, S. 82–83; Heuzeroth/Meier 2018) zu übernehmen. Zudem hält Bezos seine Belegschaft an, zu improvisieren und neue Ideen auszuprobieren (Brandt 2013, S. 75). Dies verankerte er auch in den Leadership Principles wie »Learn and Be Curious – Neugierig bleiben und nie aufhören zu lernen«; für ihn gehört ein Scheitern selbstverständlich dazu (Amazon, o. J.b). Auch die Kommunikation im Unternehmen ist ein passendes Beispiel für einen Normbruch: Obwohl ausführliche Kommunikation im Allgemeinen als wichtig erachtet wird, findet Bezos Kommunikation »schrecklich«. Als Maßstab für die Größe eines Teams gilt, dass es von insgesamt zwei Pizzen satt werden muss, und interne Präsentationen dürfen maximal sechs Seiten lang sein (Brandt 2013, S. 148–149).

In der Historie von Amazon findet sich das *Überraschungsmoment* als dezidiert geplanter Schachzug immer wieder, um Kundinnen und Kunden zu beeindrucken und um Mitarbeiter wie auch die Konkurrenz zu provozieren: Zu Beginn 1995 teilte Bezos mit, er habe eine Million Bücher im Bestand, obwohl die Anzahl tatsächlich bereits höher war – kurze Zeit später verblüffte Bezos mit einer (scheinbar) enormen Wachstumsrate (Brandt 2013, S. 66–67). Zudem wandte er kleinere Tricks an: Er teilte zunächst eine längere als die tatsächlich benötigte Lieferzeit mit, um seine Kundinnen und Kunden dann mit schneller Lieferung positiv zu beeindrucken (Brandt 2013, S. 68). In den Medien wird Bezos als zurückhaltende Führungskraft beschrieben (»Leading from behind«, Rosenbaum 2014), der eher überraschend angreift, sodass man sich nicht auf den Angriff einstellen kann. Die Maximierung des Überraschungseffekts ist typisch für Bezos und seine Überraschungsaktionen sind bisher gelungen. Eine typische Eigenschaft seiner Provokation ist die Häufigkeit. Folglich ist zu erwarten, dass sich Bezos nicht dauerhaft auf diese Weise positiv von der Konkurrenz abheben kann, weil sich die Überraschung seiner Provokation abnutzt.

Die *Konflikterzeugung* findet sich in Bezos' Führungsstil in mehreren Facetten wieder. Er machte sich in der Gründungsphase von Amazon dezidierte Gedanken über den Umgang mit den Wettbewerbern (Brandt 2013, S. 46–51) und erwartet von seiner Belegschaft ein ebensolches Verhalten. Dies findet sich in den Leadership principles, wo unter dem Punkt »Customer Obsession – 100 % kundenorientiert« verlangt wird, die Konkurrenz im Blick zu behalten (Amazon, o. J.b) und gemäß »Bias For Action – Aktiv handeln« auch eine kalkulierte Risikobereitschaft im konfrontativen Wettbewerb zu zeigen (Amazon, o. J.b). Offensichtlich ist die Konfliktorientierung Amazons nach außen gegen die Konkurrenz gerichtet. Innerhalb des Unternehmens werden Konflikte hingegen nicht erzeugt, sondern vielmehr noch, nicht geduldet: Vor allem entscheidet die Führungskraft, und zwar möglichst, ohne Informationen über Meinungsverschiedenheiten in die Außenwelt zu tragen. Die Belegschaft hat sich den straffen organisationalen Regeln anzupassen: Beispielsweise verhindert Bezos seit Jahren, weitgehend erfolgreich, dass die Belegschaft mit Hilfe von Gewerkschaften weitere Möglichkeiten zur Mitbestimmung erhält, die sie stärken und Konflikte möglicherweise öffentlich thematisieren würden (Schwär 2018). Hier zeigt sich, dass eine Erzeugung offener Konflikte als Teil der provokanten Führung nicht vorgesehen ist.

Der Aspekt der *Gegenreaktion* kommt bei Bezos im Kontext provokanter Führung sehr kurz. Die Belegschaft muss in erste Linie funktionieren und klaren Anweisungen der Führungskräfte Folge leisten. Daraus ergibt sich gar nicht die Möglichkeit für die Belegschaft, mit einer möglichen Provokation eskalierend umzugehen. Selbst wenn Bezos provoziert, würde eine Reaktion im Keim erstickt werden oder findet kein Gehör. Die Belegschaft hat wenige Kommunikationsmöglichkeiten, was vor allem durch die aktuellen angstgeprägten Arbeitszustände bei Amazon – ebenfalls eine Provokation im Rahmen der Führung – offensichtlich wird (z. B. Ghosh 2018). Geraten Berichte über schlechte Arbeitsbedingungen (Kantor/Streitfeld 2015) an die Öffentlichkeit und führen zu Empörung, antwortet Bezos nur selten auf die Anschuldigungen (Cook 2015). In dem Maße, wie die Gegenreaktion unterdrückt und damit einer lösungsorientierten Klärung entzogen wird, unterbleibt dann aber auch der »reinigende Effekt« der Provokation, also eine nachhaltige Verhaltensänderung hin zu einem besseren Verhalten.

Im Hinblick auf die *unternehmenszielbezogene Funktionalität* ist Bezos hinsichtlich seines Führungsverhaltens für seine schonungslose Offenheit bekannt: So teilt er seinen Mitarbeiterinnen und Mitarbeitern ohne weiteres mit, dass er einen Großteil von ihnen durch Roboter ersetzen will. Dies zielt auf die Forderung an die Mitarbeiter nach signifikanter Leistungssteigerung ab. Das hinter der provokanten Führung liegende Ziel ist intern transparent: die unablässige Perfektionierung der Organisation im Sinne der Kundenzufriedenheit.

Um als *authentische Führungskraft* wahrgenommen zu werden, tritt Bezos selten öffentlich auf und inszeniert sich, wenn er sichtbar wird, als unverkennbarer Amazonian (Brandt 2013, S. 144), indem er zum Beispiel berichtet, dass er Bücher selbst auslieferte (Gassmann 2015). Von anderen wird er oftmals als Nerd, Eigenbrötler (Brandt 2013, S. 34–35, 50) sowie Narzisst (Maccoby 2004) beschrieben. Sein unerschütterlicher Glaube an sich selbst (Brandt 2013, S. 87) findet ebenso immer wieder Erwähnung wie eine gering ausgeprägte Empathie (Brandt 2013, S. 148–149). Er wirkt als hervorragender Geschäftsmann mit sehr hohen Ansprüchen, der bei aller Detailliebe das große Ganze nicht aus den Augen verliert. Als Führungskraft wird er als ausgesprochen aktiv und teilweise taktlos beschrieben; Mitarbeiter, die über das Arbeitspensum murren, stoßen nicht auf seine Anteilnahme. Auch zögert er nicht, Mitarbeiterinnen und Mitarbeiter vor anderen zurechtzuweisen (Brandt 2013, S. 148–150). Er hat es geschafft, seine Eigenheiten glaubhaft zu vermitteln und als authentische Führungskraft wahrgenommen zu werden, die standhaft ihren Weg geht und dabei offensichtlich »ein dickes Fell« hat.

Als CEO kann sich Bezos darauf stützen, dass das Unternehmen Amazon die *organisationale Verankerung* für seine provokante Führung bereitstellt. Die von ihm initiierten Führungsleitlinien wie beispielsweise in »Ownership – Verantwortung übernehmen« (Amazon o. J.b) legen die unternehmenskulturellen Grundlagen für klare Verantwortlichkeiten. Gleichzeitig ist Amazon eher dezentral oder sogar desorganisiert aufgebaut (Brandt 2013, S. 148–149). Das Führungsnetzwerk ordnet sich der provokanten Führung unter, trotz der zu vermutenden Förderung von Dezentralität und partizipativer Verantwortungsübernahme, wie beispielsweise im Leadership Principle »Have Backbone, Disagree and Commit – Rückgrat zeigen, eigene Meinungen vertreten und getroffene Entscheidungen mittragen« (Amazon o. J.b) zu erkennen ist. Da Bezos erhebliche Kontrolle über und Druck auf seine Delegschaft ausübt (Buchas 2014), wird die organisationale Verankerung stabilisiert.

Jeff Bezos ist ein treffendes Beispiel für eine sehr erfolgreiche provokante Führungspersönlichkeit. Für seinen geschäftlichen Erfolg wurde er bereits ausgezeichnet, als »Businessperson of the Year 2012« des fortune Magazines und als »Person of the Year 1999« des Time Magazines. Bezos reinvestiert sein Geld nicht länger in Amazon, sondern erwirtschaftet auch mit anderen Investitionen erhebliche Gewinne; der gestiegene Börsenkurs von Amazon machte Bezos inzwischen zum reichsten Mann der Welt (o. V. 2018). Obwohl er wenig Persönliches von sich preisgibt, kann aus Berichten aktueller sowie ehemaliger Mitarbeiter, Journalisten und Buchautoren auf sein Führungsverhalten geschlossen werden. In den 1990er Jahren war seine Idee des Internetbuchhandels revolutionär. Durch stetiges Verbessern und Hinterfragen und auch Provozieren hat er es bis heute geschafft, ein wirtschaftliches Imperium aufzubauen. Aktuell kann Bezos mit seinem Führungsstil noch provozieren, aber dieser Effekt wird in Zukunft immer weiter nachlassen. Hier sollte Jeff Bezos seinen eigenen Prinzipien folgen und gemäß den Führungsprinzipien »Invent and simplify – Erfinden und Vereinfachen« sowie »Are Right, A Lot – Die richtige Entscheidung treffen« (Amazon o. J.b) die eigenen Überzeugungen anwenden, seine Führungsprinzipien laufend hinterfragen und diese auch hinsichtlich fehlender sozialer, ökologischer und ethischer Aspekte vervollständigen.

3.2   Detlef Lohmann (allsafe GmbH & Co. KG)

Detlef Lohmann ist Geschäftsführer der allsafe GmbH & Co. KG mit den Schwerpunkten zur Ladegutsicherung und zu Transportsystemen. Bekanntheit erlangte Lohmann durch sein Buch »… und mittags geh ich heim: Die völlig andere Art, ein Unternehmen zum Erfolg zu führen« (Lohmann 2012). Bevor er sich der Herausforderung als Geschäftsführer widmete, war er bei Daimler und weiteren Unternehmen als Ingenieur beschäftigt. Seine kontinuierlichen Verbesserungsvorschläge wurden durch seine ehemaligen Arbeitgeber unterdrückt. Die einzige Möglichkeit, dieser Situation zu entfliehen, war für ihn, sich als Gesellschafter in ein Unternehmen einzukaufen und dort als Geschäftsführer zu arbeiten (Albers 2012). Interessant ist, dass Lohmann als Geschäftsführer die Rolle der alleinigen Führungskraft einnimmt und zunächst von oben herab führt. Lohmann beschreibt in seinem Buch, wie er als Geschäftsführer den Helikopterblick annimmt, um fortlaufende strategische Entscheidungen treffen zu können. Der Fokus seiner Provokation als Führungskraft liegt in der Entscheidung, die Führungskultur seines Unternehmens umzustrukturieren. Die Entscheidung, den schrittweisen Wandel vom hierarchischen Top-Down-Führungsstil zu einem dezentralen Führungsstil in einer funktionalen Netzwerkstruktur einzuleiten, trifft er, ohne andere Personen des Unternehmens mit einzubeziehen.

Mit der Umstrukturierung nach Arbeitsprozessen vollzieht Lohmann als Führungskraft einen organisationalen *Normbruch* innerhalb seines Unternehmens. Sein Initialnormbruch, der gerade in einem mittelständischen Unternehmen eine tiefgehende Veränderung darstellt, hat damit Auswirkungen auf die gesamte Belegschaft des Unternehmens. Er führt zu einer Störung der bisherigen organisationalen Ordnung: Die Bezeichnung des Projektes als »die ideale Organisation« erscheint im Zusammenhang mit den Auswirkungen als weitere Provokation (Lohmann 2012, S. 43).

Den Aspekt der *Überraschung* versucht Lohmann geschickt auszuhebeln, indem er sein Netzwerk in den Realisationsprozess seiner provokanten Idee einbindet. Zunächst wird sein engstes Netzwerk eingebunden: Das Konzept zur »idealen Organisation« soll gemeinsam mit den Führungskräften erarbeitet werden. Sie realisieren schnell, dass ihr Verantwortungsbereich in Form der Abteilung abgeschafft wird (Lohmann 2012, S. 43). Hier trifft der Überraschungseffekt zunächst einen kleinen Kreis der Belegschaft, aber diese Gruppengröße, kann Lohmann gut überzeugen. Einmal überzeugt, kann Lohmann den Rest der Belegschaft informieren. Das Vorgehen zur Sensibilisierung des Initialnormbruchs in zwei Schritten bewirkt eine Minimierung des Überraschungseffekts innerhalb des Unternehmens.

Die Überraschung, dass Abteilungen abgeschafft werden, geht mit einer faktischen *Konflikterzeugung* einher. Leider bleibt Lohmann gerade in der Beschreibung zur Überzeugungsarbeit der Abteilungsleiter unklar und vage. Er verweist lediglich darauf, dass zwei Stunden mit den Abteilungsleitern diskutiert wurde und die meisten dem Normbruch zugestimmt haben (Lohmann 2012, S. 43). Dennoch wird deutlich, dass Lohmann durch seine Informations- und Überzeugungsstrategien hervorgerufene Konflikte seiner Belegschaft zu minimieren versucht. Er setzt offensichtlich nicht auf Konflikteskalation, spielt aber im Endeffekt seine Führungsposition aus, um seine klaren Vorstellungen und Anweisungen durchzusetzen.

Auf die Provokation hin erfolgen die zwecks Wandel benötigten *Gegenreaktionen* seitens der Belegschaft zeitverzögert. Der Normbruch muss zunächst seine die Strukturen aufbrechende Wirkung entfalten. Auch wenn Lohmann eine Obergrenze von 14 Mitarbeiterinnen und Mitarbeiter pro Großraumbüro einzieht (Lohmann 2012, S. 44), bleibt die soziale Kontrolle der Mitarbeiter untereinander wirksam: Sie bremst Individualität und Eigeninitiative, die Lohmann (2012, S. 195–196) so wichtig sind, und stabilisiert die im Netzwerk vorherrschenden kollektiven Präferenzen (Spät 2016). Dennoch trägt seine provokante Führung Früchte im Sinne von Gegenreaktionen: Personen, denen »die ideale Organisation« nach Lohmann nicht zusagt, verlassen das Unternehmen. Neue Mitarbeiterinnen und Mitarbeiter passen sich der neuen Unternehmensstrategie an. Damit erfolgt als Gegenreaktion ein Prozess der Selbstselektion der Belegschaft.

Lohmann will im Sinne einer *unternehmenszielbezogenen Funktionalität* seiner provokanten Führung erreichen, dass Führungskräfte in erster Linie Macht und Verantwortung an die Belegschaft abgeben und zugleich die unterschiedlichen Fertigkeiten und Fähigkeiten von Mitarbeiterinnen und Mitarbeiter fördern (Lohmann 2012, S. 48). Ihre Aufgabe besteht nunmehr in der Schaffung eines optimalen Arbeitsumfeldes (Lohmann 2012, S. 49). Dass dies nicht immer gelingt, schildert Lohmann an einem Beispiel: Ein Teamleiter, kommend aus einem »traditionellen« Unternehmen, weist seinen Mitarbeiter zurecht, da dieser die Aufgabenschritte optimiert hat. Die Eigeninitiative zur Optimierung versteht der Teamleiter als Provokation, was zu einer handgreiflichen Auseinandersetzung führt (Lohmann 2012, S. 200). Das Beispiel verdeutlicht, dass Störfaktoren innerhalb der »idealen Organisation« nach Lohmann, wie in diesem Fall der Top-Down-Führungsstil des Teamleiters, aufgedeckt werden. Damit einhergehend, bewirkt der organisationale Normbruch eine Transparenz in Bezug auf dysfunktionale Führung, die insbesondere bei auftretenden Konflikten sichtbar wird. Diese Transparenz von Störfaktoren setzt dann einen Lernprozess zur Optimierung des Unternehmens in Gang.

Hervorzuheben ist, dass Lohmann bei allen Herausforderungen in der Umsetzung des organisationalen Normbruchs, soweit dies von außen beurteilbar ist, als Person *authentisch* zu bleiben scheint. In seinem Buch geht er an einigen Stellen auch selbstkritisch mit sich um und reflektiert seine Handlungen (Lohmann 2012, S. 47). So zeigt sich im Vorfall des Diebstahls von Sicherheitsgurten, dass in Organisationen, unabhängig von der Führungsstruktur, Mitarbeiterinnen und Mitarbeiter die unterschiedlichsten individuellen Ziele verfolgen (Lohmann 2012, S. 192–193) und es damit kein Konzept zur Schaffung der perfekten Organisation gibt. Dennoch holen sich Mitarbeiterinnen und Mitarbeiter bei Lohmann Rat ein, kommunizieren offen mit ihm über Fehler und geben gar persönliche Gefühle preis. Lohmann gelingt es durch seinen authentischen Führungsstil offenbar, eine Vertrauensbasis für den Umgang mit seiner Belegschaft aufzubauen.

Die Vertrauensbasis legt den Grundstein für die *organisationale Verankerung* der provokanten Führung. Die vorherrschende Kommunikation der Belegschaft untereinander und der ihnen zur Verfügung stehende und sich ausweitende Entscheidungsspielraum fördern den Wissenstransfer unter der Belegschaft und schaffen Klarheit über zukünftige Entwicklungen (Lohmann 2012, S. 77–81), was Lohmann im reibungslosen Ablauf von Prozessen bestätigt sieht. Dennoch birgt diese organisationale Verankerung Risiken, die in der vereinzelten Überforderung von nun zur Entscheidung ermächtigten Mitarbeiterinnen und Mitarbeitern liegt (Youngs 2009), so dass sie mit gutgemeinten, aber faktisch schlechten Entscheidungen dem Netzwerk und letztlich dem strukturellen Veränderungsprozess unbewusst Schaden zufügen (Barry 1991). Lohmann hatte zwischen der Chance einer Potenzialentwicklung seiner Mitarbeiter und dem Risiko unzureichender Entscheidungsqualität (zumindest in einer Übergangszeit) abzuwägen – und er hat sich eindeutig für die Potenzialentwicklung seiner Belegschaft entschieden.

Provokante Führung zeichnet sich bei Detlef Lohmann nicht nur durch sein Führungsverhalten, sondern auch durch die Radikalität der organisationalen Umstrukturierung aus. Diese Veränderung hat letztlich dazu geführt, dass sich das Unternehmen nachhaltig gewandelt hat. Während eine Demokratisierung stattfindet, wird weiterhin provoziert: Mitarbeiterinnen und Mitarbeiter, die nicht mitziehen, verlassen das Unternehmen oder ihnen wird gekündigt. Potenzielle Bewerber suchen sich dieses Unternehmen gezielt aufgrund des Führungsstils und der Führungsstruktur aus. Auch wenn man von einem demokratischen Unternehmen sprechen könnte, hält sich Lohmann eine letzte Provokation gezielt offen: Die allsafe GmbH & Co. KG besitzt keinen Betriebsrat und keine institutionalisierte betriebliche Mitbestimmung. Lohmann behält sich das Recht vor, in einer möglichen Krisensituation selbst final zu entscheiden, und gibt damit Macht nur in definierten Grenzen an die Belegschaft ab.

3.3 Yvon Chouinard (Patagonia Inc.)

Yvon Chouinard hat sich in seinen jungen Jahren einen Namen im Big Wall-Klettern gemacht, also darin, über mehrere Tage hinweg eine Felswand zu erklettern. Um dies zu erreichen, stellte Chouinard die notwendigen Kletterhaken selber her und verkaufte diese. Anfang der 1970er Jahre stellte er die Produktion der dafür notwendigen Felshaken ein, da sie die Berge verschandelten; gleichzeitig erkannte er, dass die Bekleidung für das Klettern ein neuer Markt sein könnte, und gründete das Unternehmen Patagonia. Heutzutage ist das Unternehmen vor allem dafür bekannt, dass es Gründungsmitglied der Initiative »One Percent for the Planet« ist und ein Prozent seines Umsatzes für den Umweltschutz spendet. Weiterhin zählt das Unternehmen zu den ökologischsten Outdoor-Bekleidungsunternehmen der Welt (Martín 2012). Durch seine Sportaffinität war Yvon Chouinard eher eine unorthodoxe Führungskraft, vor allem, weil er sein Unternehmen als ein Experiment ansah, wie man ein Geschäft im Einklang mit der Umwelt aufbauen konnte (Chouinard 2016, S. 1). Das Unternehmen konnte in den ersten Jahren auf traditionelle Weise wachsen und gleichzeitig die flachen Hierarchien, das Job-Sharing, gesundes Essen für die Belegschaft sowie Kindertagesstätten ohne große Verluste aufrechterhalten (Chouinard 2016, S. 53). In der Finanzkrise in den 1990er Jahren wurde ihm nach einer notwendig gewordenen Massenentlassung von Mitarbeitern klar, dass sein Unternehmen nicht mehr nachhaltig war. Dies war für Chouinard gleichbedeutend mit einer Abkehr von seinen eigenen Werten: »We knew that uncontrolled growth put at risk the values that had made the company succeed so far« (Chouinard 2016, S. 61). Die provokante Führung von Chouinard bestand darin, in einer Zeit, in der andere Unternehmen dafür kaum Antennen hatten, das eigene Unternehmen in einer anderen – radikal nachhaltigeren und mitarbeiterorientierteren – Form zu gestalten.

Der *Normbruch* entstammt also nicht vorrangig der Idee, Patagonia plötzlich anders zu führen, sondern, das Unternehmen gegen das Anfang der 1990er Jahre vorherrschende US-amerikanische Unternehmensverständnis zu positionieren. Führung im Sinne von Chouinard hieß also: »This sucks. I'm going to do my own thing« (2016, S. 38). Der Normbruch besteht gerade darin, die herkömmliche Meinung, wie ein Unternehmen geführt werden soll, herauszufordern. So, wie er es erklärt, erscheint es unmittelbar nachvollziehbar, auf Nachhaltigkeit Wert zu legen. Dabei handelt es sich vor allem um einen Initialnormbruch mit vor allem unternehmensexternen Adressaten, der das Unternehmen von dem Zeitpunkt der Umstrukturierung an andersartig aufstellt.

Der Inhalt dieser provokanten Führung erscheint in diesem Sinne nach innen hinein zunächst nicht als allzugroße *Überraschung*, denn dass die Belegschaft jederzeit surfen gehen könne, war schon vor dem initiierten Wandel möglich.

Die Überraschung liegt jedoch nach außen gerichtet darin, dass er die Veränderungen hin zu einer weitreichenden Flexibilisierung von Arbeit und Familiarisierung der Unternehmenskultur nachhaltig beibehielt. In dem Veränderungsprozess hat er einige unveränderlich scheinende Regeln wie das Primat der Gewinnorientierung zu Gunsten einer ethischen Orientierung durchbrochen, mehr auf Ökologie sowie auf ein soziales Umfeld Wert gelegt und dies in den Unternehmenswerten verankert. Dies hat er allerdings auf Basis gesammelter Informationen, Hinweisen von Freunden und unter Nutzung von Expertenwissen getan (Chouinard 2016, S. 41), um trotz aller Herausforderung der anderswo üblichen Unternehmensführung nachhaltig ohne größere Überraschungen im Kleinen auszukommen.

Bei der *Konflikterzeugung* ist Chouinard eher ein Konfliktvermeider. Sein Ziel ist es, dass die Belegschaft Spaß an der Arbeit hat. Auch ist er bei der ökologischen Orientierung klar positioniert. Bei aller Provokation durch sein radikales Umsteuern ist Konflikt in der Zusammenarbeit offensichtlich nicht Teil seines Führungsstils. Eher sind die Mitarbeiterinnen und Mitarbeiter durch präzise definierte Unternehmenswerte eingeschränkt und müssen sich unterordnen. Beispielsweise sollen die Produkte funktional sein und sollen keinen kurzfristigen Trends folgen – dies hat er seinen Designerinnen und Designern verboten (Gehrmann 2011). Solche klaren Regeln führen zu einer Selbstselektion der Belegschaft und zu einer weiteren Verminderung der Konflikte im Unternehmen.

Auch setzt Chouinard nicht auf die Herbeiführung und Eskalation von *Gegenreaktionen*. Das liegt vor allem daran, dass er auch seinen Mitarbeiterinnen und Mitarbeitern management-by-absence, also flexible Gestaltung von Arbeitszeit und Arbeitsort, erlaubt. Dies führt dazu, dass ein persönlicher Austausch mit ihm nur reduziert stattfindet, da die entkoppelte Belegschaft und Chouinard selten am selben Ort sind. Es fehlen die Kommunikationsmöglichkeiten zwischen Chouinard und den Mitarbeiterinnen und Mitarbeitern und damit die Resonanzräume der Provokation. Weiterhin ist Chouinard bekannt für klare Anweisungen, eine ausformulierte Vision und einer transparenten Strategie: Die Belegschaft weiß, wie ihr Chef tickt, und das minimiert die Gegenreaktionen bei provokanten Veränderungen noch einmal aufgrund einer Antizipation des erwarteten Verhaltens.

Die *unternehmenszielbezogene Funktionalität* der provokanten Führung von Chouinard liegt hauptsächlich im Kontext der ökologischen Ausrichtung und in der Abkehr von bisherigen wirtschaftlichen Gepflogenheiten. Dieser Funktionalität ordnet er in gewisser Weise auch seine provokante Führung unter. Denn sobald er erkennt, dass Provokation und die damit verbundenen Neuerungen sein Unternehmen nicht wirklich weiterbringen, ist er durchaus in der Lage, auch noch einmal auf Traditionelles zurückzugreifen. Beispielsweise beschreibt er, wie in Japan nur wenige Winterjacken verkauft wurden und Patagonia dann die 5-Why-Methode von Toyota verwendete, also durch ein mehrmaliges »Warum« die Problematik gezielt und umfassend hinterfragte (Chouinard 2016, S. 172). Chouinard ermutigt zur Suche nach kreativen Lösungen, ohne dogmatisch auf provokante Führung zu beharren.

Die stärkste Dimension Chouinards ist seine *individuelle Authentizität:* Sein durchaus provokanter Führungsstil passt zu seinem Lebensstil. Konzepte wie das management-by-absence werden von ihm vorgelebt und auch seine Mitarbeiterinnen und Mitarbeiter dürfen sie leben: Solange die Arbeit erledigt wird, kann jeder auch mal Surfen gehen. Seinen Worten lässt er Taten folgen und die Belegschaft weiß genau, woran sie ist. Die Provokation lässt sich besonders gut in den Anfangszeiten erkennen, in denen er noch versuchte, das Marktwachstum mit den ökologischen und sozialen Aspekten des Unternehmens unter einen Hut zu bringen. Die damit verbundene inhärente Spannung löste er durch den grundlegenden Wandel des Unternehmens auf. Patagonia zeigt heute auf, dass Wachstum bei nachhaltigen Wertorientierungen möglich ist, selbst wenn es ein wenig langsamer vorangeht. Die Person Chouinard und das Unternehmen passen heute perfekt zueinander.

Chouinard ist seit 2016 nicht mehr der Geschäftsführer von Patagonia: Er übergab diese Rolle an Rose Marcario. Auch wenn sie in dem Unternehmen erst seit 2008 mitarbeitet, identifiziert sie sich mit den Werten des Unternehmens und konnte den Profit verdreifachen. Mittlerweile ist das ursprünglich revolutionäre und damit provokante Umsteuern des Unternehmens hin zu modernen Werten in vergleichbaren heutigen Unternehmen weit verbreitet. Dies nimmt aber nichts davon weg, dass bei Patagonia die *organisationale Verankerung* gegeben war und nachhaltig in der kollektiven Identität Eingang gefunden hat (Baer 2014). Chouinard wünschte sich in der Belegschaft eine gewisse Verrücktheit (Gehrmann 2011) und dass Führung auf viele Schultern verteilt werden solle, denn jeder soll Teil der Lösung sein (Chouinard 2016, S. 167). Durch die angesprochene Selbstselektion verfestigt sich ein solches System, was sich kulturell mit Verweis auf das einmal hervorgebrachte – erfolgreiche – Provokation selbst reproduziert.

Das Beispiel von Yvon Chouinard zeigt, dass provokante Führung einem Protest ähneln kann, in diesem Falle einer radikalen Abkehr von dem typischen Führungsstil in den 1990er Jahren. Die Provokation verdeutlicht, dass Ökonomie, Ökologie und soziale Verantwortlichkeit sich gegenseitig bereichern können und ein Unternehmen nachhaltig wachsen lassen. Gerade die Jahre 2011 bis 2015 haben gezeigt, dass Patagonia damit auch zwanzig Jahre später den richtigen Weg eingeschlagen hat. Es ist interessant, wie die Provokation von Chouinard über die Zeit immer weniger provoziert, denn bis auf den initialen, aber nachhallenden Normbruch fand keine weitere größere Provokation mehr statt. Die provokante Führung hat sich immer mehr in die typische Führung von Patagonia verwandelt. Durch den Erfolg und die ideologische Prägung findet kein Hinterfragen mehr statt; der aktuelle Weg ist »richtig«, da er sozial erwünscht ist. Dennoch: Das Geschäftsmodell provoziert, weil es weiterhin ein Gegenentwurf zum typischen ausschließlich gewinnorientierten Unternehmen ist. Die nächsten Jahre werden zeigen, ob das Unternehmen ohne eine weitere provokante Führung innovativ bleiben kann oder ob die provokante Führung wieder aufgegriffen wird, um – als Erfahrungsschatz des Unternehmens positiv belegt – einen weiteren Wandel voranzutreiben.

4. Diskussion

Die beschriebenen Führungskräfte sind Beispiele für unterschiedliche Varianten von provokanter Führung, und obwohl sie grundverschiedene Persönlichkeiten sind, haben sie einige Gemeinsamkeiten in Bezug auf die Ausgestaltung ihrer provokanten Führung. Wie Tab. 1 zeigt, gibt es jedoch auch Unterschiede im Hinblick auf die der Analyse zugrunde liegenden Kriterien.

Bei der provokanten Führung ist eine intrinsische Motivation notwendig, etwas anders zu machen und sich über die traditionellen und festgefahrenen Führungsregeln hinwegzusetzen. Gemeinsamkeiten der drei betrachteten Führungspersönlichkeiten liegen im Normbruch (auch wenn die Ausprägungen unterschiedlich sind) sowie in der unternehmenszielbezogenen Funktionalität, die mit der provokanten Führung verbunden ist. Hinzu kommen individuelle Authentizität und organisationale Verankerung der provokanten Führung.

Offenbar ist – zumindest bei den drei betrachteten Fallbeispielen – eine weitere Gemeinsamkeit darin zu sehen, dass eine bewusste Konflikterzeugung in Richtung der Belegschaft nicht beabsichtigt ist und dass diese teilweise sogar unterbunden werden soll. Provokante Führung eskaliert also nicht die eintretenden Konflikte. Dies ist insoweit nachvollziehbar, als das Risiko besteht, dass im Zuge von Konflikten mit der Belegschaft Mitarbeiter das Unternehmen verlassen, was beim Ziel der Bindung qualifizierter Mitarbeiter kontraproduktiv sein dürfte und daher unterlassen wird.

Unterschiedlich gehen die provokanten Führungskräfte mit Überraschung um: Teilweise wird sie maximiert und soll immer noch gesteigert werden, doch auch die Minimierung der Überraschungseffekte wird betrieben. Ähnlich zeigt der Umgang mit einem offenen Erzeugen von Gegenreaktionen, dass unterschiedliche Strategien der provokanten Führung verfolgt werden: Auf der einen Seite werden Gegenreaktionen unterdrückt oder vermieden, auf der anderen Seite dadurch neutralisiert, dass die Mitarbeiter sich selbst hinsichtlich ihres

	Jeff Bezos (Amazon.com Inc.)	Detlef Lohmann (allsafe GmbH & Co. KG)	Yvon Chouinard (Patagonia Inc.)
Normbruch	☑ Dauerhafte Herbeiführung von Normbrüchen	☑ Herbeiführung eines unternehmensinternen Initialnormbruchs	☑ Herbeiführung eines unternehmensexternen Initialnormbruchs
Überraschung	☑ Maximierung des Überraschungseffekts	☒ Schrittweise Minimierung des Überraschungseffekts	☒ Erst Überraschungseffekt, dann Minimierung weiterer Überraschungen
Konflikterzeugung	☒ Konfliktunterdrückung gegenüber der Belegschaft	☒ Konfliktminimierung gegenüber der Belegschaft	☒ Konfliktvermeidung gegenüber der Belegschaft
Gegenreaktion	☒ Unterdrückung: Fehlende Kommunikationmöglichkeiten der Belegschaft, dafür klare Führungsanweisungen	☑ Zeitverzögerte Selbstselektion der Belegschaft	☒ Vermeidung: Durch Entkopplung der Belegschaft und vorauseilenden Gehorsam
Unternehmenszielbezogene Funktionalität	☑ Signifikante Leistungssteigerung zur ständigen Perfektionierung der Organisation	☑ Veränderung von Führung bei gleichzeitiger Transparenz dysfunktionaler Führung, um aus Fehlern zu lernen	☑ Ständige Suche nach kreativen Lösungen zum Nachhaltigmachen von unternehmerischer Nachhaltigkeit
Individuelle Authentizität	☑ setzt auf sein »dickes Fell«	☑ setzt auf die Schaffung von Vertrauen	☑ setzt auf das Vorleben des von ihm Propagierten
Organisationale Verankerung	☑ Aufgrund des hohen Grades an organisationaler Kontrolle	☑ Aufgrund kollektiven Wissenstransfers und individueller Potenzialentwicklung	☑ Aufgrund der Selbstselektion der Belegschaft im Sinne einer kulturellen Passung

Tab. 1: Fallbasierte Übersicht der Kriterien von provokanter Führung

weiteren Verbleibens im Unternehmen selektieren und die Akteure möglicher Gegenreaktionen freiwillig aus dem Unternehmen ausscheiden.

Für die provokante Führung lässt sich somit festhalten, dass sie – anders als Provokation allgemein – weniger stark auf Konflikterzeugung, offene Gegenreaktion und Überraschung setzt. Es kann vermutet werden, dass dies der Tatsache geschuldet ist, dass Mitarbeiter arbeitsvertraglich an das Unternehmen gebunden sind und die Führungskräfte durchaus wissen, dass sie Betriebsklima, Führungskultur und Mitarbeiterproduktivität zerstören, wenn ihr allgemeines Motivationsmanagement »aus dem Ruder läuft«.

Von den drei betrachteten Führungspersönlichkeiten erfüllt Chouinard nur vier Kriterien für provokante Führung, Lohmann und Bezos jeweils fünf. Die »Substanzialität« der Provokation, die der gezeigten provokanten Führung innewohnt, ist jedenfalls limitiert. Auf das Äußerste einer provokanten Führung lässt es am ehesten noch Bezos ankommen, der immerhin wiederholten Normbruch begeht und damit immer wieder neu eine Provokationsdynamik in Gang setzt.

Insgesamt scheint es, dass die provokante Führung hauptsächlich durch den Normbruch beschrieben werden kann – im Sinne von: anders zu führen, um Veränderungen herbeizuführen. Gerade bei Lohmann und Chouinard wird ersichtlich, dass nach dem Normbruch versucht wurde, dieses neue Unternehmensverständnis nachhaltig im Unternehmen zu verankern. Provokante Führung ist also hochgradig zeitpunktbezogen und ohne kontinuierlichen Normbruch wird der Initialnormbruch zur neuen Normalität, vor allem, wenn die Führungskräfte im Hinblick auf die übrigen Kriterien für Provokation im Führungskontext scheinbar versuchen, jegliche Provokation zu verhindern.

Die provokante Führung scheint eine funktionierende Möglichkeit zu sein, das Unternehmen zu dynamisieren, solange auch die Führungskraft dynamisch ist. Dies erkennt man gut an Bezos; bei Chouinard erkennt man, dass der Schwung der Provokation langsam verschwindet, was auch einer der Gründe dafür sein könnte, weshalb er seine Nachfolge implementiert hat. Auch bei Lohmann ist ein Abschwächen der Provokation zu verzeichnen: Zurückzuführen ist dies voraussichtlich auf die Beendigung der Umstrukturierung im Unternehmen. Doch selbst bei Bezos ist ein Abschwächen der Provokationssubstanz für die Zukunft zu erwarten, da es eine Eigenschaft der mit Provokation verbundenen Überraschung ist, mit der Häufigkeit ihres Auftretens an Intensität zu verlieren. Damit wird deutlich, dass provokante Führung in diesen Beispielen tatsächlich eine Halbwertszeit hat und die Führungskräfte mit der Zeit immer weniger provozieren.

Es fällt zudem auf, dass vor allem die erfolgreichen Führungskräfte diesen provokanten Führungsstil definieren. Hier steckt eine zirkuläre Argumentation dahinter: Löst provokante Führung Erfolg aus – oder sind es gerade die bereits

Erfolgreichen, die sich provokante Führung leisten können? Denn es ist anzunehmen, dass bei einem Scheitern des initialen Normbruchs die meisten Führungskräfte schnell ihre Anstellung verlieren. Dies macht die Analyse problematisch und zugleich ist es fraglich, ob ein Best Practice für eine provokante Führung überhaupt möglich sein kann. Und überhaupt: Wenn provokante Führung, das Neue, normal wird, kann sie dann überhaupt noch provozieren?

5.   Fazit

Die provokante Führung hilft dabei, Strukturen in Unternehmen aufzubrechen und Veränderungen herbeizuführen. Auch heutzutage ist dies notwendig: Die Digitalisierung bringt Veränderungsdruck mit sich und Führungskräfte haben nicht immer die Möglichkeit, bei der vorbereitenden Neutralisierung der mit den Veränderungen verbundenen Risiken alle Unsicherheiten auszuräumen. Deshalb sind mutige sowie risikobehaftete Entscheidungen notwendig; Entscheidungen, die beispielsweise den notwendigen Grad der Digitalisierung innerhalb eines Unternehmens hinterfragen oder den aktuell vorherrschenden Automatismus zur Digitalisierung. Solch ein Hinterfragen und im Zweifelsfall das mutige Gegen-den-Strom-Schwimmen ist typisch für die provokante Führung.

Erfolgreiche provokante Führung bewirkt, dass sie zum neuen »alten« Führungsstil wird. Hier entsteht ein Zielkonflikt im Hinblick auf die individuelle Authentizität: Ein Aufrechterhalten der Provokation wird mit der Zeit als immer weniger authentisch erscheinen, ein Beibehalten der neuen Strukturen wird den Effekt der Provokation minimieren. Es wird deutlich, dass die provokante Führungskraft sich, bewusst oder unbewusst, in eine Sackgasse manövriert. Man erkennt an Jeff Bezos, dass er durch immer neue Betätigungsfelder die Provokation dauerhaft aufrechterhalten will, dass Detlef Lohmann seine Provokation herauszögert und dass Yvon Chouinard die Provokation aufgegeben hat, als sein Normbruch sich institutionalisierte. Die provokante Führung kostet die Führungskraft viel Mühe und Aufwand, die Frage der Kosten und des Nutzens wird ab einem gewissen Zeitpunkt gestellt werden müssen.

Und am Ende ist die letzte Provokation, die einer provokanten Führungskraft übrigbleibt, das Unternehmen zu verlassen.

Literatur

Albers, Markus (2012): Der Beta-Chef. https://www.brandeins.de/magazine/brand-eins-wirtschaftsmagazin/2012/das-gute-leben/der-beta-chef (zuletzt abgerufen am 08.06. 2018).

Amazon (o. J.a): Geschichte und Fakten zu Amazon, https://amazon-presse.de/Top-Navi/ Unternehmen/-ber-Amazon.html (zuletzt abgerufen am 08.06.2018).

Amazon (o. J.b): Leadership Principles, https://www.amazon.jobs/principles (zuletzt abgerufen am 08.06.2018).

Baer, Drake (2014): Patagonia CEO: There's No Way I Should Make One Decision Based on Quarterly Results. http://www.businessinsider.com/patagonia-ceo-interview-2014-11 (zuletzt abgerufen am 08.06.2018).

Barry, David (1991): Managing the Bossless Team: Lessons in Distributed Leadership. Organizational Dynamics 20 (1), S. 31–47.

Bass, Bernard M. (1985): Leadership and Performance Beyond Expectations. New York.

Bennett, Nigel/Wise, Christine/Woods, Philip A./Harvey, Janet A. (2003): Distributed Leadership. Nottingham.

Boudana, Sandrine/Segev, Elad (2017): Theorizing Provocation Narratives as Communication Strategies. Communication Theory 27 (4), S. 329–346.

Budras, Corinna (2014): Der totalüberwachte Mitarbeiter. http://www.faz.net/aktuell/be ruf-chance/beruf/internet-versandhaendler-amazon-ueberwacht-mitarbeiter-132805 61.html (zuletzt abgerufen am 08.06.2018).

Brandt, Richard L. (2013): ein click. Der Aufstieg von amazon und Jeff Bezos. München.

Burns, James M. (1978): Leadership. New York.

Chouinard, Yves (2016): Let My People Go Surfing. New York.

Ciesielski, Martin A./Schutz, Thomas (2016): Digitale Führung: Wie die neuen Technologien unsere Zusammenarbeit wertvoller machen. Berlin, Heidelberg.

Conger, Jay A./Kanungo, Rabindra N. (1998): Charismatic Leadership in Organizations. Thousand Oaks, CA.

Cook, John (2015): Full Memo: Jeff Bezos Responds to Brutal NYT Story, Says it Doesn't Represent the Amazon He Leads. https://www.geekwire.com/2015/full-memo-jeff-bezos-responds-to-cutting-nyt-expose-says-tolerance-for-lack-of-empathy-needs-to-be-zero/ (zuletzt abgerufen am 08.06.2018).

Farrelly, Frank/Brandsma, Jeffrey M. (2005): Provokative Therapie. Heidelberg.

Gassmann, Michael (2015): Die »Kampfmaschine« pflügt deutschen Markt um. https:// www.welt.de/wirtschaft/article144068894/Die-Kampfmaschine-pfluegt-deutschen-Markt-um.html (zuletzt abgerufen am 08.06.2018).

Gehrmann, Wolfgang (2011): Geht surfen, https://www.zeit.de/2011/27/GL-Patagonia-Gru ender/komplettansicht (zuletzt abgerufen am 08.06.2018).

Ghosh, Shona (2018): Amazon-Mitarbeiter pinkeln in Flaschen, weil sie Angst haben, eine Pause zu machen. https://www.businessinsider.de/warum-amazon-mitarbeiter-in-fla schen-pinkeln-2018-4 (zuletzt abgerufen am 08.06.2018).

Goldman, Brain M./Kernis, Michael H. (2006): A Multicomponent Conceptualization of Athenticity: Theory and Research. Advances in Experimental Social Psychology 38, S. 283–357.

Harter, Susan (2002): Authenticity. In: Snyder, Charles R./Lopez, Shane J. (Hrsg.), Handbook of Positive Psychology. New York, S. 382–394.

Heppt, Werner/Heppt, Markus (2016): Nasaler und konjunktivaler Provokationstest, in: Biedermann, Tilo/Heppt, Werner/Renz, Harald/Röcken, Martin (Hrsg.), Allergologie (2016). Berlin, Heidelberg, S. 475–482

Hernez-Bromme, Gina/Hughes, Richard L. (2004): Leadership Development: Past, Present, and Future. Human Resource Planning 27 (1), S. 24–32.

Heuzeroth, Thomas/Meier, Christian (2018): »Wenn Kritiker Recht haben: Ändere dich!« https://www.welt.de/wirtschaft/article175795322/Jeff-Bezos-Wenn-Kritiker-Recht-ha ben-Aendere-dich.html (zuletzt abgerufen am 08.06.2018).

Hockling, Sabine (2015): Die Wirtschaft braucht Alphatiere. https://www.zeit.de/karriere/ beruf/2015-08/fuehrungskraft-dominanz-macht-alpha-tier (zuletzt abgerufen am 08.06.2018).

Hübler, Michael (2017): Provokant – Authentisch – Agil!: Die neue Art zu führen. Mitarbeiter motivieren und aus der Reserve locken. Regensburg.

Kim, Eugene (2018): Jeff Bezos reveals Amazon has 100 million Prime members in letter to shareholders. https://www.cnbc.com/2018/04/18/amazon-ceo-jeff-bezos-2018-share holder-letter.html (zuletzt abgerufen am 08.06.2018).

Kantor, Jodi/Streitfeld, David (2015): Inside Amazon: Wrestling Big Ideas in a Bruising Workplace. The Company is Conducting an Experiment in How Far it Can Push White-Collar Workers to Get Them to Achieve its Ever-Expanding Ambitions. https://www.ny times.com/2015/08/16/technology/inside-amazon-wrestling-big-ideas-in-a-bruising-workplace.html (zuletzt abgerufen am 08.06.2018).

Koller, Markus (2007): Die Grenzen der Kunst: Luhmanns gelehrte Poesie. Dissertation. Wiesbaden

Kuhnert, Karl W./Lewis, Philip (1987): Transactional and Transformational Leadership: A Constructive/Developmental Analysis. Academy of Management Review 12 (4), S. 648–657.

Lohmann, Detlef (2012): …und mittags geh ich heim: Die völlig andere Art, ein Unternehmen zum Erfolg zu führen. Wien.

Lord, Robert G./Hall, Rosalie J. (2005): Identity, Deep Structure and the Development of Leadership Skill. Leadership Quarterly 16 (4), S. 591–615.

Maccoby, Michael (2004): Narcissistic Leaders: The Incredible Pros, the Inevitable Cons. Harvard Business Review 82 (1), S. 92–101.

Martín, Hugo (2012): Outdoor Retailer Patagonia Puts Environment Ahead of Sale Growth, http://articles.latimes.com/2012/may/24/business/la-fi-patagonia-20120525 (zuletzt abgerufen am 08.06.2018).

McCleskey, Jim A. (2014): Situational, Transformational, and Transactional Leadership and Leadership Development. Journal of Business Studies Quarterly 5 (4), S. 117–130.

Müller, Jürgen E. (2005): Literaturwissenschaftliche Rezeptions- und Handlungstheorien, Bogdal, Klaus-Michael (Hrsg.): Neuere Literaturtheorien, eine Einführung. Göttingen, S. 181–207.

Oeltzen, Anne-Kathrin (2002): Die Macht der Provokation. Wie Jürgen W. Möllemann in Nordrhein-Westfalen eine neue Strategie für die FDP erfand – und damit Erfolg hatte. In: Becker-Sonnenschein Stephan/Schwarzmeier Manfred (Hrsg.), Vom schlichten Sein zum schönen Schein? Wiesbaden, S. 162–178.

o. V. (2007): Provokanter Volksheld Wiedeking. https://www.welt.de/wirtschaft/arti cle777486/Provokanter-Volksheld-Wiedeking.html (zuletzt abgerufen am 08.06.2018).

o. V. (2018): Amazon ist jetzt mehr wert als die 10 größten Dax-Konzerne zusammen. http://www.manager-magazin.de/unternehmen/artikel/amazon-jeff-bezos-jetzt-149-milliarden-dollar-schwer-a-1220431.html (zuletzt abgerufen am 03.08.2018).

Paris, Rainer (1989): Der kurze Atem der Provokation. Kölner Zeitschrift für Soziologie und Sozialpsychologie 14 (1), S. 36–40.

Rosenbaum, Steven (2014): Leading From Behind – The Secret To Jeff Bezos' Success. https://www.forbes.com/sites/stevenrosenbaum/2014/02/10/leading-from-behind/ (zuletzt abgerufen am 08.06.2018).

Schwär, Hannah (2018): Jeff Bezos in Berlin: So reagiert der Amazon-Chef auf den Ärger der deutschen Mitarbeiter. https://www.businessinsider.de/jeff-bezos-in-berlin-so-rea giert-der-amazon-chef-auf-den-aerger-der-deutschen-mitarbeiter-2018-4 (zuletzt abgerufen am 30.07.2018).

Slaghuis, Bernd (2017): 4 Denkfehler von Chefs auf Kuschelkurs: Was früher die Anweisung war, wird heute in Watte gepackt. Aber gut ist das auch nicht. https://www.capital. de/karriere/id-4-denkfehler-von-chefs-auf-kuschelkurs (zuletzt abgerufen am 08.06. 2018).

Spät, Patrick (2016): Ich bin im Büro – holt mich hier raus! https://www.zeit.de/karriere/ 2016-08/grossraumbuero-kritik-gesundheit-mitarbeiter (zuletzt abgerufen am 08.06. 2018).

Waldmann, Peter (2005): Terrorismus: Provokation der Macht. Hamburg.

Yahaya, Rusliza/Ebrahim, Fawzy (2016): Leadership Styles and Organizational Commitment: Literature Review. Journal of Management Development 35 (2), S. 190–216.

Yammarino, Francis J./Salas, Eduardo/Serban, Andra/Shirreffs, Kristie/Shuffler, Marrissa L. (2012): Collective Leadership Approaches: Putting the »We« in Leadership Science and Practice. Industrial and Organizational Psychology 5 (4), S. 382–402.

Youngs, Howard (2009): (Un)critical Times? Situating Distributed Leadership in the Field. Journal of Educational Administration and History 41 (4), S. 377–389.

Gero Hoch / Thomas Heupel*

Provokation etablierter Geschäftsmodelle mittels disruptiver Konzepte: Eine Frischzellenkur für den deutschen Mittelstand?

1. Einführung: Fokus des Beitrags

Das Thema Industrie 4.0 beziehungsweise Digitale Transformation ist in der Wirtschaft als »Megathema« angekommen und mehr als das: Viele können beziehungsweise wollen es schon gar nicht mehr hören. Auch die Wissenschaft zieht inzwischen weitere Kreise und analysiert mit wechselnden Schwerpunkten, was aus der vierten industriellen Revolution – dem »Internet of things« – zu erwarten ist. So werden im Wissenschaftsjahr 2018 die Arbeitswelt 4.0 beleuchtet und somit die Implikationen, die sich arbeitswissenschaftlich durch die Digitalisierung ergeben werden (BMBF 2018).

Die Folgen der Digitalisierung für das Rückgrat der deutschen Wirtschaft, den Mittelstand, stehen auch im Zentrum dieses Beitrags. Kleine und mittlere Unternehmen (KMU) stellen gemäß zahlreicher Studien den Innovationstreiber der deutschen Wirtschaft dar (BMWi 2017; Kranzusch et al. 2017). Die von den Autoren dieses Beitrags an anderer Stelle (Heupel/Hoch 2013) analysierten »Hidden Champions« haben in der Mitte des letzten Jahrhunderts durch ihre Unternehmensgründungen maßgeblich zum Erfolg der deutschen Volkswirtschaft beigetragen. Sie stellen im Wesentlichen die international erfolgreichen Unternehmen, die Deutschland zum Effizienz- und Exportweltmeister werden ließen (Heupel/Hoch 2013, S. 133).

Im Rahmen einer durch das Mittelstandsinstitut SMI der Universität Siegen mitorganisierten Tagung bei der KfW-Bank in Frankfurt am Main erklärte Arndt Kirchhoff, Geschäftsführender Gesellschafter & CEO Kirchhoff Automotive Holding GmbH & Co. KG sowie BDI-Präsidiumsmitglied, hierzu Folgendes: »Forschung und Entwicklung finden im Mittelstand zwischen den Werkbänken

* Univ.-Prof. Dr. Gero Hoch, Universität Siegen, Fakultät III (Wirtschaftswissenschaften – Wirtschaftsinformatik – Wirtschaftsrecht), vormals Lehrstuhl für Unternehmensrechnung. Prof. Dr. Thomas Heupel, FOM Hochschule, Forschungsgebiete Erfolgs- und Kostencontrolling, Strategisches Management sowie Management von KMU.

statt« (Kirchhoff 2011, o. S.). Damit umschrieb er eine sehr wesentliche Erfolgskomponente: Kleine und mittlere Betriebe haben den Mut zu Innovationen, sind dabei aber in der Hauptsache die Garanten für viele inkrementelle, also schrittweise hervorgebrachte Innovationen.

Auch an einer weiteren Stelle dieser Reihe haben sich die Autoren mit diesem Thema auseinandergesetzt: Im Beitrag »Zyklen in der Ökonomie« sind unter anderem Produktlebenszyklen und Technologielebenszyklen untersucht worden (Hoch/Heupel 2010, S. 63).Betrachtet man hier gezielt die Lebenszyklen von Geschäftsmodellen und Unternehmensexistenzen, so ist der Mittelstand von Gründerwille, Beständigkeit und generationenübergreifendem Unternehmertum geprägt. Diese mittelständischen Tugenden führen dazu, dass Unternehmenseigner und -gründer in langen Zyklen und bei Investitionen und Geschäftsmodellentwicklungen an die nächste Generation denken. Sie entwickeln beständig Innovationen (»zwischen den Werkbänken«), aber sie sind dabei zugleich relativ starr ihren Branchen und Entwicklungspfaden verhaftet. Ein disruptiver, diversifikativer Sprung ist für gewöhnlich keine Strategiealternative für diese Nischenanbieter.

Nun sind allerdings mit den neuen Generationen Y und Z nach dem derzeitigen Stand der Forschung Veränderungen zu erwarten: Ihre grundsätzliche Risikoaversion und eine schwach ausgeprägte Hinwendung zum Unternehmertum und zu Gründungsaktivitäten wird Deutschland zukünftig vermutlich wirtschaftlich verändern. Diese jüngeren Menschen präferieren demnach ein sicheres Angestelltenverhältnis und scheuen den risikobehafteten Schritt in die Selbstständigkeit. Auch sind sie affin für die digitale Transformation und gänzlich neue Business-Modelle, sind sie doch als »Digital Natives« aufgewachsen. Sie wollen die Vorteile dieser neuen Revolution selber nutzen und können sich allenfalls die Gründung von hoch innovativen Geschäftsmodellen vorstellen, bei denen neue Dienstleistungen, zum Beispiel als Apps, kreiert und nach kurzer Entwicklungsphase (durch Verkauf) »abgeerntet« werden. Bereits heute liegt die Summe aus Gründungen und erfolgreichen Unternehmensnachfolgern signifikant unter dem Liquidationsniveau bestehender Unternehmen. Das Rückgrat der deutschen Wirtschaft wird daher geschwächt (BMWi 2017).

Ein potenzielles zukünftiges Wirtschaftswachstum in Deutschland wird somit wohl immer weniger aus inkrementellen Ideen gespeist werden können. In einer Zeit des radikalen Wandels wird Deutschland seine weltweite Position eher halten können, wenn sprunghafte – sogenannte disruptive – Innovationen zu ganz neuartigen Geschäftsmodellen führen. Neben tradierte konventionelle mittelständische Unternehmen müssten Start-ups mit disruptiven Business-Modellen treten.

Solche Ansätze bestehen bereits! Neben bekannten internationalen Beispielen wie Uber (TaxiApp), Spotify (Musik-Streaming), Tesla oder AirBnB treten auch kleine deutsche Start-ups an – wie Babbel (Internet-Sprachdienstleister), Delivery Hero (Lieferdienst), GoEuro (Transportvergleichsdienst), Oufittery (Stilberatung und Designermode im Internet), Wooga (Spielesoftware) oder Mymuesli (Bio-Müsli).

Provozieren diese neuen disruptiven Geschäftsmodelle den existenten deutschen Mittelstand oder sind sie eine notwendige und zu fördernde Ergänzung, die zwingend genutzt werden sollte, um nicht global ins Hintertreffen zu geraten? Muss sich demnach auch die Gründungskultur in Deutschland wandeln? Und sollten junge Menschen durch Schule, Hochschule und Gesellschaft zu disruptiven Geschäftsmodellen bereits frühzeitig ihren Neigungen entsprechend angeleitet werden? Wie wichtig ist dabei die Industrie 4.0 für neue Geschäftsfelder? Setzen die jungen Leute bevorzugt auf diesen medialen Bruch, so dass die old economy als »old-fashioned« langsam ausgedient hat? Können die Brüche in Geschäftsmodellen zu einem »Refresh« der Gründungskultur und zur Stärkung der deutschen Wirtschaft genutzt werden?

In der gebotenen Kürze sollen die als Herausforderung zu begreifenden Fragen in diesem Beitrag adressiert werden. Es erscheint zweckmäßig, in den nachfolgenden Abschnitten zunächst mit der Kennzeichnung disruptiver Geschäftsmodelle zu beginnen (Kapitel 2). Es folgt die Darlegung der für die mittelständische Wirtschaft entstandenen Lage (Kapitel 3). Danach folgen Anmerkungen zu den Chancen der digitalen Transformation (Kapitel 4) und, getreu der Erkenntnis »Strategy follows people« (Hinterhuber 2015, S. 190), zu den zukünftig agierenden Generationen Y und Z (Kapitel 5). Mit diesen Erläuterungen werden mögliche Folgen für die wirtschaftliche Entwicklung im Mittelstand durch Erschließung disruptiven Potenzials aufgezeigt (Kapitel 6).

2.   Entwicklung und Kennzeichnung disruptiver Innovationen

Strukturbrüche, die von der Norm erfolgreicher Entwicklungspfade abweichen, um anschließend bestehende Geschäftsmodelle vom Markt zu verdrängen, wurden erstmals vom US-amerikanischen Wirtschaftswissenschaftler Clayton M. Christensen (1997; 2013, S. 6) beschrieben. Er zeigte auf, dass viele bahnbrechende Technologiesprünge von den Branchenführern verpasst wurden. Diese verblieben mit Beharrungsvermögen in ihrem angestammten Geschäftsfeld und wurden dann überholt. Wichtig erscheint hierbei: Es sind fast ausschließlich Start-ups, die neue Technologien nutzen und neue Geschäftsmodelle kreieren und damit alte Strukturen im Markt aufbrechen oder ganz zerstören. Sie entwickeln eigene Märkte und schaffen neue Geschäftsmodelle für ihre Branchen (Christensen 2013).

Ein für uns alle nachvollziehbares Beispiel ist die Veränderung der Mobili-
tätskonzepte: Der Individualverkehr wird von einigen weltweiten Automobil-
konzernen dominiert, die bis vor einigen Jahren fest in der Benzin- und Die-
seltechnologie verhaftet waren. Von außen kommend hat Tesla mit reinen E-
Fahrzeugen ein neues Mobilitätskonzept disruptiv im Markt der Oberklasse-Kfz
etabliert. Und auch beim autonomen Fahren werden neue Technologien von
außenstehenden Anbietern wie Google dominiert. Diese werden womöglich den
Fahrzeugmarkt mit eigenen Produkten revolutionieren und dabei Weltkonzerne
(mit Beharrungsvermögen) zumindest auf Teilen ihrer »angestammten« Märkte
verdrängen.

Ein weiteres eingängiges Beispiel ist im Musikvertrieb über Internet ohne
Tonträger zu sehen (Spotify). Hier erfolgen der Erwerb und die Bereitstellung
von Musikstücken rein digital aus großen Dateien. Dies kann eine vollständige
Prozesskette von der Tonträgererzeugung (z. B. CD) bis zum Musikladen über-
flüssig machen – unter Freisetzung der beteiligten Arbeitskräfte.

Und noch etwas erscheint wichtig: In der Literatur zu Innovationen wird fast
ausschließlich auf Verbesserungen in Bezug auf das vorher Dagewesene abge-
stellt (Schumpeter 1939/2008, S. 91). Bei disruptiven Geschäftsmodellen hingegen beginnt die Entwicklung zumeist mit einer »Delle«. Während eine Pro-
duktinnovation durch die erfolgreiche Einführung eines Gutes oder einer
Dienstleistung gekennzeichnet ist, die nennenswert und leicht erkennbar bessere Eigenschaften als sein Vorgänger aufweist, schneiden disruptive Innovationen im Markt zu Beginn nicht selten weniger überzeugend ab (Christensen
2013, S. 6). Insofern ist festzustellen, dass disruptive Geschäftsmodelle tendenziell risikoreicher zu beurteilen sind als inkrementelle. Insbesondere wird vor
Schnellschüssen gewarnt (Gackstatter 2011, S. 260). Von besonderem Interesse
erscheint, ob sich konstituierende Merkmale einer disruptiven Innovation
konkret benennen lassen.

Christensen beschreibt hierzu fünf Prinzipien disruptiver Innovationen, die
vom Vorgehen klassischer Unternehmen und deren Geschäftsmodelle deutlich
abweichen (2013, S 6):
– Betrachtet man die *Ressourcenallokation*, so wird diese im konventionellen
  Vorgehen an Renditezielen orientiert. Das Formalziel des Unternehmens, zum
  Beispiel »Gewinnmaximierung«, steht hier deutlich im Vordergrund und
  gemäß des »market based view« werden die Ressourcen zur Befriedigung von
  Kundenbedürfnissen und zur Rentabilitätsmaximierung eingesetzt. Bei disruptiven Innovationen ist dies anders: Hier wird stärker der »ressource based
  view« gewählt. Vergleichbar zur Blue Ocean Strategy (Heupel/Hoch 2018)
  werden hier völlig neue Kundennutzen adressiert. In der Startphase ergeben
  sich hier zumeist schlechtere Betriebsergebnisse und längere Verlustzonen.
  Die Unternehmen hängen stark von ihren Kunden und den Investoren ab. Viele

der oben angeführten Beispiele haben viel Gründungskapital eingesammelt und sind selbst nach vier bis fünf Jahren noch in der Verlustzone (Spotify nun fast zehn Jahre).

- Das zweite Prinzip behandelt *Erfolgszwänge:* Die hier betrachteten Unternehmen grenzen sich von den großen Unternehmen und den großen Märkten ab. Aber dies hat auch Folgen – die in Zwängen münden. *Kleine Märkte befriedigen nicht das Wachstumsbedürfnis großer Unternehmen.* Großunternehmen sind dem Shareholder-Value verpflichtet. Sie müssen Investoren befriedigen und können daher lange Verlustzonen von neuen Geschäftsfeldern nur schwer erklären. Ihre Schwerpunkte liegen daher in der Effizienzsteigerung sowie in der Kostenreduktion. Leider verstellt die Fokussierung der Optimierung bestehender Geschäftsfelder und existenter Technologien aber eine Effektivitätsorientierung. Hierdurch ist eine relativ starre Beharrungstendenz gegeben.
- Ein dritter Fokuspunkt liegt bei der *Marktforschung und den Kundenerwartungen.* Dies lässt sich sehr gut bei dem Unternehmen Apple nachvollziehen: Wenn man den Kunden nach seinen Wünschen und technologischen Anforderungen zum Produkt befragt, so werden sich nur kleinere Schritte und keine Technologiesprünge ergeben. Der Kunde denkt in evolutiven Folgen und nicht in großen Würfen. Daher gilt: *Märkte, die nicht existieren, können nicht analysiert werden.* Steve Jobs hat als Gründer und CEO von Apple mit dem Smartphone, dem Tablet oder dem iPod Revolutionen kreiert. Der Mittelstand hingegen betreibt zumeist evolutive Entwicklung.
- Das vierte Prinzip lautet: *Die Fähigkeiten einer Organisation erweisen sich zugleich als ihre Unzulänglichkeiten.* Das, was in der Aufbau- und Wachstumsphase eines Unternehmens den Erfolg gebracht hat, hemmt in einer zweiten Wachstums- und Entwicklungsphase die Umsetzung neuer Ideen. »Das haben wir schon immer so gemacht« lässt erfahrene Mitarbeiter auf ausgetretenen Pfaden wandeln. Die Aufbruchsstimmung junger Gründer und die Neugier und Risikobereitschaft der frühen Unternehmensphasen sind hier nicht mehr leicht zu generieren.
- Das fünfte Prinzip nimmt die *Bedürfnisbefriedigung der Konsumenten* in den Blick. *Technologien entwickeln sich schneller als Kundenbedürfnisse:* Die Entwicklung einer Technologie bietet zum Teil mehr Möglichkeiten zur Satisfizierung, als dies Wertschätzung erfährt. Eine »Überentwicklung« führt zu größerer Komplexität. Disruptive Lösungen erscheinen hingegen »einfach« und werden von etablierten Unternehmen zunächst nicht als konkurrierendes Angebot eingestuft. Nach dem Markteintritt und einer weiteren Entwicklung erkennen aber die Kunden, dass hier eine stärker problemzentrierte Lösung angeboten wird.

Deutsche Unternehmen sind mit disruptiven Geschäftsmodellen derzeit kaum aufgefallen. Die Bedeutung derartiger Modelle wird vor allem im produzierenden Gewerbe als gering eingeschätzt, weswegen wenig proaktive Maßnahmen zu beobachten sind (IfM 2017, S. 27).Eine verstärkte Zuwendung zu diesem neuartigen Phänomen könnte auch die rückläufige Anzahl an Neugründungen, Unternehmensnachfolgen sowie die Unternehmensanzahl insgesamt in Deutschland positiv befördern.

3.   Rücklaufende Gründungsaktivitäten in Deutschland

In vielen Ländern bilden kleine und mittlere Unternehmen das Rückgrat der nationalen Wirtschaft. So auch in Deutschland: Laut aktuellen Berechnungen des Instituts für Mittelstandsforschung Bonn sind 99,6 % aller Unternehmen in Deutschland dem Mittelstand zuzuordnen. KMU erwirtschaften in Deutschland etwa 55 % der Netto-Wertschöpfung aller Unternehmen. Weiterhin tätigen diese etwa 35 % der Umsätze und beschäftigen 58,5 % aller Arbeitnehmer (IfM 2018, Datenbasis 2015). Demnach haben sie eine hohe volkswirtschaftliche Bedeutung. Allerdings stehen sie auch vor großen Herausforderungen. Veränderte Rahmenbedingungen, wie beispielsweise die sich neu ordnende Globalisierung, stellen neue Anforderungen an diese Unternehmensgruppe. Nicht nur die großen Mittelständler, sondern auch kleine Unternehmen und Handwerksbetriebe sind hiervon betroffen. Unternehmen, die sich diesen dynamischen Veränderungen nicht aktiv stellen, können schnell ins Hintertreffen geraten.

Die Herausforderungen werden noch einmal verstärkt, wenn man sich die Entwicklung des Gründungsgeschehens, den zahlenmäßigen Verlauf von erfolgreichen Unternehmensnachfolgen oder Liquidationen sowie Daten und Fakten zu staatlichen Maßnahmen vor Augen führt:

- *Problem Gründungsschwäche:* Seit einigen Jahren liegt in Deutschland der Saldo von Gründungen und erfolgreichen Unternehmens-Übernahmen einerseits deutlich unter dem Wert der Unternehmens-Liquidationen (IfM 2018). Dabei sind aber die wirtschaftliche Kraft eines neuen Betriebes und seine ökonomische Bedeutung nicht zu unterschätzen. Jede Unternehmensgründung führt zu einer durchschnittlichen Steigerung des Bruttoinlandsprodukts um 940.000 Euro (van Baal et al. 2016, S. 7).
- *Problem Gründungsnutzen:* Der genannte positive Wertbeitrag einer Gründung kann voraussichtlich durch radikalere Innovationen signifikant gesteigert werden. So sind deutsche Gründungen im internationalen Vergleich qualitativ schwächer als zum Beispiel britische Gründungsideen. Jede Gründung führt dort national zu einer Steigerung des Inlandsprodukts in Höhe von 1,96 Millionen Euro (van Baal et al. 2016, S. 7). Deutschland liegt hier zurück,

weil die Geschäftsideen weit weniger innovativ sind und die Gründungen häufig in weniger produktiven Branchen erfolgen.

- *Problem Gründungskapital:* Auch der beschränkte Zugang zu den Kapital-märkten und die mangelhaften Finanzierungsbedingungen mittels Venture-beziehungsweise Seed Capital stellen in Deutschland Einschränkungen für Gründungsinteressierte dar (van Baal et al. 2016, S. 7). Hier könnten Crowd-Funding-Konzepte die Finanzierungshürden absenken.

- *Problem Gründungsaktivitäten:* Wer gründet in Deutschland? Auffällig ist, dass vor allem junge, männliche Facharbeiter in Deutschland gründen (van Baal et al. 2016, S. 7). An Schulen und Hochschulen hat das Thema Unter-nehmensgründung keinen hohen Stellenwert und so kommen die Gründer erst später im Berufsleben und nicht systematisch gelenkt mit dem Thema Gründung in Berührung. Oftmals sind es eigene Frustrationen im Erwerbs-leben, die hier das Ausscheren aus einer »normalen Erwerbsbiografie« an-treiben. Zur Steigerung der insgesamt geringen Gründungsaktivitäten sollten alle Bevölkerungs- und Ausbildungsgruppen durch Gründungsförderungs-maßnahmen angesprochen und aktiviert werden. In Zeiten »disruptiver Karrierepfade« sollten die im Gründungsbereich liegenden attraktiven Kar-riere- und Beschäftigungsmöglichkeiten ebenfalls systematisch aufgezeigt werden. Dies ist auch eine Herausforderung, die durch ordnungspolitische Instrumentarien unterstützt werden kann.

Viele der aktuellen und zudem wirtschaftlich bedeutsamen Gründungsideen und Business-Konzepte kommen aus dem Bereich der digitalen Transformation. Daher sind die vierte industrielle Revolution, das »Internet of things« sowie die Maschine-zu-Maschine-Interaktion von besonderem Interesse.

4.   Anmerkungen zur vierten industriellen Revolution und zu den Chancen der Digitalen Transformation

Die erste Revolution wurde Mitte des 18. Jahrhunderts durch die Entwicklung der Dampfmaschine und des mechanischen Webstuhls herbeigeführt (Bauern-hansl 2014, S. 5). Mit dieser Erfindung wurde der Übergang aus der Agrarge-sellschaft zur mechanischen Fertigung ermöglicht. Der Übergang zur zweiten industriellen Revolution begann gegen Ende des 19. Jahrhunderts (Kruse 2012). Durch den Einsatz elektrischer Energie konnte die industrielle Massenproduk-tion in den Bereichen der Chemie-, Elektro- und Automobilindustrie revolu-tioniert werden. Die Veränderungen der Herstellungsprinzipien wurden von dem US-amerikanischen Ingenieur Frederic Winslow Taylor analysiert. Seine

Erkenntnisse und wissenschaftlichen Abhandlungen zur Effizienz der Massen-
bzw. Serienfertigung sind der Wissenschaft bis heute als »Taylorismus« bekannt.
Im Anschluss an die Besichtigung der Schlachthöfe in Massachusetts optimierte
Henry Ford die Fertigung seines Automobils – des T-Modells – mittels Fließbandfertigung. Durch eine erhebliche Reduktion von Kosten und Zeit konnte der
Produktionsprozess wesentlich effizienter gestaltet werden. Diese Erfindung
machte das Automobil für breite Käuferschichten erschwinglich.

Durch die Einbindung der Elektronik und später der Informations- und
Kommunikationstechnologien konnte ein weiterer deutlicher Effizienzgewinn
realisiert werden. Wir sprechen hier von der dritten industriellen Revolution.
Produkte konnten unter anderem durch den Einsatz von Informationstechno-
logien global zu wettbewerbsfähigen Preisen angeboten werden. Mit der Möglichkeit zum Datentransfer konnten Informationen weltweit zur Verfügung gestellt werden. Die Auslagerung von Produktionsstätten in Billiglohnländer
wurde möglich. Durch die Automatisierung der Fertigungsprozesse kam es
zudem zu weiteren Rationalisierungseffekten bei zeitgleich variantenreicher
Serienproduktion. Immer individuelleren Wünschen der Konsumenten konnte
daher vielfältig entsprochen werden. Das Schlagwort der Zeit lautete »Mass
Customization«.

Nach Mechanisierung, Elektrifizierung und Informationsbereitstellung beschreibt die vierte industrielle Revolution das jüngste Paradigma der vorste-
henden Entwicklung. In der offiziellen Definition – wie sie in der »Umset-
zungsstrategie 4.0« (Bitkom 2014, S. 6)nachzulesen ist, heißt es:

> »Der Begriff Industrie 4.0 steht für die vierte industrielle Revolution, einer neuen Stufe
> der Organisation und Steuerung der gesamten Wertschöpfungskette über den Lebens-
> zyklus von Produkten. Dieser Zyklus orientiert sich an zunehmend individualisierteren
> Kundenwünschen und erstreckt sich von der Idee des Auftrags, über die Entwicklung und
> Fertigung, die Auslieferung eines Produktes an den Endkunden bis hin zum Recycling,
> einschließlich der damit verbundenen Dienstleistungen. Basis ist die Verfügbarkeit aller
> relevanten Informationen in Echtzeit durch Vernetzung aller an der Wertschöpfung
> beteiligten Instanzen sowie die Fähigkeit, aus den Daten den zu jedem Zeitpunkt op-
> timalen Wertschöpfungsfluss abzuleiten. Durch die Verbindung von Menschen, Objekten
> und Systemen entstehen dynamische, echtzeitoptimierte und selbstorganisierende, un-
> ternehmensübergreifende Wertschöpfungsnetzwerke, die sich nach unterschiedlichen
> Kriterien wie beispielsweise Kosten, Verfügbarkeit und Ressourcenverbrauch optimieren
> lassen.« (Bitkom 2014, S. 6)

Die Vorteile werden bereits bei der durch Digitalisierung eintretenden wesentlichen Transparenzsteigerung in Wertschöpfungsketten leicht nachvollziehbar.
Durch unmittelbare Verfügbarkeit und Nutzung von Informationen in Echtzeit
wird es gegebenenfalls möglich, auf Probleme zu reagieren, noch bevor das

Produkt fertig ist, was auch zur Prozessbeschleunigung beitragen kann (Kuckelkorn 2016).

Diese digitale Transformation hat die Wirtschaft weltweit mit großer Dynamik erfasst: Es gibt kaum eine Branche, in der man sich nicht intensiv damit beschäftigt, wie die Digitalisierung jeweils bestehende Geschäfts- und Produktionsmodelle verändert und weiter verändern wird. Mensch-Maschine-Interaktionen werden im Internet of things teilweise durch Maschine-Maschine-Systeme abgelöst.

Dieser Schritt durch ein großes »Scheunentor« eröffnet neue Geschäftsmodelle und neue Märkte auf Basis von disruptiven Innovationen. Als eine zentrale Frage wird gesehen, ob dies von der deutschen mittelständisch geprägten Wirtschaft genutzt werden kann. Es erscheint unerlässlich, dazu auch die Akteure der neuen Generationen Y und Z zu betrachten, weil von diesen die künftige Wirtschaftsentwicklung in Deutschland abhängen wird.

5. Anmerkungen zu den Generationen X, Y & Z

Warum verhalten sich Mitglieder der älteren Generation X anders als die Vertreter der jüngeren Generationen Y und Z? Und warum haben sich Einstellungen und Werte in den letzten Jahren verändert? Dies hat mit einer unterschiedlichen Prägung und einer hieraus resultierenden unterschiedlichen Setzung von Lebenszielen zu tun. So erhalten bei jüngeren Menschen höhergeschätzte soziale Bedürfnisse eine deutlich stärkere Gewichtung als materielle Bedürfnisse. Es ist nicht mehr so sehr die »Jagd nach mehr« und der Wunsch nach Eigentum und Statussymbolen, die handlungsleitend wirken. Fiel der Generation X die Verschränkung von Arbeits- und Lebenswelt schwer, so haben die »Digital Natives« die Grenzen zwischen beiden nie überwinden müssen. Für sie war die Nutzung digitaler Devices von Grund auf barrierefrei. Die jüngste Generation Z hingegen wünscht sich wieder die striktere Trennung von Arbeit und Freizeit (Scholz 2014). Was hat das nun mit dem Gründungsverhalten in Deutschland zu tun?
- *Generation X:* Personen die zwischen 1965 und 1979 geboren wurden werden als Generation X bezeichnet. Diese sind heute zwischen 38 und 52 Jahre alt. Die prägenden Jahre dieser Generation werden zwischen 1976 und 1994 gesehen. Die diesbezüglich bedeutsamen Ereignisse in dieser Zeit waren die Ölkrisen der 1970er und die Wirtschaftskrise der 1980er Jahre, der Terrorismus von RAF, ETA und IRA, die Tschernobylkatastrophe, das Wettrüsten der Weltmächte, aber auch der Fall der Berliner Mauer und der Zusammenbruch der Sowjetunion (Mangelsdorf 2015). Politische und ökonomische Unsicherheiten prägten die Jugend der heute in zum Teil größerer Verantwortung im Erwerbsleben stehenden Personengruppe, so etwa Arbeitslosig-

keit, die in den 1970er Jahren erstmals seit Gründung der Bundesrepublik Deutschland wieder signifikant anstieg und die dazu führte, dass Verwandte oder Bekannte im Umfeld dieser Personen ungeplant aus dem Berufsleben ausschieden oder für einige Zeit arbeitslos wurden (Booth 2010). In ihrer Kindheit haben sie daher beispielsweise miterlebt, dass die Elterngeneration sehr viel arbeitete und trotzdem entlassen wurde. Die Mitglieder der Generation X waren viel auf sich gestellt, auch lag die Scheidungsrate so hoch wie nie zuvor. In der Folge zeichnet sich die Generation X durch einen ausgeprägten Individualismus aus (Becton/Walker/Jones-Farmer 2014). Aber auch Skeptizismus, Pessimismus und Zweifel an etablierten Systemen und Autoritäten gelten als für diese Altersgruppe als charakteristisch (Mangelsdorf 2015). Vertreter dieser Generation sahen in Gründung und Selbstständigkeit ein erstrebenswertes Lebensziel, bedeutete dies doch die Erfüllung vieler Wünsche und Tugenden. Selbstbestimmung, Freiheit und die Gewissheit, dass sich die eigene Arbeit auch lohnt, waren für die Entscheidung zur Unternehmensgründung maßgeblich. Man hat Risiken bewusst getragen und in langen Zyklen gedacht. Auch die Umwelt war relativ stabil, und es zeigten sich Chancen zur positiven Entwicklung am Horizont auf, was nicht für die Generation Y gilt.

– *Generation Y:* Diese Generation erhielt die Bezeichnung nicht nur aus alphabetischen Gründen – auch die im Englischen als »why« ausgesprochene Frage »Wieso?« ist kennzeichnend für deren Wesenszüge. Personen der Generation Y sind als suchende, hinterfragende Charaktere zu kennzeichnen. Eine alternative Bezeichnung ist »Millennials«. Diese sind in den Jahren 1980 bis 1995 geboren und sind heute zwischen 37 und 22 Jahre alt. Prägende Jahre ihrer Jugend sind die Jahre 1991 bis etwa 2010 (Mangelsdorf 2015). In dieser Zeit waren digitale Technologien bereits weit verbreitet. Die Generation Y ist daher die erste Generation, die bereits seit frühester Jugend mit Handys, Personalcomputer und dem Internet vertraut ist. Prägend sind für diese Altersgruppe Bedrohungen durch Umweltverschmutzung und Klimawandel, Naturkatastrophen und der internationale Terrorismus sowie der »Krieg gegen den Terror«. Zwar sind die wenigsten Mitglieder der Generation Y in Deutschland unmittelbar von diesen Bedrohungen betroffen, aber die Berichterstattung zu den Ereignissen wurde intensiv wahrgenommen. Eine weitere prägende Erfahrung ist die Globalisierung und das Zusammenwachsen der EU (Mangelsdorf 2015). Die jüngeren Mitglieder der Generation Y werden sich kaum an das Bezahlen mit D-Mark und Grenzkontrollen in der EU oder zur DDR hin erinnern. Die Generation Y ist sehr behütet aufgewachsen. Die Elterngeneration gilt als die reichste Generation, die es in Deutschland bis dato gegeben hat. Sie haben daher die häufig als Einzelkinder aufgewachsenen Jugendlichen so gut es ging gefördert und ihnen vermittelt, dass sie etwas Besonderes seien und alles erreichen könnten, was sie nur wollen (Bencsik/Juhász/Machova 2015). Diese Generation macht in sozialen Medien und in der anonymen Masse recht spontan mit. Das Privileg der Jugend zu non-konformistischem Aufbegehren wird aber kaum in Anspruch genommen. Die Generation Y ist es nicht gewohnt, kritisiert zu werden, sie stellt hohe Erwartungen an Anerkennung und Mitbestimmung, und sie hat den Wunsch nach sofortiger Befriedigung der Wünsche und Bedürfnisse sowie schneller Zielerreichung (Mangelsdorf 2015). Vor diesem Hintergrund ist der »lange Atem« für die Umsetzung einer eigenen Gründungsidee nicht von vielen Mitgliedern dieser Generation zu erwarten. Die Vertreter der Generation Y fühlen sich in klassischen Anstellungsverhältnissen wohl, zeigen hier allerdings kein besonderes Beharrungsvermögen. Ein Berufswechsel findet heute deutlich schneller als noch vor 20 Jahren statt. Dies lässt sich auch durch die schier unbegrenzten Wahlmöglichkeiten bei Produkten, Dienstleistungen und Freizeitaktivitäten erklären. Sie sind vom Gefühl beeinflusst, nicht alle Möglichkeiten ausgeschöpft zu haben (Bencsik/Juhász/Machova 2017). Diese Generation stellt nicht vorrangig auf eine materielle Bedürfnisbefriedigung ab.

- *Generation Z:* Die jüngste Generation wird zurzeit in der wissenschaftlichen Betrachtung intensiv beleuchtet (z. B. Scholz 2014; Ewinger et al. 2016). Sie kommt gerade erst im Erwerbsleben an und wird erst in den nächsten Jahren in die Entscheiderrolle hineinwachsen. Die Mitglieder dieser Generation sind nach 1995 geboren. Ihre prägenden Jahre beginnen daher um 2007 und dauern noch an. Hier ist festzuhalten, dass sie, stärker noch als die Millennials, in einem Zeitalter ständiger Krisen aufwachsen. Die Gesellschaft, in der sie leben, wird als kompliziert und undurchsichtig wahrgenommen. Sie gelten als tendenziell politikverdrossen, wozu wohl auch große Koalitionen beigetragen haben. Es wird daher erwartet, dass ein ausgeprägtes Desinteresse an aktiver politischer Teilhabe besteht (Scholz 2014). Sie sind als »Digital Natives« zu kennzeichnen, haben also im Umgang mit digitalen Technologien keine Barrieren, da sie mit diesen aufgewachsen sind und sie quasi intuitiv anwenden (Scholz 2014; Mangelsdorf 2015). Daher ist womöglich von dieser Generation in naher Zukunft eher eine Initiierung disruptiver Innovationen zu erwarten.

Tab. 1 fasst die wichtigsten Eckdaten zu den Generationen zusammen.

	Generation X	Generation Y	Generation Z
Geburtsjahre	1965–1979	1980–1995	1995 – ?
Heutiges Alter	38–52	22–37	22 und jünger
Prägende Jahre	1976–1994	1991–2010	Um 2007 bis heute

(Fortsetzung)

	Generation X	Generation Y	Generation Z
Prägende Ereignisse	– Wirtschaftskrise der 1980er – Ölkrise der 1970er – Terrorismus (RAF, ETA, IRA) – Tschernobyl – Wettrüsten – Zusammenbruch der UdSSR – Wiedervereinigung	– Klimawandel, Umweltzerstörung – Naturkatastrophen – Terrorismus (11. September 2001) – »Krieg gegen den Terror« – Globalisierung – Digitale Technologien und Vernetzung	– Wirtschaftskrise 2008 – Wachsende soziale Ungerechtigkeit – Hochkomplexe gesellschaftliche Prozesse
Charakteristika	– Individualismus – Pessimismus – Zweifel an etablierten Systemen und Autoritäten	– Starke Förderung durch die Eltern – Wunsch nach schneller Bedürfnisbefriedigung – Virtuelle Freundschaften – Orientierungslosigkeit durch zu viele Wahlmöglichkeiten	– Digital Natives – Realismus – Wunsch nach Selbsterfüllung – Starke Bindung an die Eltern

Tab. 1: Eckdaten der Generationen X, Y und Z (in Anlehnung an Mangelsdorf 2015)

6.   Mögliche Folgen für die wirtschaftliche Entwicklung

Die bisher ausgeführten Überlegungen zeigen auf, dass sich einerseits eine Abschwächungstendenz des für Deutschland prägenden Mittelstandes erkennen lässt. Das Rückgrat der deutschen Wirtschaft bekommt also gerade einen »Hexenschuss«. Dem könnte entgegengewirkt werden, wenn die jungen, nicht unternehmensnachfolgewilligen Generationen Y und Z Gefallen an disruptiven Geschäftsmodellen finden würden.

Grundsätzlich kommen diese der jüngeren Generation wegen deren Fähigkeiten und Neigungen eher entgegen. Anders als zuvor muss hier nicht über mehrere Jahrzehnte oder sogar mehrere Generationen ein Geschäftsmodell entwickelt werden. Vielmehr schaffen sich diese völlig neuen Geschäftsmodelle in kurzer Zeit ihren eigenen Markt und viele Gründer machen auch schon nach kurzer Zeit »Kasse«. In einer Zeit, die von Mergers & Acquisition geprägt ist, werden Kompetenzen nicht mehr von Großunternehmen entwickelt. Diese kaufen oftmals junge Start-ups, um bahnbrechende Innovationen als »Vitalspritze« für ihr veraltetes Geschäftskonzept zu nutzen.

An der Schwelle zur Digitalen Transformation bieten sich hier vielleicht besondere Möglichkeiten, auch für Deutschland: Gerade im Umfeld einer dynamischen Gründerszene wie in Berlin oder Leipzig entstehen in Inkubatoren disruptive Geschäftsmodelle, die sich zum Teil durch die Möglichkeiten der Industrie und Arbeitswelt 4.0 ergeben. Würde es Deutschland gelingen, hier systematisch »Hand an die Wiege« zu legen, so könnte die Lücke zum inkrementell entwickelnden Mittelstand vielleicht wechselseitig geschlossen werden.

Dazu müssten aber ein gutes Entwicklungsklima und eine »Willkommenskultur für Querdenker« kreiert werden. Die internationalen Vergleiche zeigen, dass durch passende Rahmenbedingungen eine Entwicklungswelle erzeugt werden kann. Es gilt daher, zunächst überkommene Grundhaltungen abzulegen und Maßnahmen zu ergreifen, die Gründungshürden und -hemmnisse in Deutschland reduzieren. Darunter fallen beispielsweise (van Baal et al. 2016, S. 8):

- *Entrepreneurship, Ideenwettbewerbe, Design-Thinking und IT in Schulen verankern:* Wenn wir begreifen, dass der Grundstein viel früher gelegt und der Mut zur Eigenverantwortung gestärkt werden muss, ist eine wichtige Voraussetzung für das Entstehen einer neuen Gründergeneration in Deutschland gegeben.
- *Finanzierungsbedingungen durch Crowdfunding (Crowd-Lending und Crowd-Investing) verbessern:* Diese neue Finanzierungsform wird in Teilen die mittelstandsfinanzierenden Angebote von Sparkassen und Volksbanken ersetzen und/oder ergänzen.
- *Breitbandausbau:* Der Erfinder der Industrie 4.0 – Deutschland   hat hier einen erheblichen Nachholbedarf. Um die Potenziale der neuen Technologien zu nutzen und perspektivisch auch künstliche Intelligenz (KI) vernetzt zu nutzen, kann sich unser Land nicht leisten, auf dem Status eines diesbezüglichen »Entwicklungslandes« zu verharren.
- *Kostenfreie Büroflächen und versierte Beratung:* Großbritannien zeigt hier vorbildlich, wie der Abbau von Hürden funktionieren kann. Junge wachsende Unternehmen schaffen mehr Arbeitsplätze als »ausgewachsene Mittelständler«. Städte und Kommunen sollten daher Unterstützung durch kostenfreie Inkubatoren bieten. Diese Investition verspricht, Nutzen für die Region zu spenden. Im Umfeld hoch dynamischer Wachstumsunternehmen können auch konventionelle Unternehmen weiter wachsen.
- *Hierarchiedenken aufgeben:* Die deutsche Wirtschaft ist nicht selten von tief gestaffelten Hierarchieebenen geprägt. Wenn junge Menschen aufsteigen wollen, so müssen sie sich über viele Leitungsebenen hinweg »durchbeißen«. Die Akzeptanz von jungen Mitarbeitern ist bei den »alten Hasen« oft nicht gegeben. Würde man hier aber begreifen, dass man wechselseitig voneinander lernen kann, so könnten Know-how-Träger auch viel früher Wirkung entfalten.
- *Disruptive Karrieren:* Inkrementelle Innovationen wurden im Rahmen des Beitrags als zu langatmig gekennzeichnet. Will man Disruption, so müssen

externe Einflüsse im Mittelstand zugelassen werden. Da junge Menschen viel häufiger den Arbeitgeber wechseln und eine geringere Loyalität zum Arbeitgeber aufweisen, werden sich Belegschaften zukünftig schneller durchmischen. Auch ist es nicht mehr üblich, ein Leben lang nur einen Beruf auszuüben. Durch eine Pluralität an Erfahrungen und vielfältige Eindrücke disruptiver Karrierepfade werden sich neue Denkmuster und Querströmungen ergeben. Auch verkrustete Entwicklungspfade könnten aufgebrochen werden.

Abschließend soll die Notwendigkeit einer angemessenen Würdigung der Risiken im hier diskutierten Umfeld erneut angesprochen und beispielhaft verdeutlicht werden. Insbesondere für Kapitalgeber der Start-up-Szene erscheint dies unerlässlich, selbst wenn es angesichts zunehmend komplexer technischer Rahmenbedingungen keine leichte Aufgabe sein wird. Als aktuelles Negativbeispiel eines für die Medizintechnik provokativen, gescheiterten Geschäftsmodells sei der US-amerikanische Fall »Theranos« aus dem Jahr 2016 erwähnt (Carreyrou 2018; Demling 2018). Ziel dieses Start-ups war die Entwicklung eines tragbaren Blutanalysegerätes, das aus einem einzigen Tropfen Blut in Echtzeit breite Diagnosen ermöglichen sollte. Selbst erfahrene Investoren wie Rupert Murdoch haben aufgrund der Darlegungen der charismatischen jungen Gründerin Elisabeth Holmes dreistellige Millionenbeträge investiert und verloren, wie jetzt zu Tage getreten ist. Die »Provokation« der einschlägigen bewährten Medizintechnik (z. B. von Siemens) scheint einstweilen abgewendet. Soweit erkennbar, fehlte es bei den Entscheidungsträgern an fachlicher Expertise (Demling 2018, S. 55).

7.   Resümee

Disruptive Geschäftsmodelle, begünstigt durch Industrie 4.0, sind nicht gerade typisch für den deutschen Mittelstand als nationalem wirtschaftlichem Erfolgsgenerator. Diesem können nicht nur dadurch Nachteile entstehen, sondern auch durch eine nicht gründungsaffine nachwachsende Generation. Gerade die Generation der »Digital Natives« gilt aber als disruptiven Konzepten zugeneigt. Beides lässt naheliegend erscheinen, über Strategiewechsel und -erweiterungen hin zu disruptiven Modellen intensiver nachzudenken. Ihr tendenziell provokativer Charakter sollte kein Grund sein, offensichtliche Vorteile nicht zu nutzen.

Die in der Einleitung gestellten Fragen lassen sich daher in Kurzform wie folgt beantworten:
- *Provozieren diese neuen disruptiven Geschäftsmodelle den existenten deutschen Mittelstand?* Der Mittelstand bedarf womöglich dieser »Provokation«, um seine künftig weitaus weniger komfortable Lage zu erkennen. Disruptive

Geschäftskonzepte können in Teilen auch dem Mittelstand gefährlich werden. Die Symbiose von radikal-innovativem Gründer-Enthusiasmus und mittelständischer Entscheidungsfreude sollte zu einer gemeinsamen Beschleunigung der Ideen und Märkte führen, auch wenn das klassische inkrementelle Vorgehen für viele KMU dominierendes strategisches Konzept bleiben wird.

- *Muss sich die Gründungskultur in Deutschland wandeln?* Wie zuvor aufgezeigt wurde, sollte jungen Menschen mehr vertraut und mehr zugetraut werden. Wo die Automobilindustrie in Deutschland durch zu großes Beharrungsvermögen die Positionierung in der Welt gefährdet, sollten auch »Hidden Champions« und andere KMU unbedingt für eine Vitalisierung auch durch frische Kräfte offen sein.

- *Und müssen junge Menschen durch Schule, Hochschule und Gesellschaft zu disruptiven Geschäftsmodellen bereits frühzeitig angestiftet und angeleitet werden?* Wie betont, spricht vieles dafür! Hier liegt zukünftig eine wichtige Rolle auch von Universitäten und Hochschulen.

- *Wie wichtig ist dabei die Industrie 4.0 für New Business Models?* Viele der neuen disruptiven Geschäftsmodelle finden sich im Umfeld digitaler Anwendungen. Strukturbrüche bewusst zu suchen, lässt sich aber auch in anderen Märkten zeigen. Die Autoren dieses Beitrags haben die Blue Ocean Theory auch instrumentell für den Mittelstand erweitert und hier anhand von konventionellen Märkten gezeigt, dass durch Querdenken auch »Nichtkunden zu Kunden gemacht werden können« (vgl. Heupel/Hoch 2018).

- *Setzen die jungen Leute bevorzugt auf diesen medialen Bruch und hat die old economy als old-fashioned hier ausgedient?* Die eine wird ohne die andere nicht auskommen können. Hier wird sich eine wechselseitige Verstärkungstendenz ergeben.

- *Können die »Brüche« in Geschäftsmodellen zu einem »Refresh« der Gründungskultur und zur Stärkung der deutschen Wirtschaft genutzt werden?* Ja, hierin wird eine Chance gesehen!

Den offensichtlichen Risiken disruptiver Geschäftsmodelle stellen die Verfasser zum Abschluss zwei fast schon geflügelte Worte entgegen, die als *Mutmacher* gedacht sind: »Situationen zu vermeiden, in denen man Fehler machen könnte, ist vielleicht der größte Fehler von allen« (George 2007, S. 154) und »Strategie ist Revolution, alles andere ist Taktik« (Hinterhuber 2015, S. 191).

Literatur

Bauernhansl, Thomas (2014): Die vierte industrielle Revolution – Der Weg in ein wert-schaffendes Produktionsparadigma. In: Vogel-Heuser, Birgit (Hrsg.), Industrie 4.0 in Produktion, Automatisierung und Logistik. Anwendung, Technologien, Migration. Wiesbaden, S. 3–35.

Becton, John B./Walker, Harvell J./Jones-Farmer, Allison (2014): Generational Differences in Workplace Behavior. Journal of Applied Social Psychology 44 (3), S. 175–189.

Bencsik, Andrea/Juhász, Timea/Machova, Renata (2017): The Problems Created by the Arrival of Generations Z and Y in the Workplace. Proceedings of the European Conference on Management, Leadership & Governance, S. 46–53.

Bitkom (Bundesverband Informationswirtschaft, Telekommunikationund neue Medien e.V.) (2014): Jung und vernetzt – Kinder und Jugendliche in der digitalen Gesellschaft. Berlin.

BMBF (Bundesministerium für Bildung und Forschung) (2018): Wissenschaftsjahr 2018 – Arbeitswelten der Zukunft. https://www.bmbf.de/de/wissenschaftsjahr-2018–arbeits welten-der-zukunft-5331.html (zuletzt abgerufen am 10.04.2018).

BMWi (Bundesministerium für Wirtschaft und Energie) (2017): Unternehmens-gründungen und Gründergeist in Deutschland – Zahlen und Fakten. http://www.exist. de/SharedDocs/Downloads/DE/Zahlen-Fakten-Unternehmensgruendungen-Deutsch land-2015.pdf?__blob=publicationFile (zuletzt abgerufen am 15.05.2017).

Booth, Melanie (2010): Die Entwicklung der Arbeitslosigkeit in Deutschland. http://www. bpb.de/geschichte/deutsche-einheit/lange-wege-der-deutschen-einheit/47242/arbeits losigkeit?p=all (zuletzt abgerufen am 15.05.2017).

Carreyrou, John (2018): Bad Blood. Secrets and Lies in a Silicon Valley Startup. London.

Christensen, Clayton M. (1997): The Innovator's Dilemma: When New Technologies Cause Great Firms to Fail. Boston.

Christensen, Clayton M. (2013): Disruptive Innovation. In: Zahirovic, Armin/Lowgren, Jonas/Carroll, John M./Hassenzahl, Marc (Hrsg.), The Encyclopedia of Human-Computer Interaction. 2. Aufl. https://www.interaction-design.org/literature/book/the-en cyclopedia-of-human-computer-interaction-2nd-ed/disruptive-innovation (zuletzt abgerufen am 10.04.2018).

Demling, Alexander (2018): Die Blut-Blase. Handelsblatt vom 01./02./03.06.2018, S. 54–55.

Ewinger, Dunja/Ternès, Anabel/Koerbel, Juliane/Towers, Ian (2016): Arbeitswelt im Zeit-alter der Individualisierung. Wiesbaden.

Gackstatter, Steffen (2011): Disruptive Innovationen als Weg aus der Krise. In: Wenger, Wolf/Geiger Martin Josef/Kleine, Andreas (Hrsg.), Business Excellence in Produktion und Logistik. Festschrift für Walter Habenicht.Wiesbaden, S. 255–263.

George, Norman (2007): Die perfekten englischen Zitate von Jane Austen bis Oscar Wilde. Wiesbaden.

Heupel, Thomas/Hoch, Gero (2013): Auf leisen Sohlen an die Weltspitze – Zur Vorbild-eignung der Erfolgsstrategien regionaler Weltmarktführer. In: Habscheid, Stephan/ Hoch, Gero/Sahm, Heike/Stein, Volker (Hrsg.), Schaut auf diese Region! Südwestfalen als Fall und Typ. DIAGONAL Heft 34. Göttingen, S. 133–151.

Heupel, Thomas/Hoch, Gero (2018): Blaue Ozeane als strategisches Ziel: Risiko oder Chance für den Mittelstand? In: Barsch, Thomas/Heupel, Thomas/Trautmann, Holger (Hrsg.), Die Blue-Ocean-Strategie in Theorie und Praxis. Diskurs und zahlreiche Beispiele erfolgreicher Anwendung. Wiesbaden.

Hinterhuber, Hans H. (2015): Neue Zitate für Manager. 3. Aufl. Frankfurt Main.

Hoch, Gero/Heupel, Thomas (2010): Zyklen in der Ökonomie. Folgen Konjunktur und Produktentwicklung zyklischen Gesetzmäßigkeiten? In: Grupen, Claus/Hoch, Gero/Riha, Karl (Hrsg.), Wellen. DIAGONAL Heft 31. Siegen, S. 63–79.

IfM (Hrsg.) (2017): Disruptive Innovationen, Chancen und Risiken für den Mittelstand. IfM Materialien Nr. 259. Bonn.

IfM (Hrsg.) (2018): Informationen zum Mittelstand aus erster Hand. Bonn.

Kirchhoff, Arndt (2011): Keynote-Vortrag auf dem Forum Mittelstandsforschung, KFW-Bankengruppe; 19.-20.10.2012. Frankfurt am Main.

Kranzusch, Peter/May-Strobl, Eva/Levering, Britta/Welter, Friederike/Ettl, Kerstin (2017): Das Zukunftspanel Mittelstand 2017 – Update einer Expertenbefragung zu aktuellen und zukünftigen Herausforderungen des deutschen Mittelstands. IfM-Materialien Nr. 256. Bonn.

Kruse, Wolfgang (2012): Industrialisierung und moderne Gesellschaft. http://www.bpb. de/geschichte/deutsche-geschichte/kaiserreich/139649/industrialisierung-und-moder ne-gesellschaft (zuletzt abgerufen am 10.04.2018).

Kuckelkorn, Thomas (2016): Wie der digitale Wandel Geschäftsmodelle verändert. Computerwoche vom 28.10.2016. https://www.computerwoche.de/a/wie-derdigitale-wan del-geschaeftsmodelle-veraendert,3325942 (zuletzt abgerufen am 30.07.2018).

Mangelsdorf, Martina (2015): Von Babyboomer bis Generation Z. Der richtige Umgang mit unterschiedlichen Generationen im Unternehmen. Offenbach.

Scholz, Christian (2014): Generation Z. Wie sie tickt, was sie verändert und warum sie uns alle ansteckt. Weinheim.

Schumpeter, Joseph Alois (1939/2008): Konjunkturzyklen. Eine theoretische, historische und statistische Analyse des kapitalistischen Prozesses. Neuausgabe 2008. Mit einer Einleitung von Cord Siemon. (Originalausgabe 1939: Business Cycles. A Theoretical, Historical, and Statistic Analysis of the Capitalist Process.) New York, Göttingen.

van Baal, Sebastian/Bahrke, Michael/Kempermann, Hanno/Schmitt, Katharina (2016): Unternehmertum: Schlüssel zum Wohlstand von morgen. Studie der IW Consult GmbH. Köln.